KB022180

사장을 위한
마지막 경영 수업

사장을 위한
마지막 경영 수업

어떤 위기에도 흔들리지 않는 4가지 필승 경영의 기술

THE LAST

LECTURE

FOR CEO

김수빈 옮김ㅣ정으은교 감수

아사쿠라 유스케 지음

더퀘스트

일러두기

회계 및 재무 정보는 전문가의 감수를 통해 한국 상황에 맞게 수정 및 변경하였고,
한국 상황과 달라 이해가 어려운 경우 감수자의 설명을 추가했다.

"회계를 모르는 사람이 어떻게
사업을 한단 말인가!"

_이나모리 가즈오

당신은 리더로서
어떻게 숫자를 읽어내고 있는가

경제가 계속 성장하는 시기에는 어떻게 사업을 꾸려나가든 간에 잘될 확률이 높다. 세상은 많은 기회를 주고 그것을 제대로 포착하기만 하면 되기 때문이다. 그러나 경제가 어려워지고 성장 동력이 사라지면 그때부터는 난감해진다. 정신을 똑바로 차려야 하는 순간이 온다. 자칫하다간 회사가 순식간에 나락으로 빠져버릴 수 있다. 상황이 급변하고 여기저기 문제가 발생하지만 어디서부터, 무엇을 바꿔야 할지 아무도 가르쳐주지 않는다.

얼마 전까지만 해도 많은 기업에 투자가 활발히 진행됐다. 그러나 이제 서서히 자금 투입이 줄어들고 있다. 경제 위기가 가속화되고 인플레이션, 금리 인상, 여러 지정학적 문제와 더불어 저출산, 고령화, 인구 감소까지 우리는 총체적 위기에 직면해 있다.

계속 악화되는 상황을 막기 위해 국가 및 기업에서 전방위로 노력하지만 외부 환경에서 시작한 어려움은 쉽게 해결될 것 같지 않다. 어떻게 해야 할까? 그러나 어떤 위기에서도 이를 돌파할 방법은 있기 마련이다. 사장 및 경영진부터 평범한 사원까지 회사가 직면한 위기를 공유하고 이를 해결하기 위한 종합적 재무 지식을 갖춘다면 그 회사는 반드시 성장의 답을 찾을 것이다. 이를 위해 먼저해야 할 것은 바로 사장이 지닌 재무 사고를 바꾸는 일이다.

많은 기업이 당장 매출을 내는 데 급급해서 눈앞의 이익에만 매달리고 있다. 매출이나 이익 향상이 경영의 목적이라는 주장은 얼핏 보면 그럴듯하다. 그러나 손익계산서^{PL} 수치를 개선하는 데 급급한 나머지 미래의 더 큰 성장을 위해 리스크를 감수하는 등의 장기적 관점에서 계획을 세우지 못한다. 이러한 생각들이 경영자, 투자자, 직원 등 회사를 둘러싼 많은 사람의 머릿속에 고착화되면 결국 과감한 전략을 펼치지 못하고 소극적인 경영에 머물게 된다.

과거에는 이런 사고를 토대로 한 경영이 어느 정도 합리적이었다. 직선적인 성장이 계속되고 미래 사업에 대한 예측 가능성이 높은 상황에서는 전년도보다 더 좋은 실적을 달성하기 위해 급격한 변화나 혁신이 아니라 개선을 추구하는 일이 합리적이었다. 그러나 이제는 과거와 같은 직선적 성장을 기대하기 어려운 시대다. 또한 기술 발전 속도가 매우 빨라지면서 기존 사업이 빠르게 진부해지고 있다. 외부 요건들이 다양해지다 보니 한 치 앞도 예측할 수 없는 불확실한 사업 환경이 되었다. 이런 상황에서는 기존과는 다른 사고방식이 필요하다.

이 책은 변화하는 세계 질서 속에서 해답을 찾으려고 노력하는 경영진들과 회사 구성원들을 위해 씌여졌다. 나는 숫자를 제대로 읽어내는 능력이야 말로 비즈니스를 하는 모두가 갖춰야 하는 필수 요건이라고 생각한다. 그냥 읽는 것이 아니라 '제대로' 말이다. 단순히 숫자가 아니라 그 안의 함의를 읽어낼 수 있다면 어떤 위기 상황 속에서도 해답을 찾을 수 있다.

세계 1위 기업들이 숫자를 읽는 법

침체된 경제 상황에서 벗어나려면 시대의 변화에 따른 새로운 사고방식, 패러다임을 이해해야 한다. 이 책에서는 불확실한 시대를 헤쳐 나가는 패러다임으로 파이낸스 사고finance thinking를 제시한다. 파이낸스란 회사의 가치를 최대로 끌어올리기 위해 외부 조달이나 사업으로 자금을 확보하고, 확보된 자금을 사업에 투자하거나 자금 제공자에게 환원하기 위해 배분한 뒤, 이러한 과정의 합리성을 회사의 이해관계자stakeholder에게 설명하는 일련의 활동을 말한다.

이 책에서 말하는 파이낸스 사고란 '회사의 기업 가치를 최대로 끌어올리기 위해 장기적인 관점에서 사업과 재무에 관한 전략을 종합적으로 수립하는 사고'를 의미하며, 더 넓은 의미로는 미래를 위한 회사의 전략 수립 방식이라 할 수 있다.

이는 단순히 회사가 단기적으로 더 많은 돈을 벌기 위한 것이 아니라 미래에 창출 가능한 돈의 총액을 최대화하려는 발상이다. 이런 점에서 파이낸스 사고는 가치 지향, 장기 지향, 미래 지향적이다. 오늘날 세계를 이끄는 미국 IT 기업인 구글Google, 애플Apple, 메타Meta, 아마존Amazon은 모든 판단을 할 때 이 사고를 바탕으로 한다. 손익만 중시하는 발상으로는 사업을 확장하며 급성장하는 기업을 탄생시킬 수 없다. 그런데도 대기업은 물론이고 설립한 지 얼마 안 된 신생 기업까지 구시대적인 낡은 패러다임에 바탕을 둔 경영 방식을 시종일관 유지한다는 사실이 너무나도 놀랍다.

이런 기업 환경을 개선하기 위해서는 경영진이 먼저 파이낸스 사고를 갖춰야 한다. 파이낸스 사고가 무엇인지 정확하게 알고 이것이 회사 내에 안착할 수 있도록 전 직원과 함께 공유해야 한다. 직원들은 보통 회사의 근본적인 기조를 모르고 그저 일상처럼 업무를 수행한다. 하지만 직원들이 자신이 맡은 업무가 회사 전체의 활동과 어떤 식으로 연결돼 있는지, 그게 재무적으로 어떤 영향력을 지니는지 이해한다면 조직은 더욱 유기적으로 움직일 것이다.

파이낸스 사고는 투자자에게도 유용하다. 투자자가 회계를 깊이 알고 있다면 사업의 본질을 꿰뚫고 성장하는 기업을 분별하는 능력을 기를 수 있다. 사실 손익계산서상 수치는 누구나 이해하기 쉬운 지표다. 그런 까닭에 개인 투자자는 지표의 증감에 의존해 투자처인 회사를 평가하곤 한다. 그러나 지표의 이면에 담긴 의미를 이해하면 평면적으로 나열된 실적 수치를 입체적으로 파악할 수 있어 회사의 본질적인 성장에 관해 더 쉽게 판단할 수 있다.

무엇보다 나는 젊은 세대야말로 파이낸스 사고가 필요하다고 생각한다. 단순히 손익만을 토대로 한 경영은 장기적인 성장을 위한 투자보다 단기적인 실적 증가를 우선으로 한다는 점에서 회사의 미래 가치를 훼손하고 미래의 이익을 당겨쓰는 수법이기 때문이다. 장기적인 가치 향상을 뒷전으로 미뤄 미래의 이익이 줄어들면 젊은 세대에게 악영향을 미친다. 그러므로 젊은 세대야말로 파이낸스 사고를 토대로 한 이론으로 무장해서 회사의 가치를 훼손하려는 활동에 이의를 제기해야 한다. 과거의 성공 경험에 집착하는 윗세대에게만 미래를 맡겨서는 안 된다.

파이낸스 사고를 이해하기 위해 복잡한 숫자에 관한 지식이 필요한 것은 아니다. 노하우를 파악하는 것도 그다지 어렵지 않다. 단지 이러한 관점으로 숫자를 해석하느냐 아니냐의 차이에 불과하다. 하지만 이 차이는 미래에 상상할 수도 없는 큰 격차로 나타날 것이다.

기업을 살리기 위해 해야 할 일

솔직히 고백하자면 이렇게 말하는 나도 예전에는 당장의 매출에만 사로잡혀 있었다. 믹시^{mixi}(2020년 전까지 일본 인구의 25퍼센트가 사용하던 대표적 SNS 웹사이트 - 옮긴이)의 대표로 취임한 2013년의 일이다. 6월 25일에 열린 주주총회에서 정식으로 대표이사에 취임한 지 5일 후인 6월 30일에 1분기가 끝났는데 이때 믹시는 상장 이후 처음으로 적자를 기록했다.

당시 믹시는 실적과 주가가 모두 하락했는데 어려운 상황에서 벗어날 해결책을 마련하지 못하고 있었다. 회사 안팎에서 경영 상황을 비관적으로 예측하던 시기였다. 적자로 돌아선 것은 예전부터 예견된 일이었으며 그런 환경에서도 마음을 굳게 먹고 회사를 살리기 위해 애써야 했지만, 실제로 실적이 악화되자 괴롭고 암담하기만 했다. 비관적인 상황이 자아내는 분위기가 마음에 큰 부담으로 자리 잡고 나를 짓눌렀다.

경영자라면 당연히 실적이 악화되는 상황을 피하고 싶다. 더군다나 회계법인이 '계속기업 관련 중요한 불확실성'이 존재하고 재무제표 작성의 전제인 계속기업 가정의 타당성에 의문이 제기될지도 모른다고 지적하면 좌절감에 사로잡히고 만다. 그런 상황이라면 설령 머리로는 본질이 아니라는 걸 알면서도 안이한 생각에 휩쓸리게 된다.

그래서 실적과 주가는 일단 옆으로 제쳐두고 어떻게든 어려운 상황을 참고 견뎌 근본적인 가치 창출을 위해 노력했지만 늘 발밑에서 어두운 유혹의 함정이 입을 크게 벌리고 있었다.

같은 적자라도 신규 사업 개발로 발생한 적자와 성숙한 사업에서 발생한 적자는 의미가 전혀 다르다. 전자는 산고 끝에 발생한 건전한 출혈인 데 반해, 후자는 과다 출혈로 사망에 이를 수 있는 구조적인 적자다. 새로운 사업에 투자하지 않으면 미래의 수익은 기대하기 힘든 한편, 회사 전체가 가라앉는 가운데 적극적인 투자를 실행하려면 이에 걸맞은 각오와 담력이 필요하다.

링크드인^{LinkedIn} 창업자인 리드 호프먼^{Reid Hoffman}은 "스타트업이란 벼랑 끝에서 뛰어내리면서 비행기를 만드는 일"이라고 했는데 회사의 회생은 침수되어 가라앉는 배를 조종하면서 새로운 배를 만드는 일이다.

믹시에 다닐 때 나는 어떻게 해야 가라앉고 있는 기존 사업을 매각하고 이를 대체할 새로운 사업을 구축할지 고민했다. 이른바 '노아의 방주'를 만드는 마음으로 매일매일 의사결정을 내렸다. 지혈을 하려면 기존 사업의 예산을 줄이면서 새로운 사업에 투자를 단행해야 한다. 마치 브레이크와 액셀을 동시에 밟듯이 말이다. 이런 상황이라면 특히 기존 사업의 현장에서 큰 충돌이 발생하리라고 쉽게 예상할 수 있다.

여기서 회사가 재성장하기 위한 전략을 관철하지 않으면 보유한 현금을 그대로 보존하기 위해 신규 투자를 억제하는 축소 균형으로 나아가게 된다. 단기적인 비용 증가는 막을 수 있을지 몰라도 문제를 뒤로 미루는 것에 불과하다. 축소 균형은 사회가 요구하는 회사의 기능이 아닐뿐더러 그러는 사이 회사가 다시 부상할 기회를 놓쳐 침체의 늪에 점점 빠져들게 된다.

이 책의 특징과 취지

회계 및 재무 이론은 일반적으로 투자자가 가장 적절한 투자 행동을 판단하기 위한 '투자 이론'과 투자자의 출자를 받는 회사가 자금 조달이나 투자를 가장 적절히 하기 위한 '기업 금융 이론'으로 분류할 수 있다.

두 이론은 투자자(회사에 투자해서 이익을 얻으려 한다)와 기업(투자자의 자금을 받아 이익을 환원해야 한다)이라는 서로 다른 위치에서 회사의 활동을 인식하고 있으며 서로 밀접한 관계다. 이 책에서 서술하는 파이낸스는 후자인 '기업 금융 이론'을 가리키며, 주로 회사 측 위치에서 재무적인 견해를 제시하는 점이 특징이다.

앞서 언급한 것처럼 이 책은 파이낸스 이론이나 지식을 상세하게 설명하기 위해 쓴 것이 아니다. 파이낸스를 다루는 토대가 되는 사고를 전달하는 데 중점을 두고 있다. 상세한 테크닉보다도 실제 업무와 방향성을 세울 수 있는 사고방식을 갖추는 것이 더 중요하기 때문이다.

의미가 모호하고 다양한 파이낸스라는 용어를 이 책에서는 다음의 네 가지로 분류하고 구조화해서 정의하고 있다. 회사의 기업 가치를 최대로 끌어올리기 위해서는 다음과 같은 일련의 활동이 필요하다.

A. 사업에 필요한 자금을 외부에서 최적의 밸런스와 조건으로

조달한다.(외부 자금 조달)

    B. 기존 사업과 자산에서 최대한 자금을 창출한다.(자금 창출)

    C. 구축한 자산(자금을 포함)을 사업 구축을 위한 신규 투자나 주주 및 채권자에게 환원하기 위해 최적으로 분배한다.(자산의 최적 분배)

    D. 그 과정의 합리성과 의지를 기업의 이해관계자에게 설명한다.(이해관계자 커뮤니케이션)

    금융·업계 종사자의 눈이나 학문적인 관점에서 본다면 너무 단순하고 포괄적으로 정리했다고 생각할지도 모르겠다. 하지만 연구자가 아니라면 이 정도가 딱 적당하며, 더 자세한 정보는 소음에 불과하다.

    마지막으로 내 소개를 하고자 한다. 나는 대학에서 파이낸스를 전공하지 않았으며 금융기관에서 근무한 경험도 없다. 영세 스타트업 경영자, 그리고 상장 기업 경영자로 회사를 경영하는 데 파이낸스 사고가 얼마나 중요한지 몸소 경험한 실무가다. 나는 경마 기수 후보생과 경주마 육성 목장의 조교 조수라는 조금 색다른 이력을 거쳐 도쿄대학에 입학했다. 졸업 후에는 맥킨지앤드컴퍼니McKinsey & Company에서 경영 컨설턴트로 경력을 쌓았다. 그 후 대학 시절에 친구들과 설립한 스타트업 대표로 복귀하여 회사를 믹시에 매각하고 믹시의 경영 재건에도 관여했다. 그때의 경험은 앞에서 언급한 대로다.

    그 후 스탠퍼드대학의 객원 연구원으로 근무하면서 동료들과 설립한 도쿄파운더스펀드Tokyo Founders Fund에서의 벤처 투자를 통해 북미 스타트업이 투자를 받아 역동적으로 성장해 나가는 모습을 관찰하는 기회를 얻게 되었다. 이런 경험으로 얻은 노하우를 책을 통해 전달하고자 한다.

책을 집필할 때 나와 함께 시니피앙주식회사Signifiant Inc.를 설립한 무라카미 다카후미村上誠典, 고바야시 겐지小林賢治와 여러 차례 토론을 거듭하면서 두 사람의 의견을 내용에 많이 반영했다.

무라카미 다카후미는 도쿄대 대학원에 재학할 당시 초소형 위성 개발 프로젝트에 참여했다. 그 후 우주과학연구소현 JAXA에서 행성탐사기 '하야부사'와 '이카로스'를 연구한 후, 골드만삭스Goldman Sachs의 투자은행 부문에 재직하며 14년 동안 글로벌 시장에서 금융 서비스를 제공한 전문가다. 고바야시 겐지는 경영 컨설팅 회사인 코퍼레이트 디렉션CDI를 거쳐 디엔에이DeNA에서 사업 부문과 관리 부문을 비롯한 다양한 업무에 종사하면서 집행임원, 이사로 경영 기획과 IRInvestor Relations(기업이 주식 및 투자자들을 대상으로 실시하는 홍보 활동-옮긴이) 부문에서도 활약했다.

제각기 배경이 다른 세 명이지만 각각의 실무 경험을 통해 파이낸스 사고야말로 기업이 활기를 되찾고 크게 성장하기 위해 꼭 필요하다는 문제의식을 공유했다.

독자 여러분이 자신의 사업을 개선하고 전 세계 기업의 활동을 이해하는 데 이 책이 도움이 된다면 더없이 기쁠 것이다.

차례

숫자 너머
미래를 경영하라

제1장

제2장 당신의 회사를 구해줄 단 하나의 재무 전략 파이낸스 사고

제3장 어떤 외부 환경에도 흔들리지 않는 기업들의 비밀 6

제4장

진짜 이익을 내는 사장들의 재무 원칙

제5장 위기의 시대, 어떻게 경영할 것인가

부록 사장을 위한 마지막 특강 경영의 기본

제1장

숫자 너머
미래를 경영하라

사장의 생각부터
바뀌어야 한다

혹시 이런 말을 들어본 적 있는가. 회사를 다니고 있다면 누구나 익숙한 말일 것이다.

"증수증익(매출과 이익을 동시에 늘리는 것)이야말로 사장의 역할이다." "실적이 좋아지려면 매출을 늘려야 한다. 그렇다고 이익이 줄어들면 안 된다." "올해에는 이익이 줄어들 것 같으니 마케팅 비용을 삭감하도록!" "우리는 빚이 없으니까 건전한 경영을 하고 있는 것이다." "흑자니까 문제없다."

이러한 회사 구성원들의 발언에는 다음과 같은 세 가지 관점과 사고가 결여돼 있다.

- 회사의 가치를 높이기 위해 선행 투자하려는 관점
- 자신이 어떤 자산을 보유하고 있는지에 대한 자각
- 보유한 자산을 효율적으로 활용해서 성과를 내려는 발상

최근에는 회계 관련 입문서가 잘 나와 있어서 일반 직장인도 회계 기초 지식을 어느 정도 갖추고 있다. 지식의 양에는 개인차가 있겠지만 비즈니스에서 회계의 중요성을 부정하는 사람은 아마 없을 것이다. 한편 종합적 재무 사고에 대한 중요성은 사람들이 충분히 인식하지 못하고 있는 듯하다. 만약 앞에서 언급한 말을 회사에서 자주 듣는다면 특히 경영진이 그런 말을 자주 한다면 그것은 그 조직이 잘못된 길을 가고 있는 증거일지도 모른다.

분기, 또는 1년이라는 기간 동안 회사가 얼마나 이익을 냈는지 보여 주는 손익계산서상 수치는 누구나 직감적으로 알기 쉽다는 장점이 있다. 손익계산서는 회사의 전기 실적과 비교해서 매출액이나 이익의 증감으로 회사가 얼마만큼 성장했는지 측정하거나, 경쟁사의 수치와 대조해서 회사의 이익 창출 능력을 비교하기 위해 종종 활용한다. 많은 회사가 사내 관리 지표나 사업부 단위의 목표 수치를 내기 위해 매출액이나 이익과 같은 손익계산서상 수치를 활용한다.

하지만 이 내용은 어디까지나 과거 일정 기간 달성한 실적의 결과를 나타내는 데 불과하다. 일정 기간의 매출액이나 이익 같은 손익계산서상 수치를 최대화하려는 전략이 반드시 회사의 장기적인

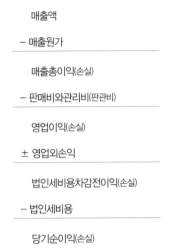

매출액

− 매출원가

매출총이익(손실)

− 판매비와관리비(판관비)

영업이익(손실)

± 영업외손익

법인세비용차감전이익(손실)

− 법인세비용

당기순이익(손실)

출처: 일반기업회계기순서

성장으로 이어지리라는 보장은 없다.

예를 들어 회사의 제품 개발을 강화하기 위한 연구개발 투자, 상품 홍보나 기업 브랜드 인지도 향상을 위한 마케팅 투자를 줄이면 단기적으로는 이익이 늘어난다. 하지만 장기적인 경쟁력 향상에 필요한 투자를 뒤로 미룸으로써 회사의 근원적인 가치를 훼손하는 사태에 이르게 되기도 한다.

최근에는 일반 직장인도 회계에 관한 기본 지식을 갖추고 있지만, 손익계산서 지표의 최대화를 우선으로 하는 사고가 경제계에 뿌리 깊게 박혀 있다. 그래서 많은 기업이 과감하게 승부수를 던지지 못하고 축소 균형의 악순환에 빠지고 있다.

기업들이 침체에서 빠져나오고 악순환의 고리를 끊으려면 손익 중심의 속박에서 벗어나야 한다. 그러기 위해서는 사장을 포함한 회사와 관련된 모든 사람이 새로운 발상법을 갖춰야 하는데 그 핵심이 되는 것이 바로 재무적인 견해와 사고다.

정말 중요한 것은 무엇인가

이 책에서는 장기적이고 종합적인 재무 사고를 파이낸스 사고라고 부를 것이다. 많은 기업이 빠져들기 쉬운 손익 중심의 사고를 대신하는 개념이다.

파이낸스 사고는 사업을 통해 개개인이 사회에 더 큰 영향력을 미치고 회사의 성장에 기여하는 데 반드시 필요한 기본적인 사고 방식이다. 회사의 모든 활동과 연결되므로 파이낸스 사고가 필요한 사람은 재무 담당자만이 아니다. 파이낸스 사고는 회사와 관련된 모든 사람이 반드시 알아야 한다. 회사가 발표하는 전략이나 실제 활동이 회사의 가치 향상과 어떻게 이어지는지 이해하려면 실무를 담당하는 직원뿐만 아니라 투자자도 종합적 재무 사고를 기초 교양으로 갖춰야 한다.

재무 책임자는 업무상 파이낸스에 관한 전문 지식을 알아야 하지만, 일반 직장인은 전문 지식을 갖추는 것보다 파이낸스의 근본을 지탱하는 사고를 아는 것이 더 중요하다. 파이낸스 지식이 애플리케이션이라면 파이낸스 사고는 그것의 바탕이 되는 운영체제라고 할 수 있다.

　제1장에서는 많은 기업에 뿌리박혀 있는 손익 중심의 사고와 이를 대신할 파이낸스 사고를 다루겠다. 다만 본문에 들어가기에 앞서 우리가 일상생활에서 접하는 회사의 의미를 알아보고자 한다. 회사의 기원과 성장, 특징을 이해해야 비로소 종합적 재무 사고의 중요성과 의미를 이해할 수 있기 때문이다.

사장을 위한 마지막 경영 수업

경영자의 역할은
무엇인가

'회사는 무엇을 위해 존재하는가?'라고 열 명에게 물으면 아마다 다른 대답을 할 것이다. 회사의 이해관계자와 경영진 및 직원 등회사의 관계 및 위치는 각각 다르므로 각자의 사정에 따라 회사의존재 의미도 다를 수밖에 없다. 근대를 살던 이들이 파악했던 회사의 개념은 다음과 같았다.

"큰 장사를 하는 데 상인 한 명으로 불가능하면 다섯 명 혹은 열명, 동료들과 그 일을 함께한다. 이를 상인 회사라고 한다."

여기서 눈여겨봐야 할 점은 회사를 큰 장사를 하기 위해 일을함께하는 것이라고 정의한 부분이다.

팬데믹 이후 상황이 좀 달라졌지만 몇 년 전만 해도 취업자의 90퍼센트 정도가 피고용인이며 노동 유연성이 낮았고, 대기업에서는 아직도 회사를 사업을 실현하기 위한 하나의 수단으로 인식하는 경향이 있었다. 이런 인식은 계속되어 잠재적 의식에서 회사를 마치 실체가 있는 존재처럼 여기기도 한다.

하지만 근대적인 회사의 개념을 보면 초창기 회사의 모습은 특정한 목적을 갖고 단기적으로 집결하는 프로젝트적인 측면이 강했다. 회사가 독립적인 회사로 성립된 배경에는 프로젝트를 성공으로 이끄는 사람들의 의지가 있었다.

주식회사는 영속적이다

세계 최초의 주식회사는 1602년에 설립된 연합 동인도회사(네덜란드 동인도회사)다. 이 회사는 원래 동남아시아와 향신료 거래를 하기 위해 설립됐다. 동인도회사는 교역에 필요한 출자금을 외부에서 조달하여 10년이 지난 시점에 교역으로 얻은 이익을 출자자에게 배분한 후 청산하는 시스템으로 운영됐다. 청산한 뒤 다시 자본금을 모아 새로운 회사를 설립하는 방식이 200여 년간 계속됐다고 한다. 주주의 책임이 출자액에 한정된 유한책임제를 채택했는데 이것이 근대적인 회사 조직의 원형이 됐다.

동남아시아에서의 상업 거래라는 목적에 찬성하는 자본가가 모여 자본을 투자하고 일정 기간이 지나거나 항해가 끝나면 청산한다. 이를 보면 주식회사의 기원이 다분히 프로젝트적인 성격을 띤 구조임을 알 수 있다. 이런 점에서 오늘날의 주식회사보다 AI나 로보틱스robotics(로봇의 물리적인 모습을 구성하는 기계적이고 전기적인 장치―옮긴이) 같은 사업 카테고리, 브라질이나 남아프리카 같은 지역의 투자에 특화된 테마형 투자 펀드 등이 주식회사의 기원인 네덜란드 동인도회사와 성격이 더 비슷할지도 모르겠다.

오늘날 상장 기업의 경우, 자사 주식이 자본 시장에서 유통되고 있다는 점에서 당시의 주식회사와는 조금 다른 성격을 띤다. 상장 기업은 계속 운영(계속기업going concern)하는 것을 전제로 한다. 어느 날 갑자기 운영하지 않을 수도 있는 회사라면 투자자는 안심하고 주식에 투자할 수 없다. 회사는 초기의 프로젝트성 목적과 더불어 존속적이고 영속적인 기업 가치를 추구해야 한다. 서로 다른 두 가지 조건을 달성해야 하므로 상장 기업을 경영하기가 어려운 것이다. 회사를 적당히 운영하면서 맡은 임무만 달성하려고 해서는 안 되며, 그렇다고 그저 이익을 올리면 그만이라는 태도도 바람직하지 않다.

회사는 세 가지 시장으로 평가된다

지금까지 회사의 프로젝트적인 성격과 영속성에 대해 알아봤다. 이제부터는 경제학적 관점에서 사회가 회사에 요구하는 역할도 살

퍼보자.

일반적으로 경제학에서 회사(특히 상장회사)는 주로 세 가지 시장의 평가에 노출된다고 한다. 여기서 말하는 세 가지 시장이란 바로 재화 시장, 노동 시장, 자본 시장이다.

재화 시장에서는 고객이 회사가 제공하는 상품이나 서비스를 소비하고 이용하면서 평가한다. 구입하자마자 고장 나는 불량품만 판매하는 가전 회사가 있다면 재화 시장에서 그 회사의 평가는 낮아질 수밖에 없다. 평가가 나쁘면 아무도 그 회사가 출시하는 신제품을 사려 하지 않는다.

노동 시장에서는 회사에서 일하는 직원이 회사를 평가한다. 회사가 얼마나 이상적인 직장 환경을 제공하고 있는지가 평가 요소다. 급여나 복리후생 같은 노동 조건에 관한 평가부터 사풍이나 업무 만족도 같은 부수적인 요소까지 근로자는 다양한 관점에서 회사의 업무 환경이 얼마나 매력적인지 평가한다. 매력적인 환경으로 보인다면 구인 광고에 많은 지원자가 몰려 회사는 유능한 인재를 채용하게 된다. 반대로 형편없는 직장 같다면 직원은 회사를 떠날 것이다.

자본 시장이란 회사의 주식이나 채권이 매매되는 시장을 말한다. 투자자는 투자 종목으로 매력이 있는지 회사를 평가하고 자본 시장에서 주식이나 채권을 매매한다. 상장 기업의 경우 자사 주식이 시장에서 매매되면서 주가가 정해지고 회사의 가격이라 할 수 있는 시가총액이 산출된다. 회사가 운영하는 사업이 더욱 성장할 것으로 보이는 매력적인 상태라면 투자자는 흔쾌히 회사의 주식을

회사를 평가하는 세 가지 시장

재화 시장	노동 시장	자본 시장
고객이 평가	직원이 평가	투자자가 평가

살 테니 주가가 오른다. 여기서 포인트는 재화 시장, 노동 시장, 자본 시장에서 이뤄지는 회사의 평가가 반드시 일치하지 않는다는 것이다. 고객, 직원, 주주 간 관점이 달라 회사에 요구하는 요소는 당연히 다를 수밖에 없다. 따라서 각각의 사람들이 생각하는 좋은 회사의 의미도 달라지기 마련이다.

사업이 잘되지 않고 악순환에 빠지면 고객, 직원, 주주가 생각하는 바람직한 회사의 방침이 서로 달라지기도 한다. 이를테면 직원은 안정적인 고용과 처우 개선을 요구하는 데 반해, 주주는 인원 감축을 통한 재무 체질 개선을 요구할 수도 있다. 이렇게까지 극단적인 예가 아니더라도 고객, 직원, 주주가 보는 좋은 회사는 매우 위태로운 균형 위에 성립되고 있다. 회사를 둘러싼 세 가지 시장이라는 경제학적 단면에서 생각해 보면 경영자의 중요한 역할 가운데 하나는 회사가 악순환에 빠지지 않도록 하면서 사업과 조직을 키워 나가는 과정에서 이해관계자와 적절히 커뮤니케이션하여 서로 같은 방향으로 나아가도록 하는 것이다.

위기일수록
재무제표를 들여다보라

좋은 회사의 조건이나 회사의 의미는 누구의 관점에서 회사를 보는가에 따라 달라진다. 다만 회사 활동의 핵심이 비즈니스·상업 같은 경제활동이며, 단적으로 말하면 사업을 통한 돈벌이임을 부정하는 사람은 없을 것이다.

조금 전에 설명한 근대적인 회사의 개념에서 '큰 장사를 한다'는 행위를 알기 쉽게 설명하면 이렇다. 어떤 사업을 시작하려고 계획하는 사업가가 투자자를 통해 자금을 모으고, 모은 돈으로 원자재나 자산을 사거나 사람을 고용하여 상품 및 서비스를 제공하면서 대가로 돈을 받아, 그 돈을 투자자에게 돌려주는 일련의 활동이다. 돈벌이를 기대하기 힘든 사업에 돈을 투자하는 사람은 없다. 투자자의 돈이 없으면 사업을 운영할 수 없으니 고용이 발생하지 않고 소비자가 더 좋은 상품이나 서비스를 제공받을 기회도 사라진다.

회사는 사람들이 요구하는 제품이나 서비스를 제공하고 그 대가로 돈을 받는다. 회사가 더 큰 문제를 해결하거나 다른 회사는 제공하지 못하는 희소가치가 높은 제품이나 서비스를 제공하면 대가로 받는 돈은 더 커진다.

'돈벌이'라는 말을 들으면 부정적인 이미지를 떠올리는 사람도 있을 것이다. 이 말은 사회 규범을 어지럽히면서 돈을 벌거나 불리는 행위를 자기 목적화하는 배금주의적인 사고와 연결해서 인식되는 경향이 있으며, 그런 생각으로 혐오감을 느껴 돈을 버는 행위 자체에 거부감을 가지는 사람도 적지 않다. 심정적으로는 이해할 수 있다.

하지만 경제학에서 돈의 역할 가운데 하나로 '가치의 척도'가 언급되듯이, 돈이란 사람과 회사가 세상에 어떠한 가치를 제공한 대가로 받는 것이다. 세상에 가치를 제공하는 행위가 사회의 발전에 기여한다는 측면에서 보면 사회 기여와 돈벌이가 꼭 모순된 개념이라고만은 할 수 없다.

당연히 돈을 버는 과정에서 고객을 속이고, 제품 및 서비스를 개발하는 과정에서 환경에 나쁜 영향을 미치거나 불공정한 거래를 하는 등 사회 규범을 어지럽히는 일은 해서는 안 된다. 그러나 그렇지 않은 한, 돈은 회사가 제공하는 가치의 크기를 나타내는 지표로

회사는 돈으로 평가된다

회사의 평가 기준	평가 도구
① 사업 성과	① 손익계산서PL
② 보유하는 경영 자원	② 재무상태표BS
③ 회사의 가치	③ 파이낸스

기능하는 측면도 있다. 안타깝게도 아직까지는 회사가 세상에 제공하는 가치의 크기를 수치화해서 측정할 수 없다. 가치의 대체 지표로 불완전하지만 기준이 되는 개념이 바로 돈이다. '세상에 가치를 제공한 대가로 돈을 받는다'는 원칙에서 벗어나지만 않는다면 돈을 버는 일은 결코 부끄러운 행위가 아니다.

돈은 사업의 성과를 측정하는 지표다. 사업을 할 때 사람, 물건, 돈이라는 세 가지 경영 자원이 필요하며, 사람과 물건은 돈이라는 지표로 환산해서 파악할 수 있다. 사람은 근로자로서 임금으로 고용되며, 생산 설비 같은 물건은 돈으로 매매된다. 회사가 제공하는 가치의 크기를 나타내는 대체 지표로 돈이 기능하는 것과 마찬가지로 사람이나 물건이라는 경영 자원 또한 돈으로 번역해서 표현할 수 있다.

지금부터 돈으로 표현되는 회사의 측면에 대해 알아보자. 회사는 ① 사업 성과 ② 보유하는 경영 자원 ③ 회사의 가치라는 측면 모두 돈에 의해 정량적으로 평가된다. ① 사업 성과는 손익계산서나 현금흐름표 ② 보유하는 경영 자원은 재무상태표와 같은 재무제표로 표시된다. ③ 회사의 가치를 이해하려면 파이낸스적인 관점으로 접근해야 한다. 회사의 가치 또한 '회사가 향후 얼마나 많은 돈을 벌어들일 수 있는지'를 관점으로 평가한다.

이처럼 돈은 회사의 활동을 평가하고 설명하기 위한 공통 지표다. 세상에는 돈으로 환산해서 측정할 수 없는 가치가 무수히 존재한다. 하지만 세상사의 가치를 측정하는 공통 지표가 돈 이외에는 존재하지 않는 것이 현실이다. 비록 불완전하더라도 우리는 돈을 기준으로 회사의 활동을 평가해야 한다.

기대 수익을 최대화하려면

파이낸스 사고를 간단히 설명하자면 회사의 기업 가치를 최대로 끌어올리기 위해 장기적인 관점에서 사업이나 재무에 관해 종합적으로 전략을 세우는 사고방식이다. 더 넓은 의미로는 회사의 전략 수립 방식이라 할 수 있다.

경영 자원인 사람, 물건, 돈을 효율적으로 활용해서 회사의 가치를 최대한으로 끌어올리는 것. 그것이 파이낸스적 관점에서 회사에 기대하는 역할이다. 단지 눈앞의 돈뿐만 아니라 미래의 기대 수익을 최대화하여 기업의 현재 가치를 올리는 것이 파이낸스의 발상이다. 이런 의미에서 파이낸스 사고는 가치 지향, 장기 지향, 미래 지향적이라는 특징이 있다.

파이낸스 사고의 특징

① 가치 지향

② 장기 지향

③ 미래 지향

미래에 획득할 현금흐름을 늘리려면 더 큰 사업에 착수해야 한다. 더 큰 사업을 하려면 설비투자나 인재 채용, 마케팅 같은 선행 투자가 필수적으로 이뤄져야 한다.

선행 투자를 적극적으로 하다 보면 회사의 실적이 일시적으로 나빠지기도 한다. 선행 투자로 지출하는 항목 가운데는 재무상태표에 자산으로 계상되지 않고 손익계산서에 손실로 계상되는 항목도 있기 때문이다. 선행 투자로 인한 지출은 회사가 더욱 성장하기 위해 필요한 건전한 출혈로 인식해야 한다.

이렇듯 회사가 어떤 상황에 직면했을 때 먼저 재무제표를 들여다봐야 한다. 펼쳐진 숫자들을 살펴보며 이들의 인과관계가 어떻게 이뤄지는지 장기적으로 상세히 살펴봐야 한다. 그래야 객관적으로 논의가 가능해지고 미래 전략을 세울 수 있다. 특히 위기 상황일수록 이 같은 접근이 중요하다. 재무제표를 들여다본 이후에 고려해야 할 것은 회사의 가치 향상이다. 이는 다음 장에 계속 설명하겠다.

사장을 위한 마지막 경영 수업

세계 최고의 회사들은
어떻게 재무 전략을 세우는가

Finance Thinking

산업은 갈수록 고도화되고 불확실성이 증가하고 있다. 만약 당신 회사의 주력 사업이 성장 동력을 찾지 못하고 정체돼 있다면 파이낸스 사고가 그 답이 될 수 있다. 미국 실리콘밸리의 글로벌 IT 회사들은 일찍이 파이낸스 사고를 공유하고 이를 기준으로 사업을 펼쳐나가 큰 성공을 거뒀기 때문이다.

구글, 애플, 메타, 아마존 등 급성장하는 미국 IT 기업의 성공 사례를 말할 때 대부분 스티브 잡스Steve Jobs나 마크 저커버그Mark Zuckerberg 같은 창업자의 카리스마적인 인물상이나 그들이 전개하는 서비스의 우수성에 초점을 둔다.

도표 2 **대표 IT 기업들의 시가총액 추이**

(억 USD)

애플
8,544억 달러

알파벳(구글)
7,022억 달러

마이크로소프트
6,947억 달러

아마존
6,803억 달러

메타
4,567억 달러

2010년 1월 1일 ~ 2018년 4월 6일

그러나 이러한 회사의 성공 이면에는 성장을 위한 과감한 의사 결정과 그것을 실현하는 재무 전략이 뒷받침되었음을 간과해서는 안 된다. 이러한 기업들은 단기적으로 손익계산서상 수치에 부정적인 영향을 미칠지라도 성장을 위해 과감하게 투자하는 방향으로 의사결정을 내렸다. 지금부터 아마존과 메타를 사례로 들어 살펴보겠다.

적자 상태에서 투자를 강행한 아마존

아마존이 창업 이래 거액의 적자를 계상하면서도 사업을 계속 확

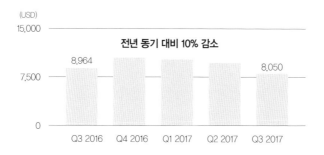

도표 3 **아마존의 잉여현금흐름 추이**

대해 나간 것은 이미 잘 알려진 이야기다. 자세한 내용은 후술하겠지
만 아마존의 분기 공시 자료의 서두에는 매번 잉여현금흐름free cash
flow의 최적화가 기업의 장기적 목표라는 내용이 기재돼 있다(도표 3).

아마존은 대규모 선행 투자를 실시함으로써 잠재 경쟁사에 대
한 진입 장벽을 높이고, 장기적인 경쟁력 제고 및 반복되는 수익
Recurring Revenue을 실현하는 비즈니스 모델을 구축한다.

창업 초창기부터 운영한 전자상거래 사업뿐만 아니라 클라우드
컴퓨팅 서비스인 아마존 웹 서비스Amazon Web Services, AWS에서는 구글
이나 마이크로소프트 같은 경쟁사가 뛰어들기 주저할 정도로 낮은
가격으로 사업을 전개하여 단번에 시장 점유율을 높였다. 그뿐 아
니라 유료회원제 프로그램인 아마존 프라임Amazon Prime의 동영상 콘
텐츠 개발에도 거액의 자금을 투입해 2018년 초 기준 미국에서 회
원 수가 1억 명에 육박했다.

아마존의 선행 투자형 전략은 전 세계 투자자의 신뢰를 바탕으로 이뤄졌다는 점을 알아둬야 한다. 아마존은 이해관계자의 신뢰를 얻기 위해 커뮤니케이션을 철저히 했다. 이러한 대책 없이 '아마존도 적자니까 우리도 적자여도 괜찮다'고 천하태평한 발언을 하면 아무도 회사의 말에 귀 기울이지 않을 것이다.

메타는 매년 진화한다

최근 메타로 사명을 바꾼 페이스북도 미래에 성장할 영역에 과감하게 투자하고, 장기적인 관점에서 사업 개발을 추진한다는 측면에서 파이낸스 사고를 지닌 대표적인 회사라 할 수 있다. 일반 소비자를 대상으로 하는 인터넷 서비스이다 보니 서비스로서의 페이스북을 이용한 경험이나 유행의 변천에 관심이 쏠리기 쉽지만 회사로서의 메타가 어떠한 철학으로 사업을 전개하는지에도 관심을 기울여야 한다.

페이스북은 서비스적인 측면에서 2010년 타임라인을 대대적으로 개편했다. 당시에는 페이스북에 게임을 제공하는 징가 Zynga 등이 한 세대를 풍미했으며 페이스북의 타임라인도 게임 관련 글로 가득 찼다. '세상을 좀 더 개방적이고 연결된 곳으로 만들겠다 Making the World more open and Connected'는 당시의 미션을 실현하기 어려운 상황이었다. 그래서 페이스북은 게임 관련 글을 일부러 잘 보이지 않도록 타임라인의 표시 로직을 수정했다. 타임라인의 개편은 게임 제공 회사의 실적에 큰 타격을 줬으며 게임 제공 회사에게 수익 일부를 받는 페이스북도 수익이 악화되는 시도였다. 하지만 단기적으로는 실적에 악영향을 미쳐도 커뮤니티를 건전하게 발전시키기 위한 대책을 실행했기에 지금의 페이스북이 존재하는 것이다.

비즈니스 모델이 완전히 확립되기 전 단계에서 스마트폰을 통한 이용 경험을 늘리기 위한 개발을 진행한 점도 메타의 철학을 보여 주는 상징적인 의사결정이다. 당시 메타가 PC를 중심으로 이용되어 수익의 대부분을 PC 광고에서 얻었다는 점에서 보면 스마트폰 중심의 개발로 방향을 전환하는 전략은 단기적으로는 자사 내 경쟁을 일으키는 방침이었다. 하지만 이러한 결단이 성과를 거두어 결과적으로 모바일 광고가 회사 매출의 대부분을 차지하기에 이르렀다.

이 밖에도 2012년 사원 13명에 불과했던 인스타그램을 10억 달러에 인수했으며, 2014년에는 218억 달러로 왓츠앱WhatsApp을 인수하는 등 메타는 자사 서비스와 부분적으로 경쟁하는 타사를 적극적으로 인수했다.

메타의 인수 사례는 회사나 서비스 규모에 비해 인수액이 크고 자사 부담으로 사업을 확장하려 한다는 점에서 위험요소가 있다. 또한 페이스북을 포함한 일반 사용자를 대상으로 하는 인터넷 서비스는 유행에 잘 휩쓸리고 미래를 예측하기 어렵다. 타이밍이 성패를 좌우하는 사업이기도 해서 투입하는 자본이 많다고 반드시 성공하리라는 보장도 없다.

풍부한 개발 자원을 보유한 메타라면 자사 개발이라는 선택지도 있었을 것이다. 하지만 아직 규모는 작더라도 미래에 자사를 위협할 만한 서비스를 일부러 인수함으로써 잠재적인 위협을 몰아냈을 뿐 아니라 이러한 서비스의 성장을 회사가 차지하는 데도 성공했다. 만약 메타가 자사에서 같은 서비스를 전개했더라면 결과가 어떠했을지 예측할 수는 없다. 다만 소규모 회사를 거액으로 인수하여 큰 성과를 얻으려는 시도는 파이낸스 사고 없이는 결코 해내기 힘든 발상이다.

이 밖에도 메타는 AR/VR(증강현실/가상현실) 영역이나 AI(인공지능), 메타버스 등 기술 개발에도 적극적으로 투자하고 있다.

글로벌 IT 공룡들의 재무 전략

파이낸스 사고의 관점에서 글로벌 IT 회사들의 공통점을 다음의 세 가지로 정리할 수 있다.

- 단기적인 손익 악화를 주저하지 않는다.
- 시장의 확대와 경쟁 우위성 확보를 중시하며 대규모 투자를 실행한다.
- 투자의 방향이 장기적이며 미래지향적이다.

각 회사 모두 주력 사업은 물론이고, 복수 사업의 지속적인 성장 가능성도 긍정적인 평가를 얻어 결과적으로 시가총액을 크게 늘리는 데 성공했다.

아마존은 전자상거래 영역과 더불어 AWS 인터넷 인프라 영역에서도 마켓 리더가 됐다. 나아가 아마존 프라임으로 음성 인식 시장을 단숨에 휘어잡으면서 AI의 주요 플레이어로서의 성장도 목표로 삼고 있다. 그리고 메타의 경우, 한때는 게임 플랫폼이 될 뻔했지만 장기적 관점에서 실시한 사업 개발이나 인수를 통해 개방적·폐쇄적인 양면의 소통 채널을 확보한 세계 최대의 사업자로 성장했다.

이 회사들의 의사결정은 이익만 생각하면 도저히 불가능한 발상이다. 이를 통해 서비스에 대한 강한 신념과 파이낸스 사고를 엿볼 수 있다.

미국은 1980년대에 기술력, 수익력에서 세계적으로 두각을 나타내지 못했으나 IT 혁명을 겪으면서 급성장하는 신생 기업이 차례차례 등장했다. 그 결과 현재 실리콘밸리를 중심으로 세계 최고의 기업들이 포진해 막대한 영향력을 미치고 있다. 이 운명의 중심에는 바로 파이낸스 사고가 있었다.

회사가 저성장의 늪에 빠지는 이유

회사의 의사결정에는 가치 향상이 아닌, 단기적 손익을 최대화하는 것을 목적으로 한 근시안적인 내용이 섞인 경우가 많다. 회사는 장기적인 성장에 필요한데도 당장 실적이 악화되는 것을 꺼려 적극적인 투자를 주저하거나 반대로 기업 가치에 기여하지도 않는데 손익계산서상 실적 수치를 부풀리는 전략을 펼치기도 한다.

경제지를 비롯한 언론도 결산기에는 분기 단위로 증수증익이나 '감수감익'(매출과 이익의 동시 감소) 같은 회사의 실적 결과만 제목으로 뽑아 보도하는 일이 비일비재하다. 또 회사가 이해관계자에게 자사의 방침을 설명할 때도 기업 가치 향상에 대한 설명보다 실적이 향상된 결과만 설명하는 것이 간편하다는 현실적인 이유로 손익이 회사를 둘러싼 사내외 커뮤니케이션의 기준이 된다.

손익 중심의 사고란 기초적인 회계 지식을 토대로 하면서도 파이낸스 관점이 결여되어 회사의 장기적인 성장보다 최근의 실적을 우선시하여 '눈앞의 손익을 최대화하는 것이야말로 경영의 지상 과제'라고 생각하는 사고와 태도를 말한다. 이는 회사 규모를 떠나 역사가 오래된 대기업이든 두드러진 성장세를 보이는 IT 기업이든 상관없이 많은 기업이 빠지기 쉬운 발상이다. 손익 중심 사고는 비단 경영자뿐 아니라 회사에서 일하는 직원, 투자자, 언론 또한 빠지기 쉽다. 따라서 언론이나 회사가 발신하는 정보를 접할 때는 제목에 현혹되지 말고 회사의 방침이 장기적인 가치 향상에 어떻게 기여하는지 주의 깊게 살펴봐야 한다.

단기적 이익만 중시하는 사고

회사를 둘러싼 주위의 경쟁 환경이 거의 변하지 않는다면 사업을 우직하게 개선해 나가면서 실적을 늘리는 방침이 기업 가치 향상으로 이어지기도 한다.

하지만 사업의 외부 환경이 시시각각 변하는 상황에서나 경제가 일직선으로 성장하지 않는 시대에서는 이러한 수법이 통하지 않는다. 최근에는 글로벌화가 점점 진행되고 기술이 급속도로 발전하여 기존 사업이 빠르게 진부해졌다. 몇 년 전만 해도 존재하지 않았던 기업이 갑자기 경쟁 상대가 되기도 한다. 오늘날과 같은 시대에는 단기적 이익만을 한 경영 판단으로 기업 가치가 향상되는 경우는 일단 없다고 봐야 한다.

미래의 현금흐름을 창출하기 위한 투자를 방해하는 생각에서 기업이 빠져나와야 향후 고위험 고수익 사업에 도전할 수 있다. 많은 기업이 이에 사로잡혀 있는 한, 거시적으로 보면 새로운 산업이 지속적으로 창출될 가능성은 거의 없다.

회사의 상황을 객관적으로 파악하려면 회계와 재무제표에 관한 지식을 반드시 갖춰야 한다. 손익계산서를 포함한 재무제표가 없으면 회사의 과거 성장이나 현재 상태를 이해하기 어렵다. 즉 손익계산서를 보는 것이 꼭 나쁜 것만은 아니다.

하지만 동시에 이는 어디까지나 회사의 상황을 이해하기 위한 참고 자료로 기준에 불과하다. 회사를 경영할 때 사업 가치를 향상하는 것이 본질적으로 중요하며, 재무제표상 수치는 어디까지나 그 과정을 보여 주는 지표일 뿐이다. 손익계산서는 미래를 말하지 않는다. 이에 잠식당한 회사는 이 점을 간과해 서면상 숫자를 더 좋아 보이게 하려는 주객이 전도된 상태가 된다.

손익계산서에
절대 속지 마라

Finance Thinking

앞서 손익계산서를 전부 믿지 말라고 언급했다. 왜 그럴까? 손익은 만들 수 있기 때문이다. 많은 기업에서 손실은 줄이고 이익은 최대화하기 위해서 다양한 방법들을 사용한다. 도대체 어떻게 이런 일이 가능한 것일까.

첫 번째로 회계 제도의 허점을 이용해 손익계산서상 매출액을 많아 보이게 하거나 비용을 적어 보이게 하는 방법이 있다. 만약 회계 제도를 따르지 않고 매출액을 과대계상하거나 손실을 과소평가한다면 이는 '분식 회계'에 해당한다.

탈세와 절세의 경계선이 불분명하듯이 결산 내용의 분식과 판

도표 1 **손익계산서**

매출액

− 매출원가

_____

매출총이익(손실)

− 판매비와관리비(판관비)

_____

영업이익(손실)

± 영업외손익

_____

법인세비용차감전이익(손실)

− 법인세비용

_____

당기순이익(손실)

_____

단 사이에도 그레이존이 존재한다. 분식 회계는 당연히 회사가 해서는 안 되는 일인데 손익 중심 사고에 빠진 사례 대부분은 이런 그레이존에서 발생한다.

다음에 설명하는 바와 같이 결산기 단위로 손실은 줄이고 이익을 최대화하는 행위를 '손익을 만든다'고 한다.

수익은 주관적이다

손익계산서는 매출액과 비용, 그 결과로 남은 각종 이익으로 표현된다. 손익계산서의 구조를 뜯어보면 매출총이익(매출액 − 원가),

영업손익(매출총이익 − 판관비), 법인세비용차감전이익·손실(영업손익 ± 영업외손익), 당기순손익(법인세비용차감전이익·손실 − 법인세비용)이라는 네 단계의 이익으로 분류된다. 문제는 매출액이나 각 단계의 이익을 어느 정도는 인위적으로 조절할 수 있다는 점이다.

'이익은 의견, 현금은 사실'이라는 말은 회계 제도의 특징을 단적으로 나타낸다. 회사에 축적된 현금의 양은 속일 수 없다. 그러나 매출액이나 이익 같은 손익계산서상 수치는 회계 기준이나 감사를 통해 최대한 객관적으로 파악하려고 하지만 아무래도 주관적인 의도가 섞일 여지가 있다.

이를테면 매출액의 경우, 상품이 고객에게 팔렸을 때 어느 시점에 매출을 계상할지는 실적이나 업종에 따라 판단이 달라진다. 판매업에서는 상품·제품을 매장이나 창고에서 거래처로 출하한 시점에서 매출을 계상하는 경우가 있다(출하 기준). 한편, 정밀기계같이 시운전이 필요한 제품은 제품이 정상적으로 작동하는지 확인한 시점에서 매출을 계상하기도 한다(검수 기준). 매출액 하나를 가지고도 실적이나 업종에 따라 계상하는 시점이 다르다.

매출 계상 시기에 관한 기준을 악용하면 특정 기간의 자사 매출액을 실제보다 많아 보이게 할 수 있다. 예를 들어 제조업이나 도매업자 등이 연말에 매출 목표를 달성하지 못했을 때 소매점이 발주한 수량보다 일부러 더 많은 상품을 납품하기도 한다. 출하 기준을 선택하면 상품을 출하한 시점에서 매출이 계상되므로 추가로 납품한 상품이라도 상품 판매액이 매출로 계상되기 때문이다. 그렇게 납품된 상품이 실제로 가게에서 판매되기도 하지만 필요 없다면 나중에 그대로 반품된다. 그 결과, 당장의 매출은 늘어나지만 운송비 등 불필요한 비용이 발생한다.

이와 같은 부적절한 판매 수법을 밀어내기 channel stuffing라고 부른다. 외상매출금 회수 시기는 매출 계상 시기보다 늦어 결산기 중에 회사로 현금이 들어오지 않는다. 그렇기 때문에 밀어내기 수법을 쓰면 손익계산서과 현금흐름표 사이에 간극이 생긴다. 밀어내기는 결산기 말에 매출액을 조금이라도 많아 보이게 하려는 회사의 상투적인 수법이다.

비용의 성격이 모호하다

매출액뿐만 아니라 이익을 좌우하는 비용 면에서도 주관적인 판단이 개입될 여지가 있다. 소프트웨어를 개발하는 제조사를 예로 들어 살펴보자.

통상적으로 소프트웨어를 개발하는 엔지니어의 인건비는 손익계산서에 계상된다. 소프트웨어는 제품으로 판매 가능하다고 판단될 때까지 개발 기간이 소요되므로 개발 기간에 발생한 인건비를 비롯한 비용은 회계상 손익계산서의 연구개발비로 취급한다.

한편 제품으로 판매 가능하다고 판단될 만한 시제품이 완성되면 회계상으로는 '연구개발 단계는 완료했다'고 간주한다. 그러면

도표 4 **연구개발비를 비용과 자산 중 어느 쪽에 계상할까**

손익계산서에 비용 계상

	부채
자산	
(BS)	순자산
	이익
수익(매출액)	연구개발비
(PL)	비용

현저한 개량에 필요한 비용

재무상태표에 자산 계상

	부채
자산	
(BS)	순자산
무형자산 또는 재고자산	
수익(매출액)	이익
(PL)	비용

기능 개량·강화에 필요한 비용

그 이후의 인건비는 엔지니어의 작업 내용에 따라 손익계산서에 비용으로 계상하거나 무형자산 혹은 재고자산으로 재무상태표에 자산으로 계상한다.

손익계산서에 비용으로 계상되든 재무상태표에 자산으로 계상되든 인건비로 돈이 지급되었다는 사실에는 변함이 없다. 그러나 인건비가 재무상태표에 자산으로 계상되면 손익에 영향을 미치지 않아 결과적으로 원가로서 비용으로 계상되는 경우에 비해 손익계산서상 이익이 더 많아진다(도표 4).

그렇다면 소프트웨어 개발에 관한 인건비를 비용으로 계상할지, 자산으로 계상할지는 어떻게 판단할까. '연구개발비 및 소프트웨어의 회계 처리에 관한 실무 지침'에 따르면, '제품 마스터 및 구입한 소프트웨어의 기능 개량·강화에 필요한 비용'이면 무형자산으로 재무상태표에 자산으로 계상되는 데 반해, '제품 마스터 및 구입한 소프트웨어의 현저한 개량에 필요한 비용'일 경우에는 연구개발비로 손익계산서에 비용으로 계상하여야 한다(한국채택국제회계기준의 무형자산 기준서에 따르면, '신규 또는 개선된 재료, 장치, 제품, 공정, 시스템이나 용역에 대하여 최종적으로 선정된 안을 설계, 제작, 시험하는 활동'에 해당하는 경우 무형자산으로 재무상태표에 자산으로 계상되는 것에 반해, '새롭거나 개선된 재료, 장치, 제품, 공정, 시스템이나 용역에 대한 여러 가지 대체안을 제안, 설계, 평가, 최종 선택하는 활동'에 해당한다면 연구개발비로 손익계산서에 비용으로 계상하여야 함 – 감수자). 따라서 소프트웨어 개발 활동의 경우 다소 모호한 평가와 판단에 따라 손익계산서상 이익이 바뀐다.

그레이존이 존재한다

이 밖에도 수익과 비용 측면에서 회계상 회사의 자금 출납을 취급하는 방법에 주관적인 판단이 개입되는 경우가 많다. 회계상 기준은 있지만 때에 따라 건별로 회계 처리를 판단해야 하는 상황이 꼭 생기기 때문이다.

경영자가 수익이나 비용에 대한 회계 처리를 마음대로 조절한다면 '주주나 채권자에게 회사의 정확한 상황을 전달'하는 재무회계의 목적과 '회사의 과세소득을 정확히 파악'하는 세무회계의 목적에 어긋나게 된다. 이러한 사태를 피하고자 회사가 결산할 때 공인회계사나 회계법인이 감사를 하여 부적절한 회계 처리가 있는지 확인하고 때로는 수정을 권고함으로써 객관적인 회계 처리가 이뤄지도록 하는 제도를 마련하고 있다.

한편 감사를 실시하는 회계사나 회계법인도 감사 대상인 회사의 실무를 반드시 다 안다고는 할 수 없다. 기능의 개량·강화인지, 현저한 개량인지처럼 판단하기 애매한 상황일 때는 회사 측과 협의를 거쳐 타당한 합의점을 찾는다. 따라서 손익계산서나 재무상태표 같은 재무제표상의 숫자에는 아무래도 경영자의 의도가 다소 반영되기 마련이다.

반대로 현금흐름표에는 회사 측의 판단이 전혀 개입되지 않는다. 현금흐름표는 실제 자금의 출납을 다루기 때문에 손익계산서나 재무상태표처럼 발생 시기 및 분개에 따라 주관적인 판단이 개입될 여지가 없다. 손익계산서, 재무상태표와 현금흐름표의 이러한 특성상 차이가 이익은 의견, 현금은 사실이라고 하는 이유다.

결국 실패하는
사장의 경영 패턴 5

물론 회사를 경영하는 데 이익을 올리는 일은 매우 중요하다. 실제로 손익계산서는 회사의 성적표라고도 한다. 진지하게 기업을 경영하는 경영자일수록 회사의 실적을 올리기 위해 노력한다.

하지만 계속기업을 지향하는 회사라면 단기적인 실적을 올리는 일 이상으로 회사의 장기적인 성장을 실현하고 기업 가치를 향상시키는 것을 중점으로 둬야 한다. 이 책에서 열거한 수법을 사용해서 손익을 '만들' 수는 있지만 그렇게 해서는 본질적인 회사의 가치를 창출할 수 없다. 손익을 만들기 위해 회사의 가치를 훼손하면 결국 모든 것을 잃고 만다.

결국 실패하는 사장의 경영 패턴

① 흑자 사업의 매각을 망설인다

② 시간적 가치를 고려하지 않는다

③ 자본비용을 무시한다

④ 시간 감각을 감안하지 않는다

⑤ 리스크를 외면한다

회사의 본질적인 가치를 높이는 일은 경영자의 역할이다. 그런데 경영자가 손익 만들기에 정신을 빼앗기면 경영을 책임지는 사람으로서 수준이 조금 낮다고 볼 수 있다.

지금까지는 회계 제도의 허점을 노린 극단적인 예를 설명하면서 손익을 만든다는 말의 의미가 무엇인지 생각해 봤다. 이런 관점에서 손익 중심의 사고는 사업 운영에 직접적으로 더 심각한 문제를 초래할 수 있다. 이를테면 회사는 매출을 가장 중시해서 확대하려는 의사결정을 하거나 영업이익을 증가시키고 장기적으로 성장하기 위해 필요한 비용을 삭감하거나 최종 이익을 짜내기 위해 자산을 매각하기도 한다.

이 행위 자체는 결산기 단위의 회계상 관점에서 보면 전혀 문제될 게 없는 경영 판단이다. 언뜻 문제가 없어 보이지만 불합리성을 깨닫지 못한 채 근본적으로 올바른 의사결정을 했다고 착각하기 쉽다. 이는 회계상 허점을 노린 손익 만들기보다 더 심각한 문제라 할 수 있다.

흑자 사업의 매각을 망설인다

손익 중심의 사고에 사로잡혔을 때 하지 못하는 경영 판단의 가장 대표적인 예는 흑자 사업의 매각이다. 사업을 매각하면 그 사업의 가치분만큼 현금(엄밀히 말하면 주식을 교환하는 경우도 있지만)을 얻게 된다. 이로 인해 손익계산서상에는 사업양도 차익이 특별이익(한국에서는 영업외수익으로 표시 – 감수자)에 가산된다.

한편, 흑자 사업 매각은 다음 기부터 매출액과 이익이 감소한다는 것을 의미한다. 그리고 '흑자 사업을 왜 매각하느냐'는 사내외의 반대 의견에 대해 이유를 설명해야만 한다. 2012년에 히타치제작소가 흑자인 하드 디스크 드라이브HDD 사업을 매각한 사례를 나중에 소개하겠지만 단기적 사고에 사로잡히면 급하게 현금이 필요하지 않는 한 흑자 사업을 매각한다는 발상 자체를 하지 못한다.

그렇다면 파이낸스의 관점에서 봤을 때 왜 흑자 사업을 매각해야 하는 경우가 생기는지 생각해 보자. 핵심은 시간적 가치와 자본비용이다.

시간적 가치를 고려하지 않는다

돈에는 시간적 가치가 있다. 흑자 사업이라고 그대로 만족하기보다는 미래에 창출 가능한 현금의 관점에서 가치를 판단해야 한다.

가령 미래에 수익 감소가 예상되는 사업이라면 경영자는 해당 사업의 가치를 어떻게 판단해야 할까. 그대로 내버려 두면 사업의 가치는 점점 떨어질지도 모른다. 추가 비용이 전혀 발생하지 않고 자립적으로 운영되는 사업이라면 몰라도 그런 사업은 거의 찾아보기 힘들다.

그렇다면 되도록 사업 가치가 높을 때 해당 사업을 높게 평가하는 회사에 매각하는 편이 매각하는 측과 인수하는 측뿐만 아니라 거기서 일하는 직원에게도 좋다. 향후 범용화가 예측되는 제품에 관한 사업이라면 되도록 빠른 시기에 매각하여 포트폴리오를 정리하는 편이 좋다는 판단에 이르게 된다.

자본비용을 무시한다

우선 자본에는 비용이 든다. 사업에 투자한 돈의 수익률인 ROIC^{Return on Invested Capital}(투하자본수익률)가 자본비용(채권자에게서 조달한 부채에 소요되는 이자비용[지급이자] 등의 부채비용과 주주의 출자로 조달한 자본에 필요한 자기자본[주주자본]비용의 합산)을 가중 평균한 WACC^{Weighted Average Cost of Capital}(가중평균자본비용)보다 높아야 한다. ROIC가 WACC보다 낮은 사업은 높은 금리로 자금을 차입해서 낮은 이율의 금융 상품에 투자한 상태를 의미하며, 파이낸스의 관점에서 보면 실질적으로는 적자 상태에 해당한다.

비록 손익계산서상 이익이 흑자라 해도 ROIC가 WACC보다 낮으면 이해관계자(특히 주주)가 기대한 만큼 이익을 환원하지 못한다. 가령 ROIC가 낮은 사업이 시간이 지나면서 성장하고, 앞으로 ROIC가 더 높아질 것으로 기대된다면 ROIC에서 WACC를 뺀 마이너스 금액만큼은 선행 투자라고 간주할 수 있다. 하지만 상황이 나아지리라 예측할 수 없다면 경영자는 조속히 사업을 양도하거나 청산하는 결정을 내려야 한다.

사업의 성장이 예측되지 않은 상태에서 이익률이 더 낮아지면 그 사업을 유지하기 위해 성장하는 다른 사업에 투자를 줄이게 되고 직원에게도 충분한 보상을 할 수 없다. 게다가 이익률이 계속 떨어지면 예전이라면 팔렸을 사업이라도 매각하는 데 어려움을 겪게 된다.

이 같은 사태는 자금 조달에 돈이 필요하다는 자본비용을 경영자가 인지하지 못해서 발생한다. 경영자가 WACC와 ROIC 같은 자본비용을 인지하지 못하고, 사업은 조달한 자금비용 이상의 수익성을 실현해야 한다는 인식이 부족하면 이러한 상황에 빠진다.

물론 사업을 청산하거나 매각하는 일이 말로는 쉽지만, 실제로 매각을 진행할 때 발생하는 문제나 현장의 반발, 해당 사업부 직원의 처우 등을 생각하면 결코 간단하지 않다.

하지만 채권자나 주주의 소중한 자금으로 사업을 운영하는 이상, 경영자는 WACC와 ROIC의 역마진 상황을 바로잡을 책임이 있다. 어려운 상황을 개선하려고 하지 않으면 경영자의 자질을 의심받을 것이다.

시간 감각을 감안하지 않는다

일시적으로 손실이 나는 투자를 하지 못하는 점도 손익 중심 사고의 중대한 문제다. 사업에는 제각기 고유의 시간 감각이 있다. 초기 투자비용이 적고 비교적 단기간에 설립되는 웹 서비스 같은 사업이 있는가 하면, 설립 초기에 많은 설비투자가 필요한 사업이나 수익이 발생하기까지 시간이 걸리는 스톡형 비즈니스(확보된 고객에게서 수익이 정기적으로 발생 – 옮긴이)도 있다.

이처럼 사업에는 각각 고유의 시간 감각이 있어 사업에 따라 필요한 비용이나 위험 요소도 제각기 다르다. 그런데도 회계 제도상에서는 모든 상장 기업이 분기 단위로 결산을 보고해야 한다. 1년 만에 초기 투자비용을 회수할 수 있는 사업이 있는가 하면, 사업 개시부터 수익 발생까지 10년이나 걸리는 사업도 있는데 모든 사업을 분기나 1년 단위의 기간을 기준으로 비교한다.

사업 개시까지 시간이 필요한 사업이라면 선행 투자도 많고 적자 기간도 늘어날 수밖에 없다. 반대로 그런 성격의 사업임에도 선행 투자가 충분히 이뤄지지 않으면 잘될 사업도 부진을 면치 못하게 된다. 사업의 시간 기준을 고려하지 않고 경영자가 당장 수익을 최대화하는 데 급급하다 보면 필요한 투자를 줄여 결국 사업이 크게 성장할 기회를 놓치고 만다.

이를테면 연구개발이나 광고 선전, 판매 촉진은 현재 상품의 개량이나 새로운 제품 라인 개발, 자사 상품과 서비스 인지도, 브랜드 가치 향상을 위해 어느 정도 자금을 투자해야 하는 투자 성격의 자금 지출이다. 하지만 이러한 자금 지출은 회계 기준상 재무상태표에 자산으로 계상되지 않고 손익계산서에 비용으로 계상되는 항목이므로 단기적으로 손익이 악화된다. 따라서 손익계산서를 지나치게 개선하려 하면 삭감하기 쉬운 비용을 줄여서 이익을 짜내려는 안일한 생각에 빠진다.

즉 손익 만들기를 중시한 나머지, 기업 가치를 훼손하는 상황에 이르게 된다. 선행 투자형 사업이라도 주주를 비롯한 이해관계자는 당연히 수익화 예측에 대해 질문하고 지적한다. 그래서 회사는 되도록 빠른 시일 내에 수익을 만들어 내야 이해관계자의 추궁을 피할 수 있고 그들에게 설명하기도 편할 것이다. 하지만 그것은 기업 가치를 최대화해야 하는 경영자의 책무를 포기한 행위다.

리스크를 외면한다

손익 중심의 사고에 사로잡힌 상태에서 여러 사업을 운영하면 개별 사업의 매출 규모나 이익률을 의식하게 된다. 그러다 보면 다른 성격의 사업이라도 이익 규모나 이익률이 같다면 중요도가 비슷하다는 생각에 빠진다.

이 또한 파이낸스적인 관점에서 보면 잘못된 생각이다. 사업에는 각각 고유의 시간 감각과 리스크가 있다.

미래에 획득 가능한 돈의 현재 가치를 환산하기 위해 금리Risk Free Rate(무위험이자율)와 불확실성Risk Premium(위험 프리미엄)의 정도에 따라 할인율을 설정한다. 사업에 기대되는 수익성은 리스크의 수준에 따라 변한다. 예를 들어 리스크가 높은 사업과 리스크가 낮은 사업의 이익률이 같다고 할 때, 리스크를 감안하면 리스크가 높은 사업은 수익성이 낮다는 의미이며, 리스크가 낮은 사업은 기대 이상의 수익을 올리고 있다는 의미다.

이처럼 리스크의 수준에 따라 사업에 거는 기대치는 달라진다. 실제 수익성이 기대치에 미치느냐 미치지 않느냐에 따라 사업에 대한 평가는 달라진다. 손익 중심의 사고에 빠지면 사업 단위로 리스크를 파악하려는 발상은 하지 못한다. 리스크가 낮은 사업은 부채처럼 더 낮은 자본비용으로 자금을 조달하고, 리스크가 높은 사업은 에쿼티 파이낸스equity finance(기업의 자금 조달 방법 중 주식과 관련한 자금 조달 방법. 주식의 시가발행, 전환사채나 신주 인수권부사채 발행 등을 통한 자금 조달이 이에 해당함 - 옮긴이)처럼 더 높은 자본비용으로 자금을 조달하는 것이 재무 전략의 기본이다. 이러한 관점이 손익 중심 사고에서는 간과된다.

손익 중심의 사고에 빠지면 자사가 보유한 사업 구조에 가장 적합한 자본 전략을 세울 수 없다. 사업 포트폴리오를 상황에 맞게 개편하고 최적화하는 발상도 하지 못한다. 그 결과 시대의 변화에 따라 회사를 업데이트하지 못해 경쟁력을 잃고 만다.

그러므로 여러 사업을 운영하는 회사일수록 단기적으로 경영하면 큰 피해를 입게 된다. 포트폴리오의 확대 등으로 복잡해진 회사일수록 파이낸스 사고에 따라 사업을 운영하는 것이 더 중요하다.

본질적인 기업의 가치 향상이 아니라 표면적으로 보이는 손익계산서상 숫자를 만드는 데 우선하는 사고방식에 늘 주의해야 한다.

- 파이낸스 사고는 회사의 모든 활동과 관련이 있다. 그런데 경력이 오랜 사장조차 이를 모르는 경우가 많다. 경영진이라면 반드시 알아야 할 사고 방식이다.

- 초창기 회사는 특정 목적을 갖고 기간 한정으로 집결하는 프로젝트 측면이 강했다. 상장 기업이 생겨나면서 회사는 기업의 존속이나 영속적인 기업 가치 향상 같은 조건을 충족해야 했다.

- 회사의 활동 가운데 핵심은 비즈니스다. 이는 어떤 사업을 시작하려고 계획하는 사업가가 필요한 자금을 투자자에게서 조달하고, 그 돈을 투자해 상품이나 서비스를 개발해서 제공한 대가로 얻은 돈을 투자자에게 환원하는 일련의 활동이다.

- 회사는 사업 성과, 보유하는 경영 자원, 회사의 가치라는 측면을 돈으로 평가한다. 사업 성과는 손익계산서나 현금흐름표, 보유하는 경영 자원은 재무상태표로 나타내고, 회사의 가치를 판단하기 위해서는 장기적인 관점에서 재무 전략을 짜야 한다.

- 경영 자원인 사람, 물건, 돈을 효율적으로 활용해 회사의 가치를 최대화해야 한다.

- 손익은 충분히 만들 수 있기에 손악계산서만의 수치만으로 경영 계획을 세워서는 안 된다.

제2장

당신의 회사를 구해줄
단 하나의 재무 전략
파이낸스 사고

파이낸스 사고란
무엇인가

지금까지 손익 중심의 사고가 안고 있는 문제를 살펴봤다. 이제는 파이낸스 사고가 무엇인지 자세히 알아보고, 왜 지금 필요한지 생각해 보자.

서두에서도 밝혔듯 파이낸스 사고란 회사의 기업 가치를 최대로 끌어올리기 위해 장기적인 관점에서 사업과 재무에 관한 전략을 종합적으로 수립하는 사고를 말한다. 더 넓은 의미로는 회사의 전략 수립 방식이라 할 수 있다.

여기서는 ①평가 기준 ②시간 기준 ③경영 접근 방식이라는 세 가지 관점에서 파이낸스 사고의 특징을 살펴보겠다(도표 5).

도표 5 **파이낸스 사고와 손익 중심 사고의 특징**

	파이낸스 사고	손익 중심 사고
평가 기준	기업 가치(미래에 걸쳐 창출하는 현금흐름의 총액을 현재 가치로 평가)	손익계산서상 수치(매출, 이익)
시간 기준	장기적, 미래지향적 자발적	분기, 연도 등 단기적 타율적
경영 접근 방식	전략적 역산적	관리적 조정적

기업 가치가 우선이다

회사의 목적이나 존재 의미는 회사마다 다르지만 회사 활동의 핵심은 비즈니스·상업이라는 경제 활동이며 사업을 통한 돈벌이다. 회사는 사람들이 요구하는 제품이나 서비스를 제공하고 그 대가로 돈을 받는다. 가치의 크기를 정량화할 수는 없지만 회사가 가치를 제공한 보상으로 받는 돈이 그 대체 지표가 될 수 있다.

돈벌이라는 회사의 직접적인 목적에서 생각하면 영속적인 사업 운영을 목표로 하는 회사는 더 많은 돈을 지속적으로 벌어야 한다. 기업 가치란 회사가 미래에 걸쳐 창출 가능한 현금흐름의 총액을 현재 가치로 평가한 것으로, 회사는 미래에 벌어들일 현금흐름의 최대화를 목표로 한다. 파이낸스 사고로는 회사의 방침이 미래에 걸쳐 창출하는 현금흐름의 최대화에 기여하는지의 관점에서 회사 방침의 가치를 평가한다.

반면 손익 중심 사고는 매출액, 영업이익, 당기순이익이라는 손익계산서상 수치를 평가 기준으로 삼는다. 기업 가치 향상이 아니라 그때그때의 손익계산서상 수치를 최대화하는 것을 경영의 목적으로 삼는 사고방식이다. 이에 사로잡히면 손익계산서상 숫자를 개선하는 데 가장 적절한 방침이 긍정적으로 평가된다.

물론 회사 상황을 객관적으로 파악하려면 회계 지식이나 재무제표의 기초 지식은 반드시 갖춰야 한다. 손익계산서를 포함한 재무제표 없이 회사의 과거 성장이나 현재 상태를 이해할 수는 없다. 그러나 손익계산서에만 의지하면 경영할 때 제대로 된 의사결정을 내리기 힘들다. 기업 가치를 높이면 필연적으로 손익계산서상 실적 수치도 좋아진다. 이 점을 간과하고 회사의 본질적인 가치보다 손익계산서상 수치를 더 좋아 보이게 하려는 주객이 전도된 사고방식이 바로 손익 중심 사고에서 비롯된 발상이다.

장기적이고 자발적이다

손익계산서는 분기나 연도 같이 일정 기간의 수익을 나타내는 재무제표다. 따라서 손익계산서상 수치를 평가 기준으로 삼는 사고를 토대로 한 경영은 정해진 짧은 기간의 실적 수치를 최대화하려고 한다. 회사를 영속적으로 사업을 운영하는 계속기업의 관점에서 보면 분기나 연도 같은 기간은 매우 짧은 시간이다. 회계 기간은 회계 기준으로 규정돼 있으며 회사가 마음대로 설정할 수 없다. 따라서 손익 중심 사고의 시간 기준은 단기적이며 타율적인 점이 특징이다.

반면에 파이낸스 사고의 시간 기준은 장기적이며 자발적인 특징이 있다. 파이낸스 사고는 회사가 영속적으로 사업을 운영하는 것을 전제로 하며 현금흐름의 최대화를 목적으로 하기에 시간 기준이 장기적이며 미래지향적이다.

무엇보다 사업 내용에 따라 가장 적절한 기간을 자발적으로 설정한다는 점이 파이낸스 사고의 특징이라 할 수 있다. 사업에는 사업 고유의 시간 감각이 있다. 기획 단계부터 시작하여 빠른 시기에 자금을 회수하는 사업이 있는가 하면, 수익이 발생하기까지 장기간 선행 투자가 필요한 사업도 있다. 사업별 시간 감각은 이미 정해진 회계 기간과 딱 맞아떨어지지 않는다. 손익만을 개선하려고 하면 사업이 충분히 성장하기도 전에 회수부터 하려고 해 결과적으로 사업의 성장을 방해하는 꼴이 된다.

파이낸스 사고에서는 사업의 시간 감각을 토대로 자금을 조달하고 활용한다. 나아가 스스로 내린 의사결정의 정당성을 이해관계자인 주주나 채권자에게 설명한다. 예를 들어 아마존처럼 시장 개척과 점유율 확대를 위해 선행 투자해야 하는 사업, 혹은 화성 이민이라는 계획을 내걸고 로켓을 개발하는 스페이스 X처럼 상업화하기까지 오랜 연구개발 기간이 필요한 사업일 경우, 정해진 회계 기간을 전제로 하는 손익 중심의 사고의 시간 기준으로 의사결정을 내리면 사업을 절대 완성할 수 없다.

오랜 기간에 걸친 회사의 성장은 단기 실적의 누적 결과가 아니다. 당장의 실적 수치를 최대화하는 데 집착하다 보면 큰 승부를 걸지 못해 결과적으로 회사의 장기적인 성장이 둔화되므로 이 점을 유의해야 한다.

전략적이며 역산적이다

파이낸스 사고와 손익 중심 사고는 평가 기준과 시간 기준이 다르므로 경영에 접근하는 방식도 다르다.

손익 중심 사고는 정해진 짧은 기간의 손익 수치 향상을 목표로 삼는다. 수치를 올리는 작업은 분명 회사가 미래에 창출할 현금흐름을 더욱 크게 하는 것이기도 하다.

그러나 숫자를 개선하기 위한 행위가 결과적으로는 기업 가치 향상에 역행하는 경우도 적지 않다. 이를테면 장기적인 성장을 위한 대규모 투자는 단기적으로 손익계산서상 이익을 악화시키기도 한다. 손익 중심 사고에 사로잡히면 성장을 위한 투자를 멀리하게 된다. 미래의 현금흐름을 창출할 가능성을 포기하면서까지 수치를 개선하려고 하면 안 된다.

사업의 본질적인 가치 향상만이 회사의 손익계산서상 수치를 좋게 하는 것은 아니다. 제1장에서 언급한 바와 같이 회계 제도 시스템을 이용하여 사업 가치 향상과는 전혀 관계없는 방식으로 숫자를 좋아 보이게 할 수 있다. 분식 회계처럼 명백한 부정행위를 하지 않고서도 표면상 이익을 짜내기 위해 많은 회사에서 연구개발과 같이 꼭 필요한 투자를 제한하거나 비용 계상을 미루는 기술적인 조정을 한다. 어떤 사업을 발상의 출발점으로 하여 그 연장선상에서 재무 수치나 관리 수치를 세세하게 조정하고 손익 수치를 더 좋아 보이게 하려는 접근은 관리적·조정적이라고 할 수 있다.

반면에 파이낸스 사고는 전략적이며 역산적으로 다이내믹하게 사업에 접근하는 점이 특징이다. 파이낸스 사고는 기업 가치를 최대화한다는 커다란 목적을 중시하지만 매출이나 이익 같은 눈에 보이는 지표의 최대화는 지향하지 않는다. 회사는 기업 가치의 최대화라는 추상적인 목적을 더욱 구체적인 목표로 알기 쉽게 하고 무엇을 성취해야 하는지 스스로 정의해야 한다. 이를 위해 중간 목표를 역산해서 설정하고, 달성하는 데 필요한 기간을 스스로 설정한다는 점에서 파이낸스 사고에는 더욱 주체적이고 적극적인 태도가 요구된다.

회사가 정의한 목표를 설정한 기간 내에 달성하려면 사업 전략과 그 전략을 수행하는 데 최적인 재무 상태를 만들어야 한다. 파이낸스 사고는 회사의 현재 상태를 고정된 조건이라고 보지 않고 큰 목표를 실현하기 위해 필요한 자원을 적극적으로 획득한다는 역산적인 발상으로 성장 로드맵을 구상한다. 현재 운영하는 사업을 단계적으로 개선할 뿐만 아니라 대규모 투자나 M&A, 타사와의 사업 제휴 같은 기업 가치 향상을 위한 다양한 방안을 비교 검토하고 회사의 재무 상태, 투자금 회수에 드는 기간을 고려하여 가장 적절한 방안을 세운다.

과거 경영 부진에 시달린 도시바Toshiba를 재건하기 위해 행정 개혁을 실시한 도코 도시오土光敏夫 임시행정개혁추진심의회 회장은 "계획은 미래에 대한 의지다. 미래에 대한 의지는 현재로부터 성장히며, 무모하고 현실적으로 실현 불가능해 보여야 한다. 현재의 연장선상에 있으며, 합리적이고 현실적으로 실현 가능한 계획은 오히려 예정이라고 해야 한다."라고 말했다. 파이낸스 사고는 여기서 말하는 예정이 아닌 계획을 실현하기 위한 사고방식이다.

그렇다고 파이낸스 사고가 매출이나 이익이 어떻게 되든 상관없다는 발상은 아니다. 당장의 매출이나 이익의 최대화가 목적은 아니지만 여기에도 매출이나 이익 같은 실적 수치가 중요한 지표인 점에는 변함이 없다.

사업 자금을 조달하는
4가지 방법

이쯤에서 다시 한번 이 책에서 정의하는 파이낸스가 무엇인지 살펴보자. 파이낸스란 회사의 기업 가치를 최대로 끌어올리기 위해 필요한 아래와 같은 일련의 활동이다.

A. 사업에 필요한 자금을 외부에서 최적의 밸런스와 조건으로 조달한다.(외부 자금 조달)

B. 기존 사업과 자산에서 최대한 자금을 창출한다.(자금 창출)

C. 구축한 자산(자금을 포함)을 사업 구축을 위한 신규 투자나 주주 및 채권자에게 환원하기 위해 최적으로 분배한다.(자산의 최적

분배)

D. 그 과정의 합리성과 의지를 기업의 이해관계자에게 설명한다.(이해관계자 커뮤니케이션)

금융 전문가의 눈이나 학문적인 관점에서 보면 위의 내용은 파이낸스를 매우 단순하게 설명한 것이라고 생각할지도 모르겠다. 하지만 회사 경영의 측면에서 파이낸스와 연관 지어 이해하고 파이낸스 사고를 갖추고자 한다면 위의 네 가지 측면으로 설명한 것만으로도 충분하다.

재무상태표(도표 6) 우측을 보면 회사가 어떤 식으로 자금을 조달하는지 알 수 있다. 조달한 자금은 유동자산의 '현금'으로 재무상태표의 좌측에 계상된다. 회사는 현금을 기존 사업 투자, 신규 사업 추진, 다른 자산이나 사업 인수 등에 활용한다.

이를테면 생산 수량을 늘리기 위해 새로운 공장을 건설할 경우, 재무상태표 좌측의 현금은 투자로 충당한 금액만큼 '건물'이나 '기계장치', '토지' 같은 고정자산으로 이름이 바뀐다. 마쓰시타 고노스케松下幸之助 파나소닉 창업자는 이러한 이유로 "자산이란 돈이 둔갑한 것"이라고 말했다. 회사의 관점에서 돈이란 일차적으로는 사업 구축을 위한 투자로 사용되며 부를 창출하기 위한 수단이다. 동시에 돈은 주주나 채권자 같은 이해관계자에게 환원하기 위해 획득해야 하는 목적이 되기도 한다.

사업을 통해 손익계산서에 순이익이 발생하면 손익계산서상 순

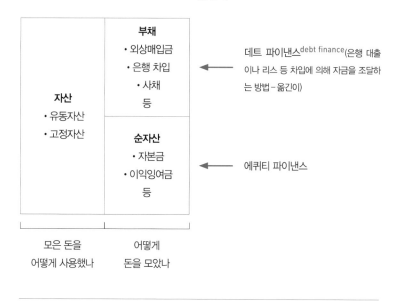

도표 6 **재무상태표**

| 자산
• 유동자산
• 고정자산 | 부채
• 외상매입금
• 은행 차입
• 사채
등 | 데트 파이낸스^{debt finance}(은행 대출이나 리스 등 차입에 의해 자금을 조달하는 방법 – 옮긴이) |
| | 순자산
• 자본금
• 이익잉여금
등 | 에쿼티 파이낸스 |

모은 돈을
어떻게 사용했나

어떻게
돈을 모았나

이익의 일부는 '이익잉여금'으로 재무상태표상 순자산(자본)에 계상된다. 이익잉여금이 증가하면 거기서 발생한 현금이 재무상태표 좌측에 계상된다. 그 현금을 또 사업에 투자하면 기계 같은 고정자산으로 모습이 바뀌고 사업을 통해 새로운 현금을 창출하거나 주주 혹은 채권자에게 환원된다.

사업을 통해 창출된 돈은 재무상태표의 우측, 좌측과 손익계산서 사이를 혈류처럼 빙글빙글 순환한다. 파이낸스의 본질은 돈의 순환을 건전하게 조절하면서 단계적으로 더 많은 돈을 창출하는 구조를 만드는 데 있다.

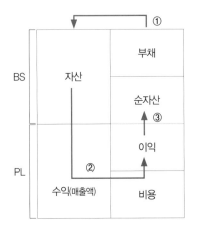

도표 7 **손익계산서와 재무상태표의 관련성**

① 부채나 순자산으로 조달한 돈이 자산이 되어

② 자산을 활용한 사업에서 이익을 창출하고

③ 이익은 순자산의 일부가 된다

사업을 통해 현금을 창출한다

지금부터 회사를 둘러싼 돈의 흐름을 A. 외부 자금 조달, B. 자금 창출, C. 자산의 최적 배분, D. 이해관계자 커뮤니케이션의 측면으로 각각 나눠서 살펴보자.

회사는 사업에 필요한 자금을 차입 또는 채권 발행(데트 파이낸스), 주식 발행(에쿼티 파이낸스)으로 조달(A. 외부 자금 조달)하고 사업의 현금흐름(B. 자금 창출)을 통해 마련한다(도표 8).

자금 창출은 회사가 운영하는 사업을 통해 더 많은 현금을 창출하려는 방안이다. 사업 운영 그 자체를 의미하며, 일반적으로 생각하는 회사의 업무다. 회사에서 일하는 직원 대부분이 자금 창출에 관여한다. 얼핏 파이낸스와는 아무런 관련이 없어 보이는 영업이나

도표 8 사업에 필요한 자금 조달 방법

외부 자금 조달

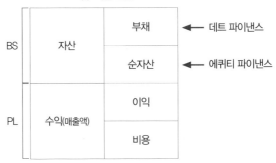

자금 창출

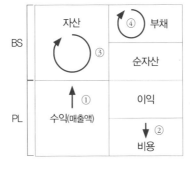

① 매출을 늘린다
② 비용을 줄인다
③ 자산을 효율화한다
　외상매출금을 줄인다
　아웃소싱한다
④ 외상매입금을 늘린다

자산의 최적 배분

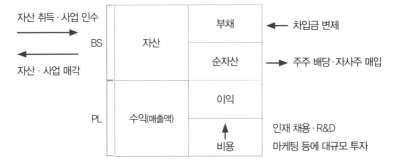

마케팅, 제품 개발 같은 업무 또한 자금을 창출하기 위한 활동이며, 파이낸스를 구성하는 한 요소다. 사업을 통해 창출된 자금은 외부에서 조달한 자금과 마찬가지로 활용될 수 있으므로 자금 창출은 넓은 의미에서 자금 조달의 한 가지 수단이라 할 수 있다(도표 8).

교세라 창업자인 이나모리 가즈오稲盛和夫는 "매출을 최대로, 경비를 최소로"라는 말을 했다. 이익은 매출과 경비의 차액에서 발생하는 아주 간단한 구조이므로 매출을 최대로, 경비를 최소로 하는 것이 비즈니스의 기본이다.

한편, 매출액의 최대화나 경비의 최소화만이 자금 창출의 수단은 아니다. 사업 운영도 넓은 의미에서 자금 조달의 한 가지 수단이라고 했는데 더 많은 자금을 얻기 위해서는 돈이 나가는 시기를 되도록 늦추거나(외상매입금 증가), 대규모 설비투자 대신 사업 공정을 아웃소싱하여 나가는 돈을 줄이려는 시도가 중요하다. 마찬가지로 되도록 빠른 시기에 판매 대금을 회수하는 것(외상매출금 감소)도 보유 자금을 늘리는 데 효과적인 방법이다. 현금전환주기Cash Conversion Cycle(원재료나 상품을 구입하는 데 현금을 투입하고 이것을 이용해 제품을 제조한 뒤 매각하여 현금을 회수하기까지 걸리는 시간 – 옮긴이)를 매우 잘 조절하는 회사가 나중에 사례로 소개할 아마존이다.

업무상 자금 창출에 관여하는 직원이라도 돈에 시간적 가치가 있다는 속성을 이해하지 못하면 자금을 충분히 창출할 수 없다. 매출의 최대화, 경비의 최소화는 사업을 운영하는 데 아주 중요하지만 그것만으로는 부족하다. 우리가 경계해야 할 손익 중심 사고는 매출의 최대화, 경비의 최소화를 절대시하며 그것만이 회사 경제 활동의 본질이라고 생각하는 사고 형태이기 때문이다.

자산을 최적 배분한다

이미 보유한 자산에서 가능한 한 많은 현금을 획득하려는 자금 창출과 달리 자산의 최적 배분은 사업 단위에서 각각의 사업이나 새로 설립하는 사업에 자산(현금 등)을 투입하는 방식을 말한다. 사업을 하다 보면 높은 조달 비용으로 돈을 조달해 낮은 이율의 사업에 투자하는 상태에 빠지기도 한다. 회사는 자사의 자본비용과 각 사업의 채산성을 늘 의식하면서 재무상태표를 최적화해야 한다. 자산의 최적 배분에는 사업의 매출액을 뛰어넘는 대규모 연구개발이나 광고 선전, 본사 소유 공장을 자회사로 이전, M&A를 통한 타사 사업 인수, 비핵심 사업 매각, 차입금 변제, 주주 배당을 통한 자사주 매입과 같은 방법이 있다(도표 8).

이처럼 회사는 보유 자금을 기존 사업에 투자하는 방법 외에도 신규 사업이나 자산에 투자, 인수 등에 활용하거나 주주 혹은 채권자에게 환원하는 방법을 비교 검토해야 한다. 얼핏 보면 전혀 다른 활동을 돈이라는 공통 언어로 경영의 관점에서 비교하는 점에 파이낸스 사고의 본질이 있다. 특히 보유 자산이 많은 회사는 자산 배분과 재편이 경영하는 데 매우 중요한 과제가 된다.

이해관계자에 설명한다

회사는 위의 활동에 관한 상황을 자사의 이해관계자에게 설명하여 방침을 정하게 된 경위와 정당성에 대한 이해를 구하고, 미래를 향한 성장 스토리를 공유하는 이해관계자 커뮤니케이션을 해야 한다. 이해관계자가 만족할 만한 설명을 하지 못하면 향후 데트 파이낸스나 에퀴티 파이낸스를 통한 자금 조달이 어려워져 자본비용이 올라가게 된다.

재무적 통찰이 생기면
보이는 것들

파이낸스의 흐름을 살펴보면 회사의 모든 업무는 파이낸스와 유기적인 관계가 있음을 알 수 있다.

영업이나 연구개발처럼 파이낸스와는 거리가 멀어 보이는 업무도 파이낸스 활동 가운데 자금 창출에 해당한다. 파이낸스 사고를 갖추면 회사 전체의 업무가 파이낸스와 어떻게 연결돼 있는지 파악할 수 있다. 경영진은 자신들이 실시하는 사업 활동이 다른 대책과 어떻게 비교되고 평가되는지 의식하게 된다.

가령 사업 부문의 관점에서는 '영업 인원이 부족한데 회사는 채용 예산을 늘리려고 하지 않는다'고 생각해도, 경영 차원에서는 설비에 투자해야 이익을 더 많이 낼 수 있다고 생각할지도 모른다. 자사의 기업 가치를 훼손하지 않기 위해서라도 소속 부문의 사업이 자본비용을 뛰어넘는 기대한 이익을 충분히 내는지, 자신이 하는 일이 이익을 내는 데 충분히 기여하는지 의식해야 한다.

앞에서 언급한 파이낸스의 각 요소는 일반적으로 아래의 담당자나 부문이 독립적으로 주관한다고 인식되는 경향이 있다. 회사마다 조금씩 역할의 차이는 있다.

A. 외부 자금 조달: CFO(최고재무책임자), 재무팀
B. 자금 창출: CEO, COO(최고운영책임자), 사업 부문장, 경리팀
C. 자산의 최적 배분: 대부분 부재
D. 이해관계자 커뮤니케이션: IR 부문

그러나 파이낸스는 모두가 유기적으로 연결된 포괄적인 개념이다. 과정별로 분리해서 따로 관리하지 않고 모든 직원이 일관되게 이해하고 파이낸스를 통해 자사의 기업 가치를 어떻게 최대화할지 의식하는 모습이 가장 이상적이다. 이때 파이낸스 사고는 회사의 활동을 일관적으로 설명하는 한 가지 측면이자, 부문 간 의사소통을 하는 데 공통 언어로 사용된다.

유기적으로 연결된 사업의 생태계

파이낸스와 관련된 일련의 활동은 넓은 의미에서 경영 그 자체인 셈이다. 자신의 업무와 회사의 기업 가치를 관련지어 이해한다는 점에서 파이낸스는 모든 직원이 숙지해야 한다. 다만 파이낸스가 경영과 같은 의미라는 점에서 경영자는 파이낸스를 통해 일어난 모든 결과물에 책임을 져야 한다. 경영자가 파이낸스에 관한 상세한 전문 지식이나 이론을 완벽히 이해하거나 실무 노하우를 가질 필요는 없지만 파이낸스의 관점에서 회사 활동을 이해하고, 대내외 커뮤니케이션을 할 수 있는 최소한의 능력은 갖춰야 한다. "자금 조달은 CFO가 할 일이니까 난 관계없다"라며 그저 일을 맡기기만 해서는 안 된다.

회사가 처한 상황에 따라 파이낸스의 중요한 측면이 달라진다. 기본적으로는 회사의 규모가 커질수록 모든 측면이 더 중요해진다. 이를테면 비상장 스타트업의 경영자는 보통 제품 개발이나 수익화에 해당하는 'B. 자금 창출'은 잘하는 반면, 'A. 외부 자금 조달'에서 벤처캐피털에게 자금 조달을 받는 경우는 거의 드물다. 배당도 하지 않고 단일 제품으로 사업을 전개하는 경우 'C. 자산의 최적 배분'은 거의 없으며, 출자자와 커뮤니케이션할 기회를 빼고는 'D. 이해관계자 커뮤니케이션'도 한정적으로 이뤄진다. 그러므로 회사마다 적합한 파이낸스 사고의 방법을 찾아야 한다.

CFO의 업무와 범위를 명확히 하라

기업 가치를 최대화하기 위해 합리적인 방안을 마련하는 파이낸스 사고는 회사 내 각 부문 간 공통 언어로 사용해야 하며, CFO는 파이낸스 사고라는 공통 언어를 통해 각 부문을 조율해야 한다.

대부분 파이낸스라는 말을 들으면 'A. 외부 자금 조달'만 떠올린다. CFO조차 "CFO의 업무는 돈을 조달하는 것"이라고 말하는 사람이 있다. 사업 자금을 외부에서 조달하는 일은 분명 CFO의 매우 중요한 역할이다. 특히 벤처캐피털에서 여러 차례 자금을 조달해야 하는 스타트업처럼 선행 투자가 필요한 회사라면 외부 자금 조달은 상당히 중요하다.

자금 조달과 사용에 대하여

자사 제품이나 서비스가 고객의 지지를 얻을 수 있는지 가설 검증을 되풀이하면서 사업을 구축하는 초기 단계의 스타트업은 매출액이 낮고, 이익 창출보다는 미래의 현금흐름을 최대화하기 위해 고객을 먼저 획득해야 한다. 갓 출범한 스타트업이 자금을 조달하지 못하는 것은 파산을 의미한다. 사업을 시작한 지 얼마 안 된 스타트업은 'C. 자산의 최적 배분'을 검토하고 싶어도 배분할 자산이 없다. 이런 까닭에 신생 기업의 CFO 등은 "CFO의 업무(파이낸스 업무)는 돈을 조달하는 것"이라며 근시안적인 관점으로 생각하는 경향이 있다.

그렇지만 지금까지 설명했듯이 자금 조달은 파이낸스 활동의 한 가지 측면에 불과하다. 자사가 안고 있는 리스크에 대응하는 자본을 얼마나 조달할지, 현재 운영하는 사업에서 자금을 얼마나 창출할지, 자사의 자산을 어떻게 최적화할지, 이러한 일련의 활동을 기업의 이해관계자에게 어떻게 설명할지 등 회사의 활동에서 파이낸스의 역할은 여러 방면에 걸쳐 있다.

빌 게이츠Bill Gates 마이크로소프트Microsoft 창업자는 "돈을 잘 쓰는 것은 돈을 버는 것만큼이나 어렵다."라고 했는데 성숙기에 접어든 회사에게 가장 중요하고도 어려운 파이낸스 활동은 자산의 최적 배분이 아닐까 싶다. 자금 창출로 벌어들인 현금, 혹은 외부 자금 조달로 얻은 자금을 잘 활용하고 더 많은 부로 이어지게 하는 활동을 통해 경영자의 자질을 엿볼 수 있다. 고대 로마의 희극 작가 플라우투스Titus Maccius Plautus가 "돈을 벌고 싶다면 돈을 써야 한다."라고 한 말처럼 말이다.

사장을 위한 마지막 경영 수업

회사와 함께
사장도 성장해야 한다

Finance Thinking

회사의 성장 단계인 창업기, 성장기, 성숙기에 따라 경영자가 갖춰야 할 자질이 달라진다. 일반적으로는 회사가 성장할수록 취급하는 자산도 많아져 종합적 재무 사고가 점점 더 중요해진다.

경영자라는 말을 들으면 어떤 인물이 떠오르는가. 스티브 잡스나 빌 게이츠, 손정의孫正義 소프트뱅크Softbank 회장이나 유니클로Uniqlo로 유명한 야나이 다다시柳井正 패스트리테일링FAST RETAILING 회장 등을 떠올리는 사람이 많을 것이다. 서적이나 언론에서는 성공한 경영자를 말하기에 앞서 창업가로서의 성공 스토리, 천부적인 재능, 카리스마 같은 측면에 주목하고 이들을 영웅담의 주인공으로

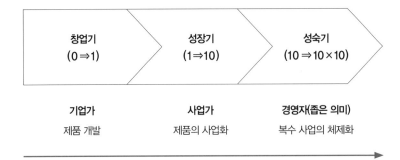

회사의 성장 단계와 요구되는 경영자의 역할

창업기 (0⇒1)	성장기 (1⇒10)	성숙기 (10⇒10×10)
기업가	사업가	경영자(좁은 의미)
제품 개발	제품의 사업화	복수 사업의 체제화

단계가 진행될수록 종합적인 재무 사고가 더 중요해진다

만들려는 경향이 있다. 대중이 그런 내용에 더 흥미를 느끼기 때문이다. 그러나 현실은 다르다. 위대한 창업가들은 모든 부분에서 뛰어나지 않았다. 각자 회사의 성장 단계와 딱 들어맞는 리더십을 발휘했을 뿐이다. 이처럼 회사의 성장 단계와 처한 상황에 따라 경영자에게 요구되는 역할은 크게 달라진다. 회사의 성장 단계에 따라 경영자를 다음과 같이 분류해 보겠다.

사장은 3단계로 진화한다

창업기에는 기업가가 되야 한다

0에서 1을 창출하는, 백지상태에서 서비스나 제품을 만드는 단계다. 창업기의 기업가는 사업을 구상하고 동료를 모으며 아이디어나 기술을 토대로 제품 및 서비스를 개발해서 고객을 획득하고 수익을 창출하는 비즈니스를 시작한다. 관점은 어디까지나 제품 개발이 중심이다.

성장기에는 사업가가 되야 한다

개발된 제품을 사업화하여 이익을 창출하는 대규모 사업으로 이끄는 단계다. 불안정한 장사를 완성된 사업으로 번듯하게 발전시켜 규모를 확대하거나 제대로 운영하기 위해 노력한다. 제품을 어떻게 사업화하느냐가 경영 과제다.

성숙기에는 경영자가 되야 한다

10까지 성장한 사업 규모를 100까지 끌고 가는 단계다. '10을 100으로 한다'는 말은 기존 사업의 규모를 10에서 10배로 키운다는 의미가 아니라, 사업 다각화를 통해 10까지 성장한 10개의 사업을 운영하는 상태를 의미한다. 관점은 '각각의 제품을 어떻게 키울까'에서 '복수의 제품을 판매하는 조직을 어떻게 경영할까'로 이동한다.

기존 사업의 성숙화로 인해 새로운 사업을 창출하는 측면에서 보면 '0에서 1을 창출한다'와 비슷하지만 기존 조직의 능력과 자산을 활용하는 점이 창업기와는 다르다. 취급하는 자산이 늘어나 사업 포트폴리오 관리 등 파이낸스 사고가 더 중요해진다.

경영은 직종이지 직급이 아니다

성장 단계에 따라 경영자에게 요구되는 자질이 다른데도 우리는 회사의 성장 단계와 상관없이 이들을 모두 경영자라고 통틀어 부른다. 그러나 GE^{General Electric Company}(제너럴 일렉트릭)의 토머스 에디슨^{Thomas Edison}과 잭 웰치^{John Welch Jr}, 애플의 스티브 잡스와 팀 쿡^{Tim Cook}에게 요구되는 역할은 각각 다르다. 뛰어난 선수가 꼭 뛰어난 감독이 아니듯, 우수한 기업가가 성숙기의 경영자(좁은 의미)로서도 뛰어나다고는 할 수 없다. 그 반대도 마찬가지다.

특히 창업주는 창업기 기업가로서의 측면이 강조되는 경우가 많다. 그렇지만 사업에 성공한 인물은 훌륭한 아이디어맨인 동시에 조직이나 자산을 다루는 좁은 의미의 경영자로서의 자질도 갖춰야 한다. 그렇지 않으면 그저 그런 아이디어맨으로 끝나고 만다.

직업으로서의 경영은 사업을 일으키는 과정에 비하면 매우 단순해 간혹 경영을 경시하기도 한다. 경영은 출세 끝에 획득하는 지위가 아니다. 연구개발이나 마케팅과 마찬가지로 하나의 직종이지 직급이 아니라는 뜻이다. 직종으로서 경영을 하려면 이에 상응하는 소양과 지식을 갖춰야 한다. 그러므로 조직이 확대된 뒤 좁은 의미의 경영자 역할을 맡으면 파이낸스 사고가 특히 더 중요해진다.

경영자라고 하면 현장의 선두에 서서 좋은 제품을 만들기 위해 제품 개발에 몰두하는 인물을 떠올리기 쉽다. 물론 이 또한 경영자의 모습이다.

하지만 조직이 거대해진 대기업에서 한 사람이 모든 제품의 개발과 운영을 직접 맡아서 처리할 수는 없다. 그러다간 사업 운영에 지장을 초래하게 된다. 조직을 효율적으로 운영하려면 사업에 필요한 개발 및 제조, 마케팅, 판매 같은 기능을 분리하고 각 부문을 적합한 인물에게 맡겨야 한다. 조직의 힘을 이용하여 더 큰 가치를 창출하기 위한 제도의 구축이 중요해진다.

제도를 구축할 때 인적 자원, 재화, 자금이라는 유무형의 자산을 어떻게 적절히 배분하는지에 따라 경영자의 자질이 판단된다. 그러므로 회사가 성장할수록 경영의 시점은 포트폴리오 관리 시점에 더 가까워져 간다. 회사 자원을 효율적으로 활용해서 더 큰 가치를 만들어 내기 위해서는 규모가 큰 회사일수록 파이낸스 사고를 통한 의사결정이 중요하다.

전년도 대비
신화에서 벗어나라

Finance Thinking

오늘날의 기업, 특히 사장에게 파이낸스 사고가 필요한 이유는 무엇일까. 회사를 둘러싼 환경이 점점 복잡해져 미래를 예측하기 더욱 어려워지기 때문이다.

매출만 중시하는 것은 고도 경제성장기에 최적화된 사고 형태다. 시장의 계속적인 확대가 기대되는 시대라면 시장의 성장에 따라 생산 규모와 공급량을 늘려 매출과 시장 점유율을 높이는 것이 가장 바람직한 경영 전략이다. 미래의 시장 규모를 거의 확실히 예측할 수 있다는 점을 전제로 수요에 맞춰 생산을 계획한다는 측면에서 매우 계획적이고 경제적인 방법이다. 수요가 확대되는 상황에

고도 경제성장기와 오늘날의 차이점

고도 경제성장기	저성장 시대
점진적인 성장	성숙 시장, 시장의 축소
높은 미래 예측 가능성	불확실한 미래
↓	↓
시장의 성장에 따른	신규 시장 개척과
계획경제적 접근	비연속적인 성장 전략

서 상품이나 서비스를 정밀하게 만드는 데 너무 집착하다 보면 시장의 확대를 따라가기 힘들어 소규모 틈새시장에서만 활약하게 된다.

비연속적인 점프를 준비하라

고도 경제성장기에 사업의 진행 정도를 평가하는 판단 기준은 전년도 대비다. 시장이 거의 변하지 않고 직선적으로 성장하는 상황이라면 작년보다 올해, 올해보다 내년처럼 사업의 연속적인 성장을 관리하고 지향하는 발상으로도 충분히 회사가 성장한다.

한편, 성장이 정점에 이르러 대부분의 업계에서 점진적인 성장을 예측하기 어려운 시대가 되면 전년도 대비를 기준으로 의사결정을 내리기 어렵다. 축소되는 시장에서 사업을 전개하는 동시에 신규 시장을 개척해야 하는 상황에서는 기존 사업이나 실적에 얽

매이지 않고 때로는 비연속적으로 점프하는 수법이 필요하다. 다만 이러한 도전은 가끔 단기적 실적 수치를 악화시키기도 해서 전년도 대비의 직선적인 성장을 지향하는 사고에 빠지면 실행하지 못한다. 그리고 큰 사업에는 대규모 투자를 위한 자금 조달이나 자기자본비율과 같은 재무 전략이 필수적이다. 단기적 손익에 사로잡힌 경영으로는 저성장 시대에 침체된 회사를 개선할 수 없다.

사장을 위한 마지막 경영 수업

변화에 적응하는
조직을 만들려면

경제의 저성장과 더불어 글로벌화로 인한 경쟁 심화, 기술의 급격한 변화로 회사를 둘러싼 환경은 점점 더 복잡해지고 불투명해진다. 당연하다고 여겼던 경쟁 환경이 1년 만에 180도로 바뀌는 일도 드물지 않다.

경영 전략에 관한 고전적인 분석 도구로 3C가 있다.

- 고객Customer
- 경쟁자Competitor
- 자사Company

이것은 세 가지 관점에서 사업을 운영하는 시장 환경을 파악하여 가장 적절한 전략을 구축하는 사고다.

시장이 안정적으로 돌아가 미래 예측 가능성이 높은 경쟁 환경이라면, 시간과 예산을 들여 자사가 처한 환경을 3C의 관점에서 분석하고 3년에서 5년 후의 경영 방침을 정하는 방법론도 충분히 의미가 있다. 그런데 전제 조건이 빠르게 변하는 상황이라면 고정된 경쟁 환경을 예측하는 방법은 오히려 회사의 성장을 방해할 수 있다. 기술 혁신으로 고객의 구매 패턴이 급격히 변하고, 몇 년 전에는 존재하지 않았던 신생 기업의 제품이 자사 제품을 대체할지도 모르기 때문이다.

경제성장기의 3C 전략 vs. 저성장기의 3C 전략

3C 분석을 통해서 회사의 문제를 해결하려는 것이 전통적인 경영 컨설팅 회사의 접근 방식이다. 고객에 대한 답이 존재한다고 상정하고 몇 개월에 걸쳐 그 답을 특정하며 실행하려는 점에서 전통적인 경영 컨설팅 회사의 수법은 계획경제적인 특징이 있다.

나도 대학을 졸업하고 외국계 컨설팅 회사에서 경영 컨설턴트로 일했는데 이때 경영 컨설팅 회사의 접근 방식은 전제 조건이 잘 바뀌지 않는 환경에서 문제를 해결하는 데 매우 적합하다는 사실을 깨달았다. 전형적인 예로 제약 회사의 의약품 마케팅 프로젝트

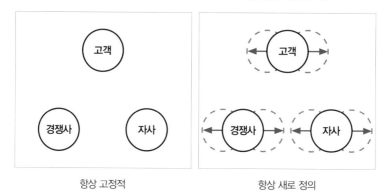

변화가 급격한 시대의 경영

예측 가능성이 높은 시장	불확실성이 높은 시장
고객 경쟁사　　자사	고객 경쟁사　　자사
항상 고정적	항상 새로 정의

를 꼽을 수 있다.

　제약 회사는 10년 넘게 임상시험을 하고 의료용 의약품을 상품화하는데, 발매 후의 의약품 가격은 후생노동성(일본의 행정기관으로 사회복지 및 보장, 공중위생의 향상 및 증진 등을 관장함 – 옮긴이)에서 엄격히 규제한다. 제약 회사가 추가 연구개발을 하고 신약을 제조할 자금을 마련하기 위해 특허 기간이 끝날 때까지 높은 가격이 유지되도록 약값을 규제한다.

　이처럼 가격과 경쟁 제품, 고객이 급변하지 않는 불확실성이 낮은 시장 환경이라면 가장 적절한 마케팅 방법을 검토하기 위해 시간을 유예하기도 한다. 계획경제적인 경영 전략이 매우 효과적으로 기능하는 것이다. 고령화가 진행되는 사회에서 의료비가 늘어나고 있는 점에서도 알 수 있듯이 비즈니스적인 측면에서 보면 의료는 고도 경제성장기의 핵심 시장이라 할 수 있다. 덧붙여 말하면 컨설팅 회사가 청구하는 고액의 보수를 지불할 자금 여력이 있다는 점도 제약 회사와 경영 컨설팅 회사가 궁합이 잘 맞는 한 요인이다.

한편, 내가 운영했던 인터넷 기업의 경우 3C 모델을 통한 분석이 통하지 않았다. 일본에서 압도적인 점유율을 자랑하던 자사 서비스가 단기간에 해외 서비스에 따라잡혀 눈 깜짝할 새에 경쟁 환경이 급변하기도 했다. 또 기존 휴대전화(피처폰)에서 스마트폰으로 빠르게 이동한 기술 환경의 변화로 피처폰을 대상으로 하는 광고 시장이 단기간에 축소되고 스마트폰에 최적화된 새로운 서비스가 급속히 보급된 과정도 겪었다.

이처럼 눈앞의 경쟁 환경이 단기간에 급변하는 변화무쌍한 시장에서는 1년 전의 경쟁 환경이나 시장 예측을 전제로 사업 방침을 수립할 수 없다. 시간을 들여 차근차근 검토하기보다 오히려 실제로 행동하면서 가설이 맞는지 증명하는 편이 훨씬 효율적이다.

변화에 적응하는 조직은 자사 서비스의 방향성에 관한 계획을 단기간에 적은 예산으로 테스트하면서 시장성을 모색하고, 사업 기회를 발견하면 바로 자금과 개발 인원을 투입해서 사업 확장을 꾀한다. 그러기 위해서는 부족한 자원을 신속히 조달할 수 있도록 미리 준비해 둘 필요가 있다. 사업의 리스크와 자사의 재무 여력을 고려해서 어떻게 자금을 마련할지도 검토해야 한다. 변화무쌍한 경쟁 환경에서는 자사가 설정한 시간을 기준으로 사업 개발과 재무 전략을 수립해야 한다.

　　　　　　　　　　　　　　사장을 위한 마지막 경영 수업

3C를 적용한다면 변해 가는 고객의 상황을 짧은 주기로 분석하고 자사의 경쟁 상대가 누군지 항상 새로 정의한 뒤 외부 환경의 변화에 바로 자사를 최적화해야 한다. 이처럼 경쟁의 전제 조건이 격동적으로 변하는 시장에서는 자사 비즈니스를 갈고닦기만 해서는 제대로 대응할 수 없다. 기업 가치를 향상하기 위해서는 경영자가 의지를 갖고 사업을 설계하고 적합한 방법을 모색해야 한다.

목적지를 알기 위한 사고

회계는 회사의 현재 위치를 알기 위해 필요한 스킬이다. 반면에 파이낸스 사고는 회사가 어느 목적지에 어떻게 나아가야 할지 구상하는 사고며 미래를 내다보기 위한 수단이다.

변화무쌍하고 불확실성이 높은 시대에 과거의 연장선상에서 사업을 개선하면서 운영하면 기업 가치를 높일 수 없다. 경영 상황을 제대로 파악하고 관리해야 하며, 미래를 내다보고 외부 환경의 변화에 대응하면서 자사의 자원을 가장 적절하게 배분해야 한다. 그리고 회사가 성장하면서 취급하는 자산 규모가 커질수록 더 높은 수준의 파이낸스 사고가 요구된다는 점도 알아둬야 한다.

제3장부터는 파이낸스 사고를 발휘해 빠르게 성장한 회사의 사례를 살펴보겠다. 아마존과 강한 조직력을 자랑하는 리크루트Recruit를 사례로 들었다. 이 밖에도 일본담배산업주식회사JAPAN TOBACCO

INC., JT, 간사이페인트KANSAI PAINT, 코니카미놀타KONICA MINOLTA, 히타치 제작소Hitachi 같은 규모의 크기를 떠나 오래전부터 사업을 이어 가는 일본의 전문 경영인 기업도 다룬다.

어려운 상황 속에서도 생존을 위해 과감한 의사결정을 내린 회사의 전형적인 사례를 살펴보면 해외 기업이나 오너 기업의 사례가 주로 눈에 띈다. 물론 외국계 기업이나 오너 기업 같은 일부 회사뿐만 아니라 전문 경영인이 운영하는 기업 등 많은 기업이 파이낸스 사고를 발휘해 회사의 변혁을 이뤄냈음을 다음 장의 사례로 알 수 있다.

● 파이낸스 사고는 사업에 가장 적합한 시간 기준을 능동적으로 설정하고, 장기적으로 미래를 위한 기업 가치 향상을 목적으로 한다. 이를 실현하기 위해 역산적·전략적으로 사업을 성장시키려는 특징을 지닌다.

● 파이낸스란 회사의 기업 가치를 최대로 끌어올리기 위해 사업에 필요한 돈을 외부에서 최적의 밸런스와 조건으로 조달하고, 기존 사업·자산에서 최대한으로 돈을 창출하고, 사업 구축을 위한 신규 투자나 주주·채권자에게 환원하기 위해 축적한 자산을 최적으로 분배하며, 그 진행 과정의 합리성과 의지를 회사의 이해관계자에게 설명하는 일련의 활동이다.

● 파이낸스라는 말을 들으면 보통은 외부 자금 조달을 떠올리기 마련이지만 회사의 모든 업무는 파이낸스와 유기적으로 연결되어 있다.

● 회사가 성장할수록 취급하는 자산도 많아지므로 회사의 자원을 효과적으로 활용해서 더 큰 가치를 창출하고자 하는 파이낸스 사고가 점점 더 중요해진다.

● 경제 저성장기를 맞아 글로벌화의 진행과 급격한 기술 변화로 불확실성이 높은 시장 환경에서 손익만 중시하는 사고는 기능하지 않는다.

● 구글, 애플, 메타, 아마존과 같이 크게 성장하는 사업을 구축하려면 단기적으로 손익이 훼손되는 데 주저하지 말고, 장기적인 관점에서 시장을 확대하고 경쟁 우위를 확보하기 위해 대규모 투자를 하는 것이 반드시 필요하다.

제3장

어떤 외부 환경에도
흔들리지 않는
기업들의 비밀 6

아마존은 적자 속에도
어떻게 마켓 리더가 됐을까

아마존

A. 외부 자금 조달: 충분한 현금을 보유하고 있지만 저금리 시장 환경을 활용해 데트 파이낸스로 홀푸드 인수 자금을 조달했다.

B. 자금 창출: 잉여현금흐름의 최적화를 중시하고 사업 성과와 현금전환 주기를 철저히 개선하여 자금을 최대화했다.

C. 자산의 최적 배분: 자사주 매입이나 배당 같은 주주 환원을 자제하고 마켓 리더가 되기 위해 과감히 투자했다.

D. 이해관계자 커뮤니케이션: 마켓 리더의 지위 확보로 주주 가치를 향상하는 것이 본질적인 성공이라고 주장하면서 투자자의 신뢰를 획득했다.

아마존은 고객 만족을 실현하기 위해 철저히 장기적인 관점에서 경영에 임하는 기업이다. 1995년에 서적 전자상거래 서비스 회사로 설립된 아마존은 오랫동안 손익계산서상 이익이 나지 않으면서도 거액의 선행 투자를 계속해 온 회사로 유명하다. 그런데도 아마존이 자본 시장에서 긍정적인 평가를 받아 높은 시가총액을 자랑하게 된 이유는 투자자를 비롯한 기업의 이해관계자를 대상으로 한 커뮤니케이션 능력이 중요하게 기능하기 때문이다(D. 이해관계자 커뮤니케이션). 아마존의 성장 전략을 상징적으로 보여 주는 사례가 1997년에 창업자인 제프 베이조스가 주주에게 보낸 편지다.

제프 베이조스가 처음으로 쓴 주주 레터에는 과감, 투자, 마켓 리더, 장기적이라는 키워드가 자주 등장한다. 주주 레터에는 "마켓 리더가 될 가능성이 높다고 판단될 때는 적게 벌기보다는 과감하게 투자하겠다."라는 내용이 담겨 있으며 다음과 같이 회사의 기본 철학을 나타내고 있다.

"본질적인 성공은 장기적으로 우리가 창출하는 주주 가치로 측정돼야 한다고 생각한다. 주주 가치의 향상은 회사를 확장해 마켓 리더로서의 입지를 강화한 결과로 얻을 수 있다. 마켓 리더로서의 입지가 강해질수록 우리의 경제 모델은 더 견고해진다. 시장에서의 리더십이 매출과 이익 증가, 자본 유통 속도의 향상으로 이어져 결과적으로 투자에 대한 보상도 커진다."

또한 "우리의 목표는 세계에서 가장 고객지향적인 기업을 만드는 것이다."라고 명확히 기재돼 있다. 고객 가치 창출과 주주 가치 향상은 장기적으로 보면 일치한다는 것이 회사의 기본 철학이다. 아마존의 이 같은 선언은 파이낸스 사고에 대한 정의 그 자체라고 할 수 있다.

회사의 기본 철학을 보여 주듯이 아마존의 분기 공시 자료 서두에는 항상 잉여현금흐름(영업활동 현금흐름＋투자활동 현금흐름)의 추이가 기재돼 있으며, 잉여현금흐름의 최적화가 장기적인 목표라고 밝히고 있다. 첫 장의 표지, 둘째 장의 면책주의사항에 이은 셋째 장에 이 같은 내용이 있는 점으로 봐도 회사가 얼마나 잉여현금흐름을 중시하는지 알 수 있다. 아마존은 창업 이래 일관되게 잉여현금흐름을 창출하겠다고 말해 왔다.

여기서 잉여현금흐름의 최적화는 어디까지나 장기적인 목표라고 설명한 점에 주목하길 바란다. 실제로 아마존의 잉여현금흐름이 감소된 적도 있지만 어디까지나 투자 증가로 인한 것이었다. 최근 영업활동 현금흐름은 전년 대비 10퍼센트 이상 증가했지만 아마존은 그 이상으로 투자를 실시했다.

영업활동 현금흐름이 증가세인데도 아마존의 영업이익이 낮은 수준에 머무르는 듯이 보이는 원인은 회계 기준에 있다. US-GAAP(미국 회계 기준)에서 연구개발R&D에 관한 비용은 원칙적으로 손익계산서에 비용으로 전액 계상된다. 참고로 아마존의 연구개발 비용은 226억 달러로 전미 1위를 자랑하고 2위는 알파벳(166억 달러), 3위 인텔(131억 달러)이 그 뒤를 잇는다(2017년, Facset 조사).

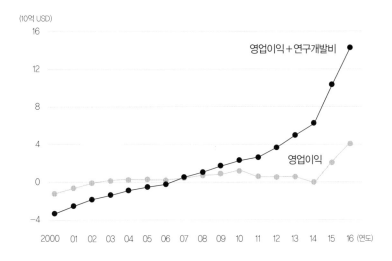

도표 9 **아마존의 영업이익과 연구개발비**

(10억 USD)

영업이익＋연구개발비

영업이익

2000 01 02 03 04 05 06 07 08 09 10 11 12 13 14 15 16 (연도)

적극적으로 연구개발에 투자한 결과, 회계상 회사의 영업이익이 크게 영향을 받아 줄어들었다. 실제로 아마존의 영업이익에 연구개발 비용을 더한 수치는 도표 9에서 보면 알 수 있듯이 꾸준히 증가하고 있다.

시의적절한 자금 조달 방식

아마존은 사업을 인수하거나 자사 내 연구개발에 투자할 때 자본 시장의 상황을 고려하여 자금 조달 방법을 선택한다.

이를테면 2017년, 홀푸드Whole Foods를 137억 달러에 인수할 때

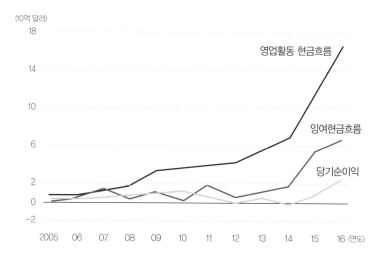

도표 10 **아마존의 현금흐름과 이익**

(10억 달러)

영업활동 현금흐름

잉여현금흐름

당기순이익

2005 06 07 08 09 10 11 12 13 14 15 16 (연도)

아마존은 데트 파이낸스를 통해 160억 달러를 조달했다(A. 외부 자금 조달). 당시 회사는 210억 달러 규모의 현금성자산을 보유하고 있어 채권을 발행하지 않아도 인수에 필요한 자금을 충분히 마련할 수 있었지만, 저금리 시장 환경을 활용하여 낮은 비용으로 유연성 있게 자금을 조달하는 데 성공했다. 아마존은 홀푸드 인수를 병행하면서 연구개발에 계속 투자하기 위해 자사 보유 현금은 연구개발에 할당하고, 현금흐름이 예상되는 홀푸드 인수는 금리가 낮은 데트 파이낸스로 조달한 것이다.

한편, AWS나 아마존 프라임과 같은 새로운 영역에 투자할 때는 기존 사업에서 창출되는 풍부한 현금을 활용했다(B. 자금 창출). 기존 사업에서 현금을 창출하기 위해 아마존이 실시하는 전략은 단순한 사업 확장에 그치지 않는다. 전자상거래 서비스에서 판매하는 상품의 제조사나 도매상을 대상으로 한 대금 지급 조건을 자사에 유리하게 설정해 현금흐름을 풍부하게 한다. 아마존의 잉여현금흐름은 당기순이익을 지속적으로 크게 웃도는 특이한 상황이다(도표 10). 현금흐름과 손익계산서 계상 시점의 차이로 회사의 잉여현금흐름과 순이익 간에 차이가 크게 발생한다.

현금전환주기의 개선

잉여현금흐름은 영업활동 현금흐름과 투자활동 현금흐름을 더한 수치다. 예를 들어 5억 엔의 영업활동 현금흐름을 창출한 회사가 2억 엔을 투자(투자활동 현금흐름: -2억 엔)했다면 잉여현금흐름은 3억 엔이 된다.

현금흐름은 현금이 실제로 움직인 시점에 발생한다. 따라서 상품이 팔렸을 때 고객에게 대금을 신속히 받고, 제조사나 도매상에는 시간 여유를 두고 대금을 지급한다면 현금흐름은 점점 커진다.

한편, 매출이나 비용 같은 손익계산서상 수치는 실제로 현금이 지급되는 시점이 아니라 회계 기준에 따라 계상된다. 따라서 현금흐름을 풍부하게 하는 구조가 확립된다면 순이익이 마이너스여도 잉여현금흐름을 플러스로 유지할 수 있다. 아마존은 현금전환주기를 철저히 개선하여 매입 대금 지급보다 판매 대금을 먼저 회수함

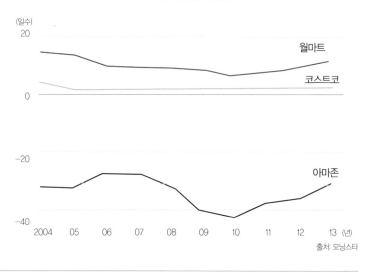

출처: 모닝스타

으로써 손익 대비 더 많은 현금을 창출하는 데 성공했다(도표 11).

사업의 성공과 현금전환주기의 철저한 개선을 통해 획득한 현금을 활용할 수 있었기에 아마존은 새로운 사업 분야나 서비스 개선에 대규모 투자를 실행할 수 있었다. 이미 언급했듯이 아마존은 장기적으로 잉여현금흐름의 최적화를 목표로 하는 회사인데 이러한 선행 투자 활동의 결과로 최근에는 순이익도 증가했다.

기존 사업에서 얻은 현금을 부채 변제나 주주 배당으로 돌릴지, 기존 사업에 추가로 투자하거나 신규 사업 인수로 돌릴지 결정하는 데는 회사의 성장 전략에 대한 경영자의 철학이 반영된다.

아마존은 수익을 새로운 투자로 돌리기 위해 자사주 매입이나 배당 같은 주주 환원을 극도로 자제했다. 과거에 몇 번인가 자사주를 매입했지만 1997년 나스닥 상장 이후 주주 배당을 한 번도 한 적이 없는 매우 보기 드문 회사다(C. 자산의 최적 배분).

시장 점유를 위한 과감한 투자

아마존은 앞에서 소개한 분기 공시 자료에서도 선언했듯이 마 켓 리더가 되기 위해 매우 과감하게 투자하고 있다. 이미 언급한 홀 푸드 인수 외의 사례도 살펴보자.

클라우드 서비스 'AWS'의 약진

2018년, 클라우드 서비스 AWS는 아마존 이익 창출의 주축을 이루고 있다. 서비스 개시 이래 사업은 급속한 성장을 거듭하고 영 업이익 기준으로는 아마존 북미 전자상거래 사업을 추월하는 수준 에 이르렀다. AWS가 이렇게까지 성장한 배경에는 창업자 제프 베 이조스의 대담한 가격 전략이 있었다.

2006년 AWS 서비스를 제공하기 전, 당시 AWS 담당자는 1시 간에 15센트로 서비스를 제공하는 방안을 검토했다. 이는 겨우 수 지가 맞을 정도의 수준이었다고 한다. 그런데 서비스 개시 직전에 제프 베이조스는 가격을 파격적으로 1시간에 10센트까지 내리도 록 지시했다. 적자가 장기화될 것을 우려한 주변 직원은 그를 만류 했지만 제프 베이조스는 1시간에 10센트로 서비스를 제공하도록 단행했다.

이익률을 높게 설정하면 업계 전반적인 이익률이 높아져 경쟁사가 사업에 뛰어들 가능성이 커지므로 경쟁이 치열해진다. 그래서 단기적으로는 적자가 나더라도 이익률을 매우 낮게 설정함으로써 고객을 확보하고 클라우드 컴퓨팅 서비스 시장에서 리더가 되려고 한 것이다. 제프 베이조스의 근본적인 철학을 엿볼 수 있는 일화다.

아마존은 서비스 개시 당시부터 의도적으로 철저하게 저가로 사업을 전개한 결과, 구글이나 마이크로소프트 같은 잠재적 경쟁사에 비해 압도적으로 유리한 포지션을 선점할 수 있었다.

월정액 회원제 서비스 '아마존 프라임'의 대성공

아마존 프라임은 아마존이 제공하는 월정액 회원제 서비스다. 2005년, 미국에서 서비스를 제공하기 시작한 당시에는 상품을 빨리 배송해 주는 혜택 정도밖에 없었지만 현재는 동영상이나 음악 스트리밍 서비스 등으로 범위를 확대하고 있다. 동영상 스트리밍 서비스 넷플릭스Netflix나 훌루Hulu, 음악 스트리밍 서비스 스포티파이Spotify 등, 서브스크립션 서비스(월정액 회원제 서비스)의 침투에 따라 사업의 모습을 바꿨다.

오리지널 콘텐츠 제작 등 동영상 서비스의 질을 높이는 데 투자하는 등, 텔레비전 방송이나 동영상 스트리밍 서비스에 대항하기 위한 대책을 세워 성공을 거뒀다.

스마트 스피커 '아마존 에코'의 개발

전자상거래, AWS, 아마존 프라임에 이어 사업의 네 번째 축이 되리라고 기대를 모으는 것이 스마트 스피커 아마존 에코다. 2016년 당시 아마존에서는 1,000명 이상의 직원이 아마존 에코에 탑재되는 인공지능 알렉사Alexa의 개발에 몰두했다.

알파벳, 마이크로소프트, 메타 등 강력한 경쟁 상대가 인공지능 개발에 뛰어들었지만 아마존은 2014년에 스마트 스피커를 제품화함으로써 AI 영역 리더의 자리를 일찌감치 차지했다. 2017년 9월 기준 전미 시장에서 76퍼센트의 점유율을 기록했으며, 아마존은 이 기술을 바탕으로 인공지능에 대한 제품 개발과 연구를 계속 진행하고 있다.

적극적인 신흥국 투자

이러한 서비스의 개발과 더불어 아마존은 신흥 시장에도 적극적으로 투자하고 있다. 2014년에 20억 달러를 투자해서 물류 거점을 신설했으며, 2016년에는 30억 달러를 투자해서 클라우드 서비스의 데이터 센터와 소프트웨어 엔지니어링·개발 센터를 설립했다. 인도에서는 소매업에 대한 외국 자본 규제가 있기 때문에 아마존은 전자상거래 인프라와 창고·물류 네트워크 등의 로지스틱 업무를 현지 기업에 제공해서 서비스 요금을 받는, 북미나 아시아와는 다른 형태의 사업을 전개하고 있다.

사업 포트폴리오 개편 및 최적화

아마존은 신규 사업에 활발하게 투자하는 한편, 기존 사업을 매각해 사업 포트폴리오를 최적화했다. 2011년에 5억 4,500만 달러로 인수한 생활용품 관련 사이트 다이퍼스닷컴^{Diapers.com}과 숍닷컴^{Soap.com}을 2017년에 처분했다. 2016년 후반기에 다이퍼스닷컴과 숍닷컴이 2017년에는 잉여현금흐름의 창출에 기여할 것으로 예측하던 가운데 방침을 전환한 것이다. 간판 상품을 이익 폭이 낮은 내셔널브랜드^{national brand}(전국적인 시장 수용성을 가지는 제조업자의 브랜드-옮긴이)에서 이익률이 높은 자사 브랜드 판매로 전환해 가겠다는 회사의 전략을 엿볼 수 있다.

사업의 장점을 특화해 M&A로 해외 시장을 개척하다

리쿠르트

Finance Thinking

A. 외부 자금 조달: 창업 50년 후 주식 상장으로 약 2,000억 엔을 조달했다.

B. 자금 창출: 캐시카우cash cow가 된 일본 국내 사업에서 자금을 창출하고, 피인수 회사에 유닛 경영(회사 전체를 소규모 단위의 유닛으로 분할해서 관리하는 경영 시스템 – 옮긴이) 제도를 도입해 수익성을 개선했다.

C. 자산의 최적 배분: 실패를 교훈 삼아 적극적으로 해외 M&A를 전개해 글로벌화를 실현했다.

D. 이해관계자 커뮤니케이션: 주요 부문 책임자가 자본 시장에 대해 직접 설명했다.

최근 리크루트는 글로벌화를 목표로 사업을 크게 전환했다. 리크루트는 1960년에 도쿄대학 학생 신문인 〈도다이신문東大新聞〉의 광고 대행사 및 대학 신문 광고사로 설립됐다. 그 후 대학 졸업생을 대상으로 한 구인 광고, 인재 파견, 고객 생애주기에 맞춘 판촉 미디어 사업을 전개하고 있다.

리크루트는 일반 소비자와 서비스를 제공하는 사업자를 연결하는 견고한 비즈니스 모델과 활기 넘치는 사풍을 무기로 성장을 거듭해 왔다. 창업한 지 50년이 넘은 오래된 기업이면서도 활발하게 새로운 사업에 진출하는 점에서 회사는 사업 현장이 매우 강한 기업이라는 인상을 준다.

한편, 경영 측면에서는 2014년 상장을 시작으로 최근 들어 파이낸스를 활용한 전략을 실시하고 있다. 지금부터 2010년대에 글로벌화를 목표로 실시한 리크루트의 경영 전략을 파이낸스 사고 관점에서 살펴보자.

해외 진출을 염두에 둔 관리 개혁

2012년 4월, 당시 48세였던 미네기시 마스미峰岸真澄가 리크루트 5대 사장에 취임했다. 미네기시 마스미는 취임 당시 글로벌화, 주식 공개, 분사화, IT 부문 강화를 재임 중 과제로 공표했다.

당시 주주총회에서는 다음의 세 가지를 주식 공개의 목적으로 내세웠다.

- 해외 시장에서의 신뢰 확보
- 재무 전략의 다양성
- 준법 감시를 포함한 관리 강화

당시만 해도 해외에서 리크루트의 인지도가 낮아 사업을 전개하는 데 신뢰와 신용이 필요했다.

2012년 10월, 리크루트는 상장을 염두에 두면서 분사화를 단행하고 지주회사 체제로 전환하여 사명을 '리크루트 홀딩스^{Recruit} ^{Holdings}'로 변경했다. 전 세계에서 통용되는 서비스 모델을 구축하기 위해 각 사업 단위에서 더욱 책임감을 가진 체제로 이행하는 것을 목적으로 관리 체제를 변경했다. 그때까지 리크루트 본사에서 관리한 인재 사업 등의 주요 사업 부문을 분사하고, 사업별 7개사와 기능별 3개사로 구성된 그룹 체제로 전환했다. 사업은 자회사별로 분할하는 한편, IT 부문을 강화하기 위해 연구개발 기능을 지주회사인 리크루트 홀딩스의 책임하에 두어 IT를 주축으로 한 리크루트의 성장에 대한 의지를 보여 줬다.

2014년 10월에 리크루트는 도쿄증권거래소 1부에 주식을 상장했다. 주식 공개와 공모증자(유상증자의 한 방법으로, 특정 기관을 통하지 않고 불특정 다수에게 유가 증권을 취득하거나 청약하도록 권유하여 새로 주식을 발행하는 일 – 옮긴이)로 약 2,000억 엔을 시장에서 조달했다. 이때 시가총액은 상장 첫날 주가 기준으로 1조 8,000억 엔에 달했다(A. 외부 자금 조달).

M&A를 통해 성공 경험 축적

리크루트는 최근 M&A를 자주 실시하지만 과거를 회상해 보면 모든 인수가 다 성공적이지는 않았다. 회사는 2006년부터 중국에 진출하여 인재 소개 사업을 전개했다. 그러나 당시 해외 진출은 만족할 만한 성과를 내지 못했다. 미네기시 사장은 그 원인으로 모호하고 장기적인 전략 타깃, 계획자와 실행자가 다른 점, 현지 법인에의 어중간한 권한 위양을 들었다.

과거의 실패를 교훈 삼아 현재 회사의 M&A는 대부분 실행자가 시장 조사를 실시하고 전략을 짜서 안건을 기획한다. 인수 전 시점에서 통합 후의 이미지가 그려져야 성공한다는 생각에서 비롯된 방침이다. M&A의 계획자와 실행자가 다르면 인수 전 단계에서 계획자가 실현 가능성을 무시한 목표 수치를 내세우면서 M&A를 강행할 수도 있다. 리크루트에서는 통합 후의 사업 계획을 수립한 사람이 사업 집행자가 된다. 그렇기 때문에 자신이 달성할 수 있는 범위 내에서 무리하지 않는 계획을 전제로 함으로써 사업의 고가 매수를 막을 수 있다.

이처럼 기안자가 인수 후의 사업을 집행하게 되면 자신이 신뢰

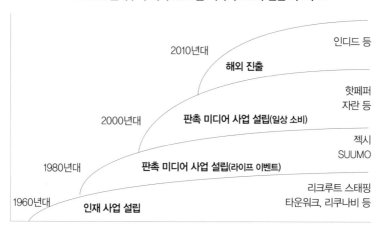

도표 12 **2010년대부터 해외 M&A를 적극적으로 추진한 리크루트**

2010년대
해외 진출
인디드 등

2000년대
판촉 미디어 사업 설립(일상 소비)
핫페퍼
자란 등

1980년대
판촉 미디어 사업 설립(라이프 이벤트)
젝시
SUUMO

1960년대
인재 사업 설립
리크루트 스태핑
타운워크, 리쿠나비 등

하지 못하는 계획은 기안하지 않으며, 회사는 철저하게 수치를 바탕으로 사업 타당성을 검토한다. 따라서 사업 계획이 달성 가능하다는 확실한 데이터가 없으면 결의 사항은 통과되지 않는다.

이러한 시행착오를 거친 끝에 리크루트의 M&A와 해외 진출이 성과를 나타낸 것은 2010년대부터다(도표 12).

리크루트에서는 해외 진출을 두 가지 단계로 나눠서 실시했다(도표 13). 우선 1단계에서는 소액 투자로 해외 진출 가능성을 검증한다. 그 후 2단계에서 완전 인수를 실시하여 일본에서 성장한 사업 노하우를 인수한 회사에 적용한다. 가치를 최대로 끌어올리는 단계다.

회사가 해외 사업 인수에서 특히 주력하는 사업 영역은 인재 파견과 인재 미디어다. 이 두 가지 사업 영역은 각각 시장 환경이 다

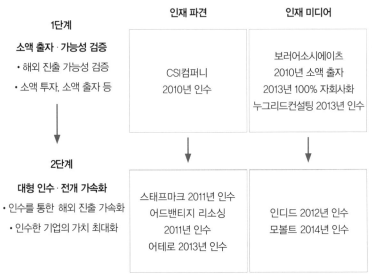

도표 13 **리크루트의 해외 진출 '2단계 접근법'**

	인재 파견	인재 미디어
1단계 **소액 출자 · 가능성 검증** • 해외 진출 가능성 검증 • 소액 투자, 소액 출자 등	CSI컴퍼니 2010년 인수	보러어소시에이츠 2010년 소액 출자 2013년 100% 자회사화 누그리드컨설팅 2013년 인수
2단계 **대형 인수 · 전개 가속화** • 인수를 통한 해외 진출 가속화 • 인수한 기업의 가치 최대화	스태프마크 2011년 인수 어드밴티지 리소싱 2011년 인수 어테로 2013년 인수	인디드 2012년 인수 모볼트 2014년 인수

출차: 2014년도 2분기 결산 설명 자료

르다. 인재 파견 업계는 변화가 거의 없고 노동 집약형의 안정된 산업이다. 그래서 리크루트는 소액 출자나 소규모 인수로 성공 패턴을 재현할 수 있을지 판단한 다음, 대규모 인수를 실시하는 방안을 모색하고 있다.

한편, 변화무쌍하고 한 회사가 시장을 독점할 수 있는 인재 미디어 사업은 성공 로드맵을 설계한 다음, 성공하리라는 확신이 드는 회사를 단번에 인수하는 대담한 의사결정을 내린다. 서로 다른 시장의 특성에 맞춰 계획적으로 M&A를 실시하는 점이 리크루트의 특징이다.

사장을 위한 마지막 경영 수업

도표 14 **2010년대 리크루트의 주요 인수 사례**

2010년 　미국 CSI컴퍼니CSI Companies(인재 파견)를 약 30억 엔(추정)에 인수

2011년 　미국 스태프마크Staffmark(인재 파견)를 약 2억 9,000만 달러에 인수

유럽과 미국에서 인재 파견업을 전개하는 어드밴티지 리소싱Advantage Resourcing 을 약 4억 1,000만 달러에 인수

2012년 　미국 인디드Indeed(전직·구인 검색 사이트 운영)를 약 10억 달러(추정)에 인수

2013년 　홍콩 보러어소시에이츠Bó Lè Associates(임원·전문직 인재 서치 회사)를 인수

인도 누그리드컨설팅NuGrid Consulting(임원·전문직 인재 서치 회사)을 인수

미국 모보토LLCMovoto LLC(중고차·부동산 정보 사이트)를 인수

2014년 　미국 모볼트MoBolt(모바일 구인 사이트)를 자회사 인디드가 인수

2015년 　호주 피플뱅크Peoplebank(인재 파견)를 약 7,000만 호주달러로 주식 전량 취득

호주 챈들러매클라우드Chandler Macleod(인재 파견)를 약 2억 9,000만 호주달러로 주식 전량 취득

일본 스타트업 퀴퍼Quipper(교사 대상 숙제 관리 플랫폼)를 47억 7,000만 엔에 인수

독일 쿠안두Quandoo(음식점 예약 사이트)의 주식을 약 2억 유로로 취득

미국 어테로Atterro(인재 파견·아웃소싱)를 약 45억 엔으로 취득

영국 핫스프링Hotspring(온라인 미용 예약 서비스 와한다Wahanda)을 약 1억 1,000만 파운드에 인수

네덜란드 트리트웰Treatwell(온라인 미용 예약 서비스)을 3,400만 유로에 인수

네덜란드 USG피플USG People(인재 파견)을 TOB(주식 공개 매수)를 통해 자회사화. 취득 가격은 약 14억 2,000만 유로

　도표 14는 2010년대에 리크루트가 실시한 주요 인수 사례다. 리크루트는 전박적으로 폭넓게 사업을 전개하고 있지만, 해외 M&A에 관해서는 인재 파견 사업에 특히 적극적으로 투자한다는 점을 알 수 있다.

인디드 인수로 글로벌화 실현

미네기시 사장이 취임했을 당시 과제로 내세운 글로벌화는 M&A를 통해 계획적으로 실행됐다. 2012년 미네기시 사장은 4~5년 이내에 '인재 관련 사업에서 세계 제일, 인재 이외의 판촉 지원 사업에서는 아시아 제일이 되겠다'는 중기 목표를 세워 M&A를 포함한 투자 규모로 4,000~5,000억 엔을 설정했다(C. 자산의 최적 배분).

2012년에는 현재 글로벌화의 견인차 역할을 하는 인디드(구인 검색 서비스)를 인수하여 완전 자회사화했다. 인수 금액은 공표되지 않았지만 10억 달러 전후로 추정된다. 인수 직전인 2011년에 인디드의 매출은 약 8,700만 달러에 불과했다. 매출과 이익이 적은 소규모 회사를 약 1,000억 엔에 인수하는 것은 리스크가 큰 결정이었다.

당시 리크루트의 해외 매출액은 약 293억 엔(2012년 3월기)으로 전체 매출액 비율의 3퍼센트에 불과했다. 그런 상황에서 실시한 대규모 인수는 인재 비즈니스 업계에서 세계 제일이 되겠다는 회사의 강한 의지를 보여 준 사례라 할 수 있다.

이런 점에서 인디드 인수는 리크루트가 그동안 축적해 온 사업 노하우를 통한 판단력과 장기적인 관점이 잘 맞물린 사례이기도 하다. 리크루트 인터넷 사업의 특징은 특정 영역에 한정된 검색이다. 구글처럼 모든 내용을 횡단적으로 검색하는 게 아니라 리크루트는 여행, 주택, 음식, 인재 등 특정 영역에 특화된 사업을 여럿 보유하고 있다.

성장이 빠른 업계와 느린 업계 양쪽 모두에서 사업을 전개함으로써 각 영역을 나란히 비교 검토하고 그 특성을 파악한 뒤 다른 영역의 성공 사례를 재빨리 반영할 수 있었다. 다양한 분야에서 특정 영역에 한정된 검색 미디어를 상당수 운영하고 회사만의 운영 노하우가 있었기 때문에 인재 영역인 인디드의 사업 특성을 잘 파악할 수 있었으며 시장의 잠재력과 성장 가능성에 대해 핵심을 파악하기도 쉬웠을 것이다. 게다가 인재 관련 사업이 비교적 성장이 느린 영역이기도 해서 효과적인 방안을 찾기 쉬웠을 것이다.

사내 경쟁을 두려워하지 않는 자세

인디드가 리쿠르트의 주요 사업인 리쿠나비 등 인재 관련 비즈니스 시장을 빼앗을 수 있는 사업이었던 점에도 주목해야 한다. 회사는 장기적인 관점에서 낡은 시스템을 그대로 유지하는 사업은 조만간 시장 자체가 쇠퇴할 것이라고 판단하여 기존 사업의 자기잠식Cannibalization(기존에 출시됐던 제품이 같은 기업에서 새로 출시하는 제품에 의해 판매량이 감소하거나 시장점유율이 감소하는 현상 – 옮긴이)을 두려워하지 않고 텔레비전 광고 등에 대규모 마케팅 예산을 투입했다.

비단 인디드뿐 아니라 리크루트 사내에서는 많은 사업이 서로 경쟁한다. 이를테면 수험·진학 서비스 '리쿠나비 진학'(현 스터디서 프리)과 학습·자격증 학원 정보 사이트인 '게이코토마나부', 결혼 정보지 〈젝시ゼクシィ〉와 미용실 및 뷰티살롱 검색·예약 사이트 '핫페퍼 뷰티' 등, 부분적으로 경쟁하는 여러 사업이 사내에 존재한다.

홀딩스의 경영진과 각 사업 부문장이 합의한 숫자를 달성하기만 하면 어떤 식으로 사업을 진행하는지 경영에 대해 구체적으로 묻지 않는다. 홀딩스에서 사업 부문 간 시너지를 강요하거나 사내 경쟁을 피하라고 지시하지도 않는다. 사업 부문 간 협업과 경쟁은 각자 스스로 판단해서 실행한다. 사업 단위에서 스스로 의사결정을 내리는 풍토가 외부 사업을 그룹 내로 흡수하는 데 긍정적으로 작용한 측면도 있을 것이다.

2015년에는 사업과 주가 호조를 발표하면서 "향후 3~5년간 7,000억 엔의 투자 여력이 있다."라며 투자를 더 많이 하겠다고 선언했다.

실제로 2014년까지 실시한 인수는 인디드를 제외하고는 비교적 소규모 M&A가 중심이었지만 2015년에는 미국, 호주의 인재 파견 회사에 총 400억 엔을 투자했다. 또한 네덜란드 인재 파견 회사인 USG에 TOB를 통해 대규모 M&A(약 1,885억 엔)를 실시했으며, 2년간 누계 2,000억 엔 이상을 인재 영역에 투자했다. USG 인수로 인재 파견 분야에서 올린 매출액은 단순 합산해서 약 1조 1,000억 엔에 이른다. 인재 파견 업계에서 리크루트는 세계 4위 규모로까지 성장했다(인수 시 합산치).

5년 후 인재 파견, 인재 정보 서비스에서 세계 제일이 되겠다는 목표를 내건 리크루트는 연이은 인수 공세로 스위스의 아데코 ADECCO 등 매출액 2조 엔 대의 선두 그룹을 사정권에 뒀다. 그 결과, 2012년 3월기에 3퍼센트였던 해외 매출 비중이 2017년 3월 말 기준 39퍼센트로 늘어났다.

특히 인디드는 인수 후 2017년 기준 월 2억 이상의 순 방문자 수를 보유하는 세계 유수의 구인 정보 제공 사이트로 성장했다. 미국, 캐나다, 영국, 프랑스, 이탈리아, 네덜란드 등 주요국에서 넘버원 서비스의 위치를 확립하여 인재 개발 사업에서 세계 제일이 되겠다는 중기 목표를 순조롭게 달성했다.

유닛 경영을 피인수 회사에도 활용

리크루트가 해외 투자를 적극적으로 추진하고 해외 매출액 비중을 높였지만, 일본 내 사업은 시장이 정체되고 매출도 둔화세를 보였다. 회사가 적극적으로 해외 투자를 하게 된 배경에는 이러한 사정이 있었다. 일본 국내 사업은 투자 자금을 창출하기 위한 캐시카우로 자리매김하고 있음을 회사의 보고를 통해 알 수 있다.

이를테면 기업 설명회에서는 일본 국내 파견 사업의 높은 수준의 EBITDA Earnings Before Interest, Taxes, Depreciation and Amortization(영업이익

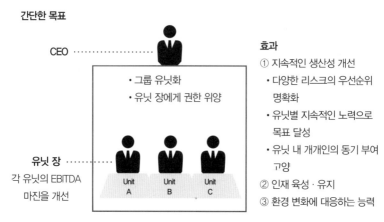

도표 15 **리크루트의 유닛 경영**

간단한 목표

CEU ⋯⋯⋯⋯⋯⋯⋯⋯⋯⋯

• 그룹 유닛화
• 유닛 장에게 권한 위양

유닛 장 ⋯⋯⋯⋯⋯
각 유닛의 EBITDA
마진을 개선

Unit A Unit B Unit C

효과

① 지속적인 생산성 개선
  • 다양한 리스크의 우선순위 명확화
  • 유닛별 지속적인 노력으로 목표 달성
  • 유닛 내 개개인의 동기 부여 고양
② 인재 육성 · 유지
③ 환경 변화에 대응하는 능력

높은 투명성
• 유닛 단위로 손익계산서 작성
• 각 유닛의 손익계산서 · KPI(핵심성과지표)를 전사가 공유

출처: 2016년도 결산 설명 자료

에 감가상각비를 더한 기업 가치 평가 지표)가 지속될 것 같냐는 질문에, 매출 성장이 둔화되는 가운데 기존 EBITDA 마진을 유지해 나가겠다는 방침을 밝혔다. 포화 상태에 있는 일본 국내 사업에서 해외 투자를 위한 자금을 조달하려는 것이다.

한편 인수한 해외 사업의 경우, 급성장하고 있는 인디드를 비롯한 사업의 성장 · 개선을 통해 리크루트는 EBITDA를 창출하고 있다. 예를 들면 인재 파견 사업에서는 각 사업 유닛별로 손익계산서를 작성하고 자율적인 운영을 일임하는 동시에 EBITDA 마진(매출에서 차지하는 EBITDA의 비율)을 개선하라는 목표를 부여하는, 리

사장을 위한 마지막 경영 수업

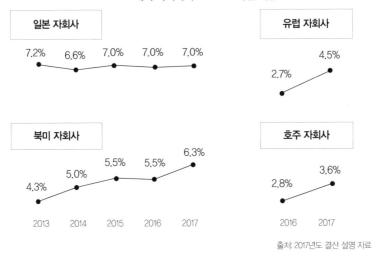

도표 16 **해외 자회사의 EBITDA 마진 개선**

일본 자회사

7.2% 6.6% 7.0% 7.0% 7.0%

유럽 자회사

2.7% 4.5%

북미 자회사

4.3% 5.0% 5.5% 5.5% 6.3%

호주 자회사

2.8% 3.6%

2013 2014 2015 2016 2017

2016 2017

출처: 2017년도 결산 설명 자료

크루트만의 독자적인 유닛 경영(도표 15) 노하우를 피인수 회사에 적용함으로써 생산성을 철저히 개선하고 EBITDA를 향상하는 방안을 실시하고 있다(도표 16).

리크루트는 일본 국내 사업을 전개하면서 자사만의 경영 노하우를 쌓았다. 이를테면 무료 쿠폰 매거진 〈핫페퍼ホットペッパー〉에서는 발행 지역별로 책임자인 과장급의 발행 처장이 손익에 대해 책임지고 재량껏 사업을 전개한다. 회사는 CSI컴퍼니라는 비교적 작은 파견 회사를 인수하면서 이러한 관리 노하우가 통용되는지 검증했다. 유닛 경영 방침이 기능하는지 실제로 확인한 뒤 리크루트는 연달아 더 큰 사업의 인수에 착수했다.

유닛 경영이라는 리크루트만의 노하우를 염가에 인수한 수익

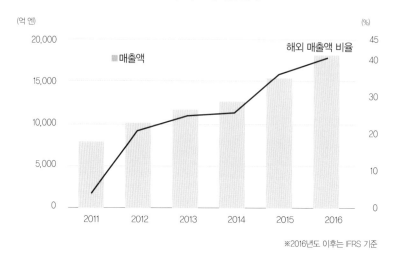

도표 17 **리크루트의 최근 실적**

(억 엔)

20,000

■ 매출액

해외 매출액 비율

15,000

10,000

5,000

0

2011 2012 2013 2014 2015 2016

(%)

45

40

30

20

10

0

※2016년도 이후는 IFRS 기준

성 낮은 회사에서 활용하여 회사의 수익성을 개선하면서 성장하는 M&A의 성공 패턴을 구축한 것이다. 이러한 M&A 전략을 토대로 회사는 EBITDA 마진이 낮은 회사를 피인수 회사 후보로 적극적으로 선정하겠다고 밝혔다.

리크루트는 상장 후 주로 해외 M&A를 통해 사업 구성이 크게 변했는데, 사업 구성의 변화에 따라 정보 공시도 유연하게 변경했다. 2018년 3월기부터는 리크루트 시가 총액의 절반을 차지하는 인디드의 실적을 'HR 테크놀로지'라는 신설 사업 부문에서 명시하고 정보를 공시하고 있다(도표 18).

그리고 분기별 결산 설명회에서 CEO나 CFO뿐만 아니라 주요 부문의 책임자가 자신이 관할하는 사업을 설명하는 점도 특징적이

사장을 위한 마지막 경영 수업

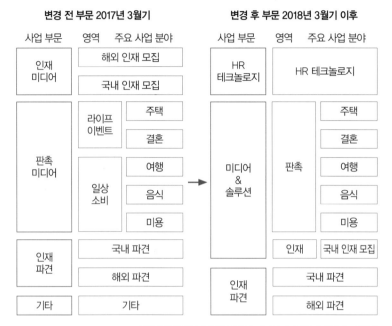

도표 18 **인디드의 실적을 명확히 한 부문 변경**

변경 전 부문 2017년 3월기

사업 부문	영역	주요 사업 분야
인재 미디어		해외 인재 모집
		국내 인재 모집
판촉 미디어	라이프 이벤트	주택
		결혼
	일상 소비	여행
		음식
		미용
인재 파견		국내 파견
		해외 파견
기타		기타

변경 후 부문 2018년 3월기 이후

사업 부문	영역	주요 사업 분야
HR 테크놀로지		HR 테크놀로지
미디어 & 솔루션	판촉	주택
		결혼
		여행
		음식
		미용
	인재	국내 인재 모집
인재 파견		국내 파견
		해외 파견

* 변경 전 부문의 '기타 사업'은 변경 후에는 '미디어&솔루션 사업'에 포함된다.
** 2016년도 결산 설명 자료

다. 사업 책임자가 자본 시장에 대해 직접 설명하는 것은 매우 보기 드물다(D. 이해관계자 커뮤니케이션).

앞에서 언급한 사업 간 사내 경쟁을 마다하지 않는 자세에서 알 수 있듯이 리크루트에서 권한과 책임 위양은 이제 기업 문화의 근간이 될 정도로 철저히 이뤄진다. 일상적인 사업 운영과 전략 수립에 홀딩스가 거의 개입하지 않아 사업 책임자가 외부에 책임지고 설명하는 행위가 매우 자연스럽게 실현되고 있다.

망해가던 지역의 담배회사가
위기를 기회로 만든 비결

JT

Finance Thinking

A. 외부 자금 조달: 도쿄증권거래소 1부에 상장하면서 해외 담배 사업
   인수를 위한 자금을 확보했다.

B. 자금 창출: 실적이 좋은 상황에서 공장을 폐쇄하는 등 경영 합리화를
   달성해 사업 인수를 위한 현금흐름을 창출했다.

C. 자산의 최적 배분: 대규모 해외 M&A를 실시하고 인수한 사업의 성
   장을 위해 적극적으로 투자하여 포트폴리오를 개편했다. 유휴 부동산
   의 유동화와 매각으로 자산을 최적화했다.

D. 이해관계자 커뮤니케이션: 해외 투자자의 요청으로 비용 11억 엔을
   들여 IFRS를 임의 적용했다.

미국 기업이나 오너 기업만이 파이낸스 사고를 토대로 경영하는 것은 아니다. 외부 환경이 급변하는 상황에서 과감하고 계획적으로 해외 M&A를 추진하여 일본 지방 기업에서 글로벌 기업으로 거듭난 대표적인 사례가 'JT'라는 약칭으로 잘 알려진 일본담배산업주식회사(이하 JT)다.

JT는 담배·소금·장뇌(의약품이나 향료 등에 쓰이는 화합 물질)의 전매 업무를 했던 일본전매공사를 전신으로 1985년에 최초 설립됐다. '일본담배산업주식회사법'에 의해 주식의 3분의 1 이상을 일본 정부(현 재무성)가 보유하도록 규정된 특수 회사다. 회사는 일본산 잎담배를 전량 매입해야 하며, 일본 내 담배 제조 독점권을 갖고 있다.

JT의 출범은 설립 당시부터 파란만장했다. 1985년 민영화·설립과 함께 일본 담배 시장이 해외 제조사에 개방됐다. 그리고 거시 환경도 급변했다. 1985년에 체결한 플라자합의(미국, 영국, 독일, 프랑스, 일본의 재무장관과 중앙은행장들이 미국 달러 가치를 내리고 엔화 가치를 높이려는 목적으로 체결한 합의 – 옮긴이)로 미 달러화의 가치가 하락하여 1달러 250엔이던 환율은 불과 3년 만에 1달러 125엔으로 단숨에 2배까지 치솟는 엔화 강세를 보였다. 1987년에는 미국통상대표부와 일본 정부의 협상으로 궐련(얇은 종이로 말아 놓은 담배)의 관세율이 0이 됐다. 민영화 직후부터 급격한 엔화 강세, 외국산 담배의 관세 철폐, 담배 인구의 감소 등으로 JT는 치열한 경쟁 환경에 노출됐다.

이러한 역풍을 맞으며 1988년에 회사는 경영 전략을 세우기 위해 일본 담배 사업의 총 매출 수량을 예측하는 조사를 했다. 흡연율이 높은 20~60세의 인구 감소와 1인당 명목 GDP의 추이로 봤을 때 일본 국내 담배 소비량이 10년 후인 1998년을 기점으로 감소세로 돌아설 것이라는 결과가 나왔다.

해외 사업을 적극적으로 인수

JT는 일본 국내 시장이 축소될 것이라는 예측과 해외 기업의 참여로 치열해진 경쟁 환경에 노출돼 해외 사업을 확대해야 한다는 위기감에 휩싸였다.

해외로 사업을 확장할 때 걸림돌이 된 것이 일본산 담배를 해외에서 판매할 때 발생하는 높은 관세였다(당시 EU의 담배 관세율은 90퍼센트). 해외 담배 사업에서 채산성을 맞추려면 담배를 판매하는 나라에서 원재료인 잎담배를 조달하고 담배 제조와 판매를 일괄적으로 해야 했다. 그리고 이미 선진국에서는 담배 광고 선전이나 판매 촉진에 규제가 도입되어 백지상태에서 브랜드를 만들기 매우 어려웠다.

JT는 이러한 역풍과 장애물을 극복하고 해외에서 사업을 설립하기 위해 해외 M&A를 주축으로 하는 성장 전략을 세우고 계획적으로 사업을 인수해 왔다(도표 19). 기존 사업에서 현금흐름을 창출

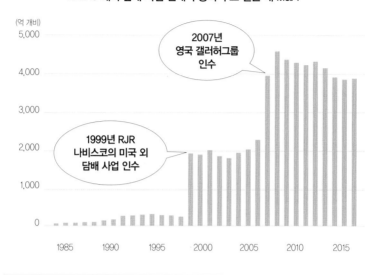

도표 19 **해외 담배 사업 판매 수량과 주요 일본 내 M&A**

하고 M&A를 위해 자금을 축적하면서 미국 RJRI(9,420억 엔)나 영국 갤러허그룹^{Gallaher Group}(2조 2,500만 엔) 등의 대형 인수에 대비했다. 그 결과 오늘날 JT의 실적은 해외 사업이 주축이 되어 이끌어가게 됐다(도표 20).

글로벌화를 향한 JT의 전략은 기존 사업에서 창출된 현금을 성장을 위한 M&A에 투자했다는 점에서 'B. 자금 창출'과 'C. 자산의 최적 배분'이 잘 맞물린 성공 사례다.

M&A로 인수한 회사에 성장을 위한 투자를 적극적으로 실시한 점도 해외 사업의 성공 요인이다.

이를테면 1999년에 인수한 RJRI의 경우, 모회사인 RJR나비스코^{RJR NABISCO}가 사모펀드의 선구자인 KKR에 인수됐을 때 고액의

도표 20 **JT의 해외 수익은 30여 년 사이에 60퍼센트로 증가**

	1985년도	2006년도	2017년도
JT 일본 내 판매 수량	3,032억 개비	1,749억 개비	1,514억 개비
JT 해외 판매 수량	14억 개비	2,401억 개비	3,985억 개비
⋮	⋮	⋮	⋮
매출수익(세후)	10,109억 엔	20,087억 엔	21,397억 엔
일본 내 담배 사업	100%	58.4%	29.3%
해외 담배	−	24.1%	57.8%
의약 사업	−	2.4%	4.9%
식품 사업	−	13.9%	7.6%
기타	−	1.2%	0.4%

부채를 안고 있었다. 모회사의 부채를 갚기 위해 자회사인 RJRI는 어쩔 수 없이 지나친 비용 삭감과 인원 감축을 실시하게 되어 경쟁력을 완전히 잃고 말았다. JT가 인수하기 전 RJRI는 모회사 RJR나 비스코의 현금인출기 역할을 했다.

RJRI 인수 후 JT는 브랜드 가치 회복을 위해 마케팅에 추가로 1억 달러를 투자했다. 당시 JT의 해외 담배 사업은 EBITDA가 3억 3,800만 달러에 불과했던 점을 생각하면 1억 달러의 투자는 상당한 규모였음을 짐작할 수 있다.

자원 배분과 관리 방식 재정비

해외 담배 사업의 확장에 따른 거액의 차입을 줄이고 새로운 사업 투자를 위한 원재료를 확보하기 위해 자산 배분을 재정비한 점에서도 JT가 성공적인 경영 전략을 펼쳐 왔음을 알 수 있다. 해외 사업을 확대하며 각사에서 지역별로 현금이 창출돼도 그것을 본사에서 일원적으로 관리하지 못하면 기껏 창출한 자금을 제대로 활용할 수 없다. 그래서 JT는 그룹 내 여기저기 흩어져 있는 자금을 국경을 초월하여 최소 비용으로 이동하는 체제를 구축했다.

체제를 정비한 배경에는 RJRI를 인수한 후 재무 기능 강화가 중요한 과제로 떠오른 점과도 관계가 있을 것이다. 그때까지 분리돼 있던 자금 관리, 외환 관리, 세무, 경영 기획을 통합하고 연결 결산의 조기화와 CMS^Cash Management Service(자금관리시스템) 도입을 전사 프로젝트로 추진했다.

JT는 대기업 유통 업체에 임대했던 일본 국내 공장 철거 부지를 이용한 상업 시설을 J-REIT(부동산투자신탁)화하여 그것을 관리하는 회사를 프런티어부동산투자법인^FRI으로 상장했다. 이로써 유휴 부동산을 유동화하는 데 성공했다. 제조사가 J-REIT를 설립한 것은 JT가 일본 최초였다. 그 후 대규모 상업 시설의 개발 규제가 엄격해져 JT와의 시너지 효과가 줄어든 까닭에 프런티어부동산투자법인은 2008년에 미쓰이부동산^Mitsui Fudosan에 매각됐다.

2005년에는 당시 JT 판매량의 약 12퍼센트를 차지한 말보로의 일본 내 판매 라이선스를 중단하겠다는 결정을 내렸다. 글로벌 시장에서 라이벌 관계였던 필립모리스^{Philip Morris}의 말보로를 판매함으로써 자사의 경영 자원을 경쟁사 브랜드에 제공하는 상황이었으며 장기적으로 라이선스 계약이 계속되리란 보장이 없는데 말보로에 대한 의존도가 높은 채로 두는 것은 리스크 방치로 이어진다는 판단에 근거한 의사결정이었다. 그 결과 JT는 당시 영업이익의 30퍼센트에 상당하는 500여억 엔을 잃게 됐다. 하지만 당장의 이익에 현혹되지 않고 글로벌 시장에서 자사 사업을 성장시키겠다는 신념을 보여 줬다.

사업 합리화 단행

회사는 해외 사업 인수 후, 현금흐름을 창출하기 위해 사업 합리화를 철저하게 추진했다(B. 자금 창출). RJRI는 1999년에 JT에 인수된 뒤에도 높은 수준의 매출과 이익을 유지했지만 회사는 2002년부터 경영 합리화를 실시했다. 실적이 좋은 상황에서 경영 합리화를 실시하기로 한 결정, 사원에게 퇴직금 지급을 위한 현금 유출 등좀처럼 내리기 힘든 결단이다. 하지만 현금흐름 창출을 위한 이 같은 대책이 있었기에 2007년에 갤러허그룹을 인수할 수 있었다고 신가이 야스시^{新貝康司} 당시 CFO는 말했다. 같은 구조조정이라도 장기적인 기업 가치 향상의 관점에서 실시했다는 점이 단기적 현금흐름 창출을 위해 실시된 인수 전의 RJRI의 비용 삭감과는 대조적이다.

게다가 회사는 역대 최고 이익이 예측된 2013년에도 일본 내 담배 제조 공장 9곳 가운데 4곳을 폐쇄하면서 본사 직원의 20퍼센트에 해당하는 1,600명의 희망퇴직을 받았다. 실적이 좋을 때 구조조정을 실시했다는 점에서 현금 창출에 대한 회사의 강한 의지를 엿볼 수 있다. 같은 비용 삭감이라도 단기적인 손익 수치에 집착한 나머지, 실적이 나빠지고 나서야 구조조정을 하는 사고에서 비롯된 행위와는 의미가 전혀 다르다.

신가이 당시 CFO는 다양한 파이낸스적 측면에서 회사를 운영할 때 CFO를 경영자인 CEO의 재무 브레인, 자본 시장과 금융 시장의 대화 창구, 재무 기능의 리더라고 정의하며 회계나 세무 전문가의 연장선상에 있는 직무와는 다르다고 밝혔다. 그는 CFO의 역할 가운데 하나로 자본 시장, 금융 시장 등의 외부 이해관계자와 대화를 통해 양호한 관계를 구축하고 유지하는 것을 꼽았다(D. 이해관계자 커뮤니케이션).

비용 11억 엔을 들여 IFRS(국제회계기준)를 도입한 것도 이런 철학을 보여 주는 사례다. 2018년 시점에서 JT는 세계 담배 제조사 톱 5에 드는 매출을 자랑하고 있다. 경쟁사들이 미국회계기준이나 IFRS로 실적을 공시하고 있어 같은 기준으로 숫자를 내길 바란다는 투자자의 요청이 잇따랐다. 이러한 요청에 따라 공시 수준을 높여 투자자의 신뢰를 얻게 되어 국제 자본 시장에서 효율적으로 자금을 조달할 수 있게 됐다.

지방의 작은 페인트회사가 글로벌 강소기업이 된 이유

간사이페인트

A. 외부 자금 조달: 글로벌 시장 진출을 가속화하기 위한 전환사채(일정한 조건 아래 채권을 발행한 회사의 보통 주식으로 전환할 수 있는 권리가 부여된 사채 – 옮긴이) 발행으로 자금 100억 엔을 획득했다.

C. 자산의 최적 배분: 해외 M&A를 통한 글로벌화와 자동차 도료, 공업용 도료, 범용(건축·자동차 보수) 도료의 세 가지 체제로 사업을 재편했다.

D. 이해관계자 커뮤니케이션: 자금 조달·인수 전 단계부터 글로벌화 추진을 내세웠고 해외 M&A를 실시함으로써 실행에 옮겼다.

지방 기업이면서도 해외 대기업과의 경쟁을 의식한 자금 조달 전략과 적극적인 M&A로 빠르게 성장한 회사가 간사이페인트다.

1918년에 효고 현 아마가사키 시에서 설립된 도료 제조사 간사이페인트는 약 80개국(2018년 기준)에서 사업을 전개하는 글로벌 기업이다. 자동차 도료 제조사로서는 세계 톱 5, 전체 도료 업계에서도 세계 톱 10에 들어간다. 2016년도 연결 매출액은 3,302억 엔이며 해외 매출 비중은 59퍼센트에 달했다. 내수 시장 위주의 도료 제조사였던 간사이페인트가 해외 매출 비중을 높인 배경에는 M&A를 활용하여 해외 시장을 개척해 온 역사가 있다.

2000년 당시 1,800억 엔 정도였던 간사이페인트의 매출액은 자동차 도료 사업을 중심으로 꾸준히 성장하여 2008년 3월기에는 2,865억 엔까지 증가했다. 그 과정에서 회사의 해외 매출 비중은 21퍼센트에서 37퍼센트로 성장했다.

B2B와 B2C 양립을 위한 도전

그런데 리먼 사태 후인 2009월 3월기, 매출액은 단번에 2,300억 엔 정도까지 떨어지고 10퍼센트 이상 수입이 줄어들면서 수익성도 급격히 악화됐다. 그때까지 간사이페인트의 글로벌화는 고객인 일본 대기업 자동차 제조사의 해외 진출에 편승하여 자동차 제조사가 신설하는 공장 부근에 자사 도료 공장을 세우는 방식으로 실현됐다. 리먼 사태 후 실적 악화로 자동차용 도료에 의존도가 높다는 점이 드러나 회사는 사업 포트폴리오를 다각화할 필요성을 느꼈다.

당시 일본 도료 시장은 축소세를 보이리라 전망됐으며 전 세계 도료 시장은 신흥 시장이나 건축 도료를 중심으로 확대되고 있었고, 글로벌 대기업 도료 제조사는 M&A로 사업 확장을 가속화했다. 메이저 도료 업체의 과점화에 대응하지 않으면 세계 도료 업계의 조류에 합류하지 못할 수도 있는 상태였다.

이런 상황에서 간사이페인트는 자동차 도료에만 의존하지 않고 공업용 도료, 범용(건축·자동차 보수) 도료를 포함한 세 가지 체제로 사업을 전개하면서 자동차 제조사에 의존하지 않는 글로벌화라는 과제를 수행해 나갔다. 자동차 제조사를 대상으로 하는 사업뿐만 아니라 범용 사업에도 착수한다는 것은 일반 고객을 대상으로 하는 사업에도 새롭게 주력하겠다는 의미다.

간사이페인트의 사업 다각화는 B2B와 B2C라는, 성격이 다른 두 가지 비즈니스 모델을 양립하게 하려는 도전이기도 했다. 간사이페인트는 이러한 전략을 실현하기 위해 2011년 이후 이시노 히로시石野博 사장이 중심이 되어 해외 M&A를 본격적으로 실시했다. 주요 M&A 내용은 도표 21과 같다(C. 자산의 최적 배분).

해외 M&A를 실시한 결과 2007년 기준 45퍼센트까지 상승했던 자동차 관련 매출액이 2016년에는 38퍼센트로 떨어졌고, 대신 건축용 도료의 매출 비중이 17퍼센트에서 26퍼센트로 상승했다.

사장을 위한 마지막 경영 수업

2011년	남아프리카에서 30%의 시장 점유율을 자랑하는 프리월드코팅스Freeworld Coatings를 약 300억 엔에 인수. 이 회사는 내장용, 건축용 도료로 유명하며 매출액은 약 330억 엔(2010년 9월기).
2011년	짐바브웨 최대 기업으로 40%의 시장 점유율을 자랑하는 아스트라인더스트리 Astra Industries를 약 440만 달러에 인수.
2016년	오스트리아 헬리오스Helios를 약 700억 엔에 인수. 철도 차량용 등의 공업용 도료로 북미와 유럽에서 유명하며 매출액은 약 500억 엔(2015년 12월기).
2016년	말레이시아 유수의 건축 도료 제조사SPI 인수. 매출액은 약 17억 엔.
2017년	동아프리카 지역 도료 시장에서 시장 점유율 1위를 자랑하는 새돌린그룹Sadolin Group을 인수. 매출액은 약 96억 엔(2015년도).

또 2007년 기준 37퍼센트였던 해외 매출 비중은 2017년에는 약 60퍼센트까지 성장했다.

준비된 자본 축적의 결실

간사이페인트의 적극적인 해외 M&A는 글로벌 대기업과의 인수전에 대비해서 자본을 축적해 두었기에 실현 가능했다. 2016년에 실시한 헬리오스의 대규모 인수에 앞서 간사이페인트는 전환사채 1,000억 엔을 발행했다(A. 외부 자금 조달). 대규모 자금 조달이나 대규모 인수를 실시하기 전부터 간사이페인트는 글로벌화 추진이라는 기본 방침을 대외적으로 내세웠다. 그리고 실제로 해외

M&A를 적극적으로 체결함으로써 회사의 발언을 책임지는 모습을 보였다(D. 이해관계자 커뮤니케이션).

이러한 실적 덕분에 글로벌 진출을 가속화하겠다는 설명만으로 전환사채를 발행할 수 있었으며, 그렇게 조달한 자금으로 헬리오스를 인수하는 데 성공했다. 간사이페인트의 사례를 통해 IR은 하루아침에 이뤄지지 않는다는 사실을 알 수 있다. 'D. 이해관계자 커뮤니케이션'과 'A. 외부 자금 조달'을 일관되게 실천한 결과, 글로벌화를 실현하여 파이낸스 사고를 구현할 수 있었다.

산업이 망해도 두 배로 성장한 필름카메라 기업의 비결

코니카미놀타

A. 외부 자금 조달: 자기자본 증강, 은행 차입에 의존하는 체질 개선, 금리 비용 절감을 위한 전환사채형 신주 예약권부사채CB로 자금을 조달했다.

B. 자금 창출: 사업 축소로 현금을 창출했다.

C. 자산의 최적 배분: 사양세에 있는 필름·카메라 사업을 매각·철수하고, 복합기 사업 및 광학 디바이스 사업을 성장 사업으로 선택하여 집중했다.

D. 이해관계자 커뮤니케이션: 인터넷 사이트에 적극적으로 정보를 공시하고 KPI를 공개하는 등, 자본 시장과의 커뮤니케이션을 의식한 전략을 펼쳤다.

자사 상황을 객관적으로 파악하여 공격과 수비의 재무 전략을 실시한 회사가 코니카미놀타다. 코니카미놀타는 2003년 8월에 필름 사업을 주력으로 하는 코니카와 카메라 사업을 주력으로 하는 미놀타의 경영 통합으로 출범했다(도표 22).

당시 코니카가 전개하는 필름 사업에는 코닥Kodak이나 후지필름 Fujifilm 같은 대기업 경쟁사가 있었다. 미놀타가 전개하는 카메라 사업 또한 캐논Canon이나 니콘Nikon 같은 대기업 경쟁사가 있었다. 두 회사 모두 각각의 업계에서 중견 업체의 위치였다. 당시 필름 사업과 카메라 사업은 둘 다 디지털카메라로 급격히 전환되면서 중견 업체로서는 단독으로 사업을 전개하기 어려운 상황이었다.

게다가 통합 전 코니카와 미놀타의 자기자본 비율은 각각 35.1퍼센트, 15.8퍼센트로 매우 낮았다. 특히 미놀타는 2002년 3월기에 344억 엔의 적자를 기록해 자기자본이 465억 엔까지 떨어지는(자기자본 비율은 10.9퍼센트) 등 재무적인 면에서 어려운 상황에 처했다.

코니카미놀타의 탄생은 시장 환경이 급변하는 가운데 각 사의 재무 상황을 고려한 생존을 위한 경영 통합이었다.

탈필름 사업의 고난

통합 후 부채가 많은 재무 상황을 개선하고 새로운 사업의 초석을 다지는 것이 통합 전부터 이어진 코니카미놀타의 주요 경영 과

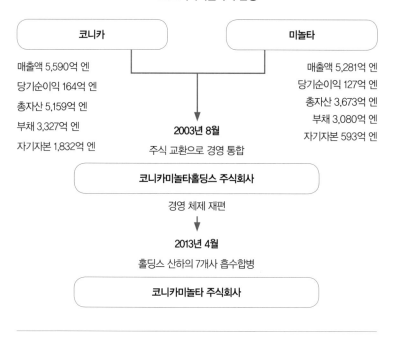

도표 22 **코니카미놀타의 탄생**

코니카	미놀타

매출액 5,590억 엔
당기순이익 164억 엔
총자산 5,159억 엔
부채 3,327억 엔
자기자본 1,832억 엔

매출액 5,281억 엔
당기순이익 127억 엔
총자산 3,673억 엔
부채 3,080억 엔
자기자본 593억 엔

2003년 8월
주식 교환으로 경영 통합

코니카미놀타홀딩스 주식회사

경영 체제 재편

2013년 4월
홀딩스 산하의 7개사 흡수합병

코니카미놀타 주식회사

제였다. 사업을 강화하기 위해서도 재무 상황을 개선하고 투자 여력을 마련해야 했다. 또 사업의 선택과 집중을 통해 비주력 사업을 정리하려면 재무 체력이 튼튼해야 했다.

당시 코니카미놀타는 기존 사업 정리와 새로운 사업 구축, 재무개선을 동시에 실현해야 했다. 통합 후의 혼란기에 이러한 활동을 해야 했기에 경영 면에서 더욱 힘들었다.

통합 후에도 디지털카메라의 대중화로 코니카미놀타의 필름 사업과 카메라 사업은 점점 더 어려워졌다. 대기업 경쟁사였던 캐논은 인쇄 사업이 호조를 보였으며 디지털카메라로 전환되는 가운데

서도 여전히 인기였던 일안 반사식 카메라 분야에서 경쟁력을 계속 유지했다. 필름 사업에 역풍이 불어 대기업인 후지필름 또한 어려운 시장 환경에 노출됐지만 탄탄한 재무 구조를 기반으로 사업 인수를 통해 의약 부문으로 사업을 크게 전환했다. 재무 체력이 허약한 코니카미놀타는 이러한 사업 전환이 어려웠다.

2003년 시점에서 향후 필름 시장과 카메라 시장이 급격히 축소될 것으로 전망되어 코니카미놀타는 구조 개혁을 통한 사업 기반 정비와 채무 변제를 통한 재무 구조 개선 및 강화에 나서야 했다. 실제로 세계 최대의 필름 제조사였던 코닥은 이러한 환경 변화에 제대로 대응하지 못해 2012년에 챕터 11^{Chapter 11}(미국 연방 파산법 제11장. 회사의 회생 절차를 규정한 조항으로 우리나라의 기업회생절차와 비슷한 제도 – 옮긴이)에 따라 파산 처리를 했다.

다음 여섯 가지 사항은 경영 통합 전에 코니카미놀타가 내세운 기본 경영 전략이다.

- 철저한 사업 포트폴리오 재편
- 그룹 관리 시스템 운영
- 이미징^{imaging} 영역에 코니카미놀타의 브랜드 침투
- 그룹의 중점 기술 전략 추진
- 인사 철학에 따른 실력 있는 인재 발굴
- 기업의 사회적 책임 중시

통합 후 코니카미놀타는 기본 경영 전략에 따라 개혁을 추진했다. 특히 철저한 사업 포트폴리오 재편을 위해 복합기 사업을 핵심 사업으로 하여 사업 확장과 현금흐름 창출을 목표로 삼았으며, 광학 디바이스는 전략 사업으로 정해 '광학 디바이스 업계에서 세계 최고가 되겠다'고 선언했다. 한편, 세계 최초의 자동초점 카메라 개발에 성공한 카메라 사업과 일본에서 처음으로 컬러 필름을 판매했던 필름 사업은 구조 전환 사업으로 정해 사업의 선택과 집중을 추진했다.

2006년, 코니카미놀타는 디지털 일안 반사식DSLR 카메라 사업을 공동 개발 파트너였던 소니SONY에 양도하고 증명사진 사업과 사진 관련 제품의 일본 내 판매 사업은 다이닛폰인쇄Dai Nippon Printing에 양도했다. 수익성이 오르지 않았던 카메라 사업과 사진 사업을 처분한 것이다. 이에 따라 전 세계 사원 3만 3,000명의 10퍼센트에 상당하는 3,700명의 인원을 감축했다.

반면에 핵심 사업으로 정한 복합기 사업에서는 대기업이 다양한 제품 라인업으로 승부를 보는 가운데, 필름 사업에서 키운 화학 분야의 강점을 활용해 컬러 복합기로 교체할 것을 대기업보다 먼저 고객에게 권유했다. 복합기 시장의 점유율을 확대하고 토너 판매로 소모품 사업의 기반을 다짐으로써 중견 인쇄기 제조사에서 준 대기업 급으로까지 복합기 사업을 끌어 올리는 데 성공했다. 컬러 복합기로 교체를 추진한 사례는 코니카와 미놀타, 양사의 강점을 활용해 사업 영역을 선택했기에 실현 가능한 전략이었다.

회사는 이러한 선택과 집중, 사업의 축소를 추진하면서 현금을 창출하고 재무 상황을 개선했다. 2009년부터는 적극적으로 사업을 인수하여 통합 전에는 두 회사 합쳐 2,200억 엔 정도였던 순자산이 2018년 기준 5,400억 엔(IFRS)으로 늘어났다.

사업 포트폴리오의 성공적 재편

지금부터는 경영 통합 이후 코니카미놀타의 기업 활동을 종합적 재무 판단의 관점에서 살펴보겠다.

통합 전부터 회사의 재무 체질을 개선하고 사업 포트폴리오를 재편하는 것이 급선무였다. 특히 재무 체질에 대해서 회사는 자기자본 비율 개선, 자기자본 증가, 부채 감소라는 과제를 안고 있었다. 이러한 과제를 해결하고자 통합 전 두 회사의 주력 사업이었던 필름 사업과 카메라 사업의 매각 및 철수를 단행했다. 어떤 의미에서는 대기업 경쟁사보다 규모는 작았지만 디지털카메라로 전환이 진행되는 상황에서 일찍이 위기를 맞았기에 미리 고정비 등을 삭감하는 방식으로 위기에 대처할 수 있었다.

코니카미놀타는 카메라 사업과 필름 사업을 철수한 2006년, 전환사채형 신주 예약권부사채로 자금을 조달했다. 대기업과 경쟁하기 위해 자기자본을 늘릴 목적이었다. 당시 대기업 경쟁사들은 글로벌 판매망 획득을 위한 대규모 인수전에 돌입했다. 이런 상황에서 중견업체라도 대기업을 따라잡으려면 자금을 확보해야 했다. 그리고 2010년에는 통합 후 처음으로 일반사채를 발행했다. 기존의 금융기관 차입보다 더 넓은 자본 시장에서의 자금 조달을 시도한 것이다.

재무 체질이 정비된 2009년 이후에는 M&A 등을 통해 더욱 적극적으로 투자 활동을 펼쳤다. 회사는 주로 솔루션 영역에서 수십 건의 M&A를 실시했다. 대부분 수십억 엔 정도의 소규모 M&A였으며, 이 시기에 대규모 인수를 진행한 리코Ricoh나 후지필름같은 대기업 경쟁사와는 대조적인 행보를 보였다.

2017년 7월에는 산업혁신기구와 공동으로 유전자 진단 기업인 미국 앰브리제네틱스Ambry Genetics를 약 1,000억 엔에 인수한 데 이어 같은 해 9월에는 신약 개발 지원 기업인 미국 인비크로Invicro를 약 320억 엔에 인수했다. 회사가 특정 영역에 집중하여 사업을 인수했음을 알 수 있다.

주주 환원에 대해서는 2014년 1월 창업 이래 처음으로 200억 엔 규모로 자사주를 매입했다(발행 주식 총수의 3.8퍼센트를 상한). 같은 해 7월에도 약 100억 엔의 자사주를 매입했다(발행 주식 총수의 2.0퍼센트 상당. 도표 23).

회사는 재무 체질을 강화하면서 주주에게 환원하겠다는 뜻을 내비쳤다. 야마나 쇼에이山名昌衛 사장은 "현금흐름은 연간 400억 엔 정도 발생시킬 여력이 있고 보유 자금은 1,500~1,600억 엔 정도면 충분하다."라고 했으며 성장을 위한 투자에 필요한 자금을 고려

도표 23 **코니카미놀타의 환원 성향 추이**

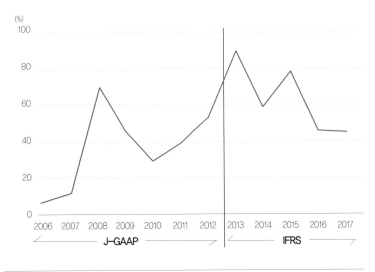

하면서도 투자와 환원의 밸런스를 의식한 방침을 분명히 내세웠다.

2003년 재무 위기 상황에서 사업의 선택과 집중을 통해 현금을 창출하고 자금 조달로 자기자본 비율을 올려 거기서 획득한 현금을 인수 등의 투자로 돌림으로써 사업 포트폴리오를 재편하고, 여력이 생기자 주주 환원 방침을 내세운 회사의 변천 과정을 확인할 수 있다(도표 24).

코니카미놀타는 IR 활동이 뛰어난 회사로도 유명한데 펀드평가회사 모닝스타Morning Star가 발표하는 'Gomez IR 사이트 랭킹'에서 금상을 수상하고, 다이와IRDaiwa IR이 선정하는 '인터넷 IR 표창'에서 여러 해 연속으로 최우수상을 수상했다(D. 이해관계자 커뮤니케이션). 회사의 IR이 높게 평가되는 이유로 인터넷 사이트에 적극

도표 24 **코니카미놀타의 포트폴리오 변혁**

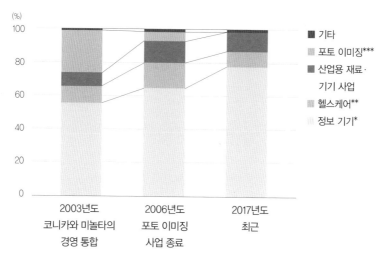

(%)

- 기타
- 포토 이미징***
- 산업용 재료·기기 사업
- 헬스케어**
- 정보 기기*

2003년도
코니카와 미놀타의
경영 통합

2006년도
포토 이미징
사업 종료

2017년도
최근

* 정보 기기: 2017년도는 오피스 사업과 프로페셔널 프린트 사업의 합산치

** 헬스케어: 2010년도까지는 그래픽 사업 수치 포함

*** 포토 이미징: 카메라 사업과 포토 사업의 합산치

적으로 정보를 공시하고 KPI 공개 등 자본 시장과의 커뮤니케이션을 늘 의식하면서 운영하는 점, 경쟁사보다 먼저 실시한 비용 삭감과 사업 철수 등 기본 전략으로 선언한 내용을 이행해 이해관계자의 신뢰를 얻은 점을 꼽을 수 있다.

20년간 불황이던 제조업 회사가
사상 최대 적자를 타개한 방법

히타치제작소

A. 외부 자금 조달: 공모증자와 전환사채형 신주 예약권부사채를 통한 약 4,000억 엔의 자금 조달로 재무 위기 상황에서 탈출했다.

B. 자금 창출: 비용 삭감·비주력 사업에서 발생한 거액의 적자 지혈, 사내 컴퍼니제를 통해 사업 책임자에게 손익계산서와 재무상태표에 대한 책임을 위양했다.

C. 자산의 최적 배분: 성역화된 그룹사의 완전 자회사화, HDD사업 매각 등의 취사선택으로 자금을 개선했다.

D. 이해관계자 커뮤니케이션: 주요 자회사 사장이 애널리스트·보도진에게 사업 상황을 설명하는 '히타치 IR 데이Hitachi IR Day'를 개최했다.

히타치제작소의 변혁은 자본 시장과의 약속을 이행하여 경영 위기를 극복한 좋은 예다.

히타치제작소는 히타치 광산에서 사용했던 기계의 수리·제조 부문이 독립해서 1910년에 설립된 일본 최대의 종합 전기·전자기기 제조회사다. 10조 엔 규모의 매출을 자랑하고(도표 25), 30만 명 이상의 직원이 재직하며, 전 세계적으로 사업을 영위하는 히타치는 전통적인 일본 기업의 특징을 가진 대기업이다. 한 자릿수대 초반의 저수익성, 1배 안팎의 저PBR(주가순자산비율, 주가가 그 회사의 1주당 순자산의 몇 배인지 나타내는 지표 - 옮긴이)이라는 일본 전기·전자기기 제조회사의 공통적인 특징을 보인 히타치제작소는 자본 시장에서 그다지 높은 평가를 받는 회사는 아니었다.

그룹 경영 최적화를 모색해 온 역사

폭넓은 사업 영역을 구축한 히타치 그룹은 900개가 넘는 자회사(2009년 기준)와 전기·전자기기 업계에서 가장 많은 16개의 상장 자회사를 보유하고 있었다. 사업이 비대해진 것이다.

상장 자회사는 상장 기업으로서 어느 정도 독립성이 요구되는 한편, 모회사인 히타치제작소의 의견도 무시할 수 없어 재무적인 측면에서 제약이 있었다. 모회사 산하에 있어 경영적인 측면에서 모회사에 의지하기 쉬운 구조이기도 했다.

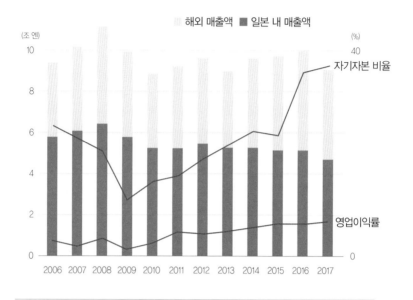

도표 25 **히타치제작소의 실적**

해외 매출액 ■ 일본 내 매출액

(조 엔)

자기자본 비율

영업이익률

2006 2007 2008 2009 2010 2011 2012 2013 2014 2015 2016 2017

반대로 히타치제작소는 상장 자회사의 경영을 100퍼센트 장악
하지 못하기 때문에 사업 연계를 추진하기 어렵고 수익성이 모호
한 사업을 안고 가야 했다. 재무적으로 봐도 많은 외부 주주가 존
재하는 상장 자회사에서는 소수 주주의 몫인 이익이나 현금흐름을
히타치제작소가 100퍼센트 가지지 못하는 비합리적인 구조였다.

2003년, 히타치제작소는 반도체 사업을 분리했다. 반도체 사
업은 미쓰비시전기Mitsubishi Electric에서 분사된 반도체 사업과 통합된
후, 르네사스테크놀로지Renesas technology(현 르네사스일렉트로닉스)로
독립하여 서서히 히타치제작소와 관계가 멀어져 갔다. 그 밖에도
히타치제작소는 2000년대에 프린터 사업을 비롯한 하드웨어 사업

의 일부를 매각했다. 이처럼 회사는 자회사를 정리해 왔지만 사업을 크게 전환하거나 M&A를 통해 성장을 가속화하는 GE, IBM, 지멘스SIEMENS 같은 해외 경쟁사에 비하면 매우 제한적이고 지지부진한 변화였다.

리먼 사태가 일어나기 전인 2008년 상반기 도요타TOYOTA, 파나소닉Panasonic, 소니, 샤프SHARP 같은 일본의 주요 제조사가 최고 이익을 기록한 반면에 히타치는 2007년 상반기, 2008년 상반기에 연달아 적자를 냈다. 당시 히타치금속Hitachi Metals, 히타치케미컬Hitachi Chemical, 히타치전기Hitachi Construction Machinery, 히타치하이테크놀로지 Hitachi High-Technologies 같은 주 수입원 사업이 최고 이익을 계상하는 등 상황이 매우 좋았는데도 모회사와 비상장 자회사는 막대한 적자를 내고 있었다.

특히 평면 텔레비전, HDD, 전력 사업이 회사의 발목을 잡았다. 평면 텔레비전 사업은 가격이 큰 폭으로 하락해 이익 확보가 어려운 상황에서 판매 수량도 늘지 않았고, HDD 사업은 2002년 인수 이후 경영 통합이 잘 진행되지 않았으며, 전력 사업은 납품한 원자력발전 터빈 불량과 해외 화력발전소 공사가 지연되는 등, 제각각의 사정으로 큰 손실이 발생했다.

경영 위기를 맞기 전부터 적자 사업 퇴출이 현안으로 떠올랐었지만 많게는 하나의 사업에 직원 수천 명이 근무하고 있고 담당자의 감정적인 저항도 있어 냉정한 논의가 이뤄지지 않은 채 적자 상태가 지속됐다.

성역 없는 개혁을 단행하다

이런 상황에서 2008년 리먼 사태가 터지고 금융 위기를 맞게 되어 2009년 상반기에 히타치는 당기순손실 7,873억 엔을 계상했다. 당시 일본 제조업 사상 최대의 적자였으며(2016년도 도시바의 당기순손실은 9,657억 엔), 직전 기인 2008년 상반기의 순자산 합계액 3조 3,000만 엔을 보유하고 있었다 해도 회사에 큰 타격을 주는 실적 악화였다. 히타치는 상장 이후 처음으로 배당을 실시하지 않았으며 자기자본 비율이 전년도 20.6퍼센트에서 11.1퍼센트로 급격히 하락했다. 한때 '재무의 히타치'라고 불렸던 시절에는 상상조차 할 수 없는 재무 위기 상황에 빠졌다.

궁지에 몰린 회사는 경영진을 쇄신했다. 자회사 회장을 지낸 당시 69세의 가와무라 다카시_{川村隆}가 회장 겸 사장으로 취임했다. 그때까지 히타치제작소에서는 경영진으로 재직하면 자회사의 경영자로 전출되는 것이 일반적인 인사 관행이었다. 2003년에 부사장에서 물러난 뒤 상장 자회사 경영자로 전출됐던 가와무라 사장이 다시 히타치제작소 사장으로 돌아온 것은 굉장히 이례적인 경영진 인사로, 회사의 위기감을 여실히 보여 준다.

가와무라 사장은 핵심 사업인 사회 이노베이션 사업에 경영 자원을 집중하겠다고 선언했다. 전력, 산업 시스템, 도시 개발 같은 인프라 사업과 IT의 융합을 진행하는 동시에 V자 회복을 위해 자회사를 정리하는 등 채산성 없는 사업을 철수했다(도표 26). 특히 눈에 띄는 점이 상장 자회사 5개사(히타치정보시스템^{Hitachi Information} Systems, 히타치소프트웨어엔지니어링^{Hitachi Software Engineering}, 히타치시스템앤드서비스^{Hitachi Systems&Services}, 히타치플랜트테크놀로지^{Hitachi Plant} Technologies, 히타치맥셀^{Hitachi Maxell})의 완전 자회사화다.

히타치는 전형적인 일본의 대기업이며 경영에 관련된 의사결정을 할 때 과거 경영진까지도 포함한 합의 형성을 중시하는 문화가 있다. 회사의 몸집이 비대해서 의사결정이 지연되는 상황을 가리켜 히타치 시간이라고 야유받을 정도였다. 그런 기업 문화에서 가와무라 사장은 2009년 3월 취임한 지 불과 몇 달 만에 오랜 현안이었던 자회사 정리를 위한 지침을 발표했다. 그만큼 사태가 매우 급했고, 라스트 맨(최종 책임자) 역할을 한 가와무라 사장의 각오가 느껴지는 일화이기도 하다.

히타치제작소는 상장 자회사 통합과 함께 비용 삭감, 비주력 사업 철수를 추진했다. 비용 삭감의 경우, 그룹 집중 구매 등을 통해 2009년도의 자재비를 3,000억 엔 정도 줄였다. 평면 텔레비전 사업은 자사 생산을 그만두고 플라스마 디스플레이의 패널 공장을 매각했다. 휴대전화 사업은 2010년에 NEC, 카시오계산기^{Casio Computer}와 함께 합작회사를 설립하고 출자 비율을 10퍼센트까지 낮춰 사실상 철수를 진행하는 등 거액의 적자를 해결하기 위해 노력했다.

한편 가와무라 사장은 사내 컴퍼니제(사내의 개별적인 사업 분야를 하나의 독립된 회사처럼 운영 - 옮긴이)를 도입해서 상장 자회사와 동일하게 6개의 컴퍼니제를 운영했다. 책임 소재가 불분명한 주요

가와무라 사장 시절에 실시된 자회사 정리 주요 내역

2009년 3월 히타치국제전기의 주식을 TOB(공개 매수)로 104억 엔을 투입해 13% 취득. 출자
비율이 약 52%에 달해 히타치제작소의 자회사가 됨

3월 자회사인 히타치공기의 주식을 TOB로 162억 엔을 투입해 10% 취득

10월 자회사인 히타치플랜트테크놀로지의 주식을 TOB로 307억 엔을 투입해 94%
취득

10월 자회사인 히타치맥셀의 주식을 TOB로 686억 엔을 투입해 91% 취득

10월 자회사인 히타치정보시스템의 주식을 TOB로 576억 엔을 투입해 98% 취득

10월 자회사인 히타치시스템앤드서비스의 주식을 TOB로 255억 엔을 투입해 99%
취득

10월 자회사인 히타치소프트웨어엔지니어링의 주식을 TOB로 730억 엔을 투입해
97% 취득

2010년 6월 NEC, 카시오계산기와 함께 합작회사 'NEC카시오모바일커뮤니케이션즈'를 설
립. 출자 비율은 10%

사업을 사내 컴퍼니로 구분하여 손익계산뿐 아니라 재무상태표에
대해서도 사업 책임자가 책임을 지는 방침으로 의식 개혁을 꾀했
다. 매년 IR 설명회에서 그룹 책임자가 대외적인 설명을 하게 된 것
도 이러한 개혁의 일환이다.

그리고 2009년 11월에는 공모증자와 전환사채형 신주 예약
권부사채를 통해 4,000억 엔의 자금을 조달하기로 발표했다(실제
조달액은 약 3,500억 엔). 자본 증강으로 재무 위기 상황에서 탈출
하려는 목적이었다. 일본 기업 대부분이 재무 위기 상황을 모면하
면 개혁의 고삐를 늦추는 데 반해 "나빴던 것을 보통으로 되돌렸을
뿐"(가와무라 사장), "전혀 만족하지 않는다"(나카니시 사장)는 당시

경영진의 발언처럼 히타치제작소는 개혁에 더욱더 박차를 가했다.

그룹 안팎의 개편

가와무라 사장은 취임하고 1년간 응급조치를 끝낸 뒤 사장에서 물러나 회장으로 전임했다. 2010년에 사장으로 취임한 나카니시 히로아키中西宏明 또한 포트폴리오 재편, 자회사 통합, 조인트 벤처JV(복수의 기업이 서로 출자하여 새로운 회사를 설립) 등과 같은 사업 M&A를 통해 성역 없는 개혁을 추진했다(도표 27).

특히 2012년에 매각된 HDD 사업은 2002년에 IBM에게서 약 2,400억 엔에 인수한 뒤 5년간 누적 적자가 1,000억 엔이 넘는 문제아로 취급되던 와중에 나카니시 사장 스스로가 재정비한 사업이기도 하다. 한때는 상장까지 내다본 HDD 사업을 흑자임에도 매각하여 히타치의 성역 없는 사업의 선택과 집중이 강하게 부각됐다.

그리고 2014년에 미쓰비시중공업Mitsubishi Heavy Industries과의 JV 설립으로 실현한 화력발전 사업 통합도 5,000억 엔에 가까운 사업 규모의 비즈니스인데 35퍼센트의 출자 비율로 소수 주주가 된다는 점에서 보면 매우 과감한 사업의 외부화라 할 수 있다. 사내에서도 "핵심 거점을 미쓰비시에 양도할 셈이냐"며 반대 의견이 속출했지만, 일본 국내 시장 환경이 악화돼 글로벌 시장에서 경쟁하려면 단독으로는 성장하기 어렵다는 생각으로 단행한 개편이었다. 이밖

도표 27 나카니시 사장 시절에 실시된 그룹 안팎의 개편 내역

2011년 10월 미쓰비시전기, 미쓰비시중공업과 함께 수력발전 시스템 사업을 통합

2012년 3월 HDD 사업을 하는 히타치글로벌스토리지테크놀로지의 주식 전량을 HDD 세계 최대 기업인 미국 웨스턴디지털Western Digital에 약 3,440억 엔에 양도

6월 히타치파워유럽, 레몬디스REMONDIS 산하의 독일 발전 플랜트 서비스 회사 크세르폰에너지Xervon Energy를 인수

11월 영국 원자력발전 사업 개발 회사인 호라이즌뉴클리어파워Horizon Nuclear Power를 889억 엔에 주식 전량 취득

2013년 2월 히타치메디코의 주식을 TOB로 226억 엔을 투입해 94% 취득

4월 2009년에 자회사화한 히타치플랜트테크놀로지를 흡수합병

7월 히타치금속과 히타치전선 합병

10월 플랜트 기판 가공 사업의 자회사, 히타치비아메카닉스를 홍콩 투자 펀드 더롱리치그룹The Longreach Group에 양도

12월 상장 자회사인 히타치메디코 주식을 TOB로 225억 엔을 투입해 취득. 보유 비율이 61.7%에서 93.4%로 상승

2014년 2월 화력발전 시스템 관련 분야에서 미쓰비시중공업과 사업을 통합하여 합작회사 미쓰비시히타치파워시스템을 설립. 히타치의 출자분은 35%

3월 금융기관용 ATM이나 POS 시스템을 이용한 결제 서비스를 제공하는 인도의 프리즘페이먼트서비스Prizm Payment Services를 인수

3월 히타치맥셀을 재상장. 보유 주식의 약 3분의 2를 매각하고 보유 비율을 약 30%까지 낮춤(2017년에는 15% 미만까지 낮춤)

2015년 2월 이탈리아 최대 방위산업체 핀메카니카Finmeccanica 산하의 철도 관련 2개사를 2,600억 엔으로 주식의 40% 취득

2월 히타치데이터시스템, 빅데이터 처리&분석 플랫폼인 미국 펜타호Pentaho를 인수

6월 7억 엔(51%)의 출자로 전력·오토메이션 기업인 스위스 ABB와 내수용 고압 직류 송전 사업에 관한 합작회사 설립

2016년 3월 자회사인 히타치물류를 SG홀딩스SG Holdings에 875억 엔에 양도

사장을 위한 마지막 경영 수업

에 프린트 기판 가공 사업(2013년 양도)이나 히타치맥셀(2014년 재상장) 등, 단독 성장을 기대하기 어려운 비핵심 사업은 양도, 조인트 벤처화, 재상장 등 다양한 방법으로 분리를 추진했다.

히타치제작소는 비주력 사업의 분리를 추진하는 한편, 사회 이노베이션 사업과 관련된 그룹사에 대해서는 지배력을 강화해 갔다. 2013년 4월에 자회사인 히타치플랜트테크놀로지를 흡수합병하고 같은 해 7월에 핵심 자회사였던 히타치금속과 히타치전선^{Hitachi Cable}을 합병, 같은 해 12월에는 TOB로 히타치메디코^{Hitachi Medical Corporation}를 완전 자회사화했다. 특히 히타치금속과 히타치전선의 합병은 사내외에 매우 충격을 준 사건이었다.

히타치제작소의 3대 사장인 고마이 겐이치로^{駒井健一郎}가 경영 원칙으로 자주독창^{自主独創}을 내세웠듯이 히타치에는 전통적으로 자회사의 독립성을 중시하는 문화가 자리 잡고 있었다. 특히 히타치금속(철강 제조사), 히타치케미칼(플라스틱수지 가공), 히타치전선(국내외 전력 회사용 전선 제조)은 히타치의 3대 사업이라고 불리는 핵심 3사로 과거 그룹 개편을 시도하려 했을 때도 임원진이 크게 반발했었다.

친환경 자동차의 모터에 필요한 네오디뮴 자석으로 세계 시장 점유율 40퍼센트를 차지하는 히타치금속이 좋은 실적을 연속해서 냈지만 일본 국내외 전력 회사용 전선을 주력 사업으로 하는 히타치전선은 일본 국내 수요 부진으로 5기 연속 적자가 예측돼 내수 시장이 침체되는 상황에서 경영 자원을 모아 해외 시장을 개척하려는 목적으로 한 통합이었다.

그룹 내 개편뿐 아니라 외부 사업에서도 M&A를 통해 사업을 인수하고 제휴를 추진했다. 2012년에 발전 사업을 하는 영국 호라이즌뉴클리어파워를 약 900억 엔에 인수했다. 2014년에 인도에서 금융기관용 결제 서비스를 제공하는 프리즘페이먼트서비스를 인수, 2015년 2월에는 빅데이터를 분석하는 미국의 펜타호, 이탈리아의 핀메카니카 산하의 신호·차량 사업을 인수했다.

2012년 호라이즌뉴클리어파워의 인수도 원자력발전 회사인 히타치가 발전 사업을 인수하는 이례적인 전개라는 점에서 주목을 끌었다. 원지력발전 회사인 히타치가 해외 원자력발전소 건설 수주를 위해 해외에서 건설 실적을 쌓고자 인수한 것이었다.

당시 나카니시 사장은 "발전 사업을 할 생각은 없다."라고 잘라 말했다. 900억 엔에 이르는 대규모 투자로 사내에서도 의견이 분분했지만 후쿠시마 원전 사고로 일본에서 원자력발전소가 신설될 가능성이 거의 없었기에 해외로 원자력발전 사업의 활로를 넓힐 수밖에 없었다.

사업 포트폴리오 재편과 함께 가와무라 사장 시절에 실시한 그룹 내 의식 개혁도 계속됐다. "(저수익이라도) 적자만 안 내면 된다는 문화에서 벗어나야 한다."(나카니시 사장)라며 히타치를 어떻게 고객과 시장에 알기 쉽게 드러낼지를 우선 과제로 삼아 5그룹 체제로 개편했다.

또 사내 등급 제도를 도입하여 자회사의 재무 상황을 등급으로 매겨 이에 따라 투자 자금을 조절하는 대책을 마련했다.

자회사 경영 관리에 개입

2009년 경영 위기 이후 실시한 회사의 대책 가운데 자본 시장에 설명한 내용과 실제 개혁을 위해 실시한 전략이 정확히 일치한다는 점에 주목하길 바란다. 같은 해 1월, 실적이 크게 악화될 것으로 예측된 시점에서 히타치제작소는 수익 개선을 기대하기 힘든 채산성이 나쁜 사업 및 제품을 철수하고 일본 국내 거점 통폐합, 인원 적정화와 같은 사업 구조 개혁을 철저히 추진하겠다고 선언했다.

이러한 선언을 토대로 같은 해 7월에는 2009년도 안에 사회 이노베이션 사업을 강화하기 위해 상장 자회사 5개사(히타치정보시스템, 히타치소프트웨어엔지니어링, 히타치시스템앤드서비스, 히타치플랜트테크놀로지, 히타치맥셀)를 완전 자회사화하는 계획을 발표했으며 약 2,790억 엔을 들여 이를 실현했다.

당시 상장 자회사 16개사는 매우 독립적이었고 히타치제작소 모회사와 비교하면 대체로 실적이 좋았다. 그러나 사업 분야에 따라서는 히타치제작소와 중복되는 부분도 많고 그룹 내 경쟁 등의 폐해가 있었다.

특히 완전 자회사화한 5개사는 상장을 유지하는 의미가 별로 없다는 지적이 오랫동안 이어졌지만 히타치는 과거 경영진이 자회사 사장이나 임원을 맡는 경우가 많아 개혁을 추진하기 어려웠다. 2009년 3월의 거액 적자 결산으로 존망의 갈림길에 선 히타치제작소는 가와무라 사장의 진두지휘 아래 오랜 금기를 깼다.

사업 구조 개혁의 이행으로 2009년에는 약 3,500억 엔의 대규모 자본 증강에 나섰다. 27년 만에 실시한 증자였는데 당시 자본 시장의 상황에서 보면 회사가 실현할 수 있는 최대 규모의 증자였다(A. 외부 자금 조달).

사업 이익 창출의 핵심은 자회사의 경영 관리에 있었다. 앞에서 말한 상장 자회사의 완전 자회사화를 통해 우량 자회사의 현금흐름을 히타치제작소가 획득하도록 지분 관계를 정리하면서 기타 자회사에서도 합리화를 추진하여 비용을 줄였다(B. 자금 창출).

나카니시 사장이 취임한 이후에도 회사는 개혁의 끈을 느슨히 하지 않았다. HDD 사업 매각이나 성역화된 3대 사업인 히타치금속과 히타치전선의 합병이라는 사업의 취사선택을 통해 수익 구조를 개선하고, 창출한 현금을 이용해서 사회 이노베이션 사업을 강화하기 위한 M&A를 단행했다. 포트폴리오를 축소하여 이익률 개선과 투자 분야에 집중했다.

발언에 대해 책임지고 실천한 그룹 개편, 실행으로 얻은 신뢰를 바탕으로 한 자본 조달, 사업의 이익 창출을 통해 2008년도에 11.1퍼센트까지 떨어졌던 자기자본 비율이 2012년도에는 20퍼센트 대로까지 올라갔고 2014년 3월기에는 영업이익이 5,000억 엔을 넘을 정도로 실적이 회복됐다.

또한 주요 자회사의 사장이 직접 애널리스트나 보도진에게 사업의 상황을 설명하는 히타치 IR 데이를 개최하는 등, 획기적인 방식으로 정보 공시를 한 점도 개혁의 한 요인으로 꼽을 수 있다. 자회사 사장이 직접 외부와 접촉하는 자리를 만듦으로써 외부 이해관계자를 의식하게 되고 긴장감이 조성됐다(D. 이해관계자 커뮤니케이션).

제4장

진짜 이익을 내는
사장들의 재무 원칙

매출지상주의에
빠지지 않는다

이제부터는 불황과 적자의 늪에서 벗어나기 위해서 기업들이 본질적으로 벗어나야 하는 사고에 대해 알아보고자 한다. 먼저 매출지상주의가 무엇인지 살펴보자. 매출지상주의란 말 그대로 손익계산서상 매출을 최대로 끌어올리는 것을 경영의 최우선 과제라고 여기는 사고다.

매출지상주의는 이익보다 매출액을 더 우선시한다. 경영하는 측면에서 보면 전사의 매출액을 우선시하는 것을 의미하지만 사업 단위나 제품 단위에서 매출액의 최대화를 우선으로 하는 방안 또한 매출지상주의에 따른 행동이라 할 수 있다.

매출보다 이익, 이익보다 현금

많은 회사가 사업 단위나 제품 단위에서 (작년 매출액 대비) 10퍼센트 성장을 목표로 내세운다. 맥락 없이 목표 수치만 세우는 방식으로 여러 사업을 운영하는 복합기업이나 다양한 상품을 판매하는 제조업체가 매출지상주의에 빠지는 경향이 있다.

매출지상주의의 가장 큰 문제는 매출액을 최대로 하기 위해 이익 획득은 뒷전으로 미루는 태도다. 기업 가치는 회사가 미래에 걸쳐 창출하는 현금흐름의 총액을 현재 가치로 평가한 것이다. 기업 가치의 측면에서 생각하면 매출은 단순히 현금 획득이라는 목적을 달성하기 위한 중간 지표에 불과하다. 매출을 늘린다고 반드시 이익이나 현금이 늘어나는 것은 아니다.

회사가 매출액의 최대화를 목표로 삼으면 원래 목적인 현금을 창출하지 못하게 될 수도 있다. 물론 회사나 사업, 제품 특성에 따라 매출액의 최대화를 이익보다 더 우선해야 할 상황이 생기기도 한다. 그러나 그것은 어디까지나 미래에 현금을 회수하겠다는 계획과 장기적인 전망이 있을 때 실시하는 단기적인 전략이다.

지금부터는 매출지상주의의 문제점을 더 자세히 알아보자. 매출액의 최대화가 목적이 되면 매출의 질을 제대로 인식하지 못해 매출 분석을 생략하게 된다.

매출액은 '판매 단가×판매 수량'으로 계산한다(도표 28). 매출액만 보면 회사가 자사 상품을 공장에서 제조한 뒤 100엔으로 1만

도표 28 **매출액 분석**

매출	판매 단가	판매 수량
① 100만 엔 =	100엔 ×	10,000개
② 100만 엔 =	1,000엔 ×	1,000개

- 제조원가 ① < ②
- 영업 비용이나 마케팅 비용 ① > ②
→ 제조원가가 아닌 총비용으로 봐야 어느 쪽이 더 이익인지 알 수 있다

개를 팔아도 100만 엔이고, 1,000엔으로 1,000개를 팔아도 100만 엔이 되므로 수치는 똑같은 가치로 인식된다. 이 경우, 비용적인 측면에서 생각해 보자. 대량 생산으로 공장 가동률을 높이고 대량 매입으로 매입 단가를 줄이고자 한다면 1,000개를 생산하는 경우보다 1만 개를 생산하고 판매하는 편이 상품 1개당 제조원가가 더 낮아진다.

한편 판매 수량을 늘리기 위해서는 그만큼 마케팅 비용이나 영업 비용이 추가로 발생할 가능성이 높아진다. 매출액이 같더라도 제조에서 판매에 이르기까지 발생하는 모든 비용을 감안해 어느 쪽이 더 효율적이고 양질의 매출인지 파악한 뒤 목표 판매 수량과 가격을 설정해야 한다. 하지만 매출액이라는 결과 지표만 지나치게 의식하다 보면 매출의 질을 제대로 인식하지 못하게 된다.

매출액과 이익이 다른 두 가지 방침이 있을 경우, 경영자는 어느 쪽을 선택해야 할까? 방침 A를 실시하면 매출액은 많지만 이익

이 적고, 방침 B를 실시하면 매출액은 적지만 이익이 더 많다고 가정해 보자. 앞에서 언급했듯이 회사나 사업이 처한 상황에 따라 이익보다 매출을 더 중요하게 생각해야 할 때도 분명히 있으므로 이 전제만으로는 어느 방침을 선택해야 할지 일률적으로 판단하기 어렵다.

그런데 매출지상주의를 따르면 상황과 관계없이 무조건 방침 A를 선택하게 된다. 그뿐 아니라 매출지상주의에 빠진 회사는 두 가지 방침 가운데 어느 쪽이 이익이 더 많을지 판단조차 하지 못하는 경우가 많다. '매출이 나지 않으면 이익도 나지 않는다'는 사고 자체가 틀린 건 아니지만 매출이 난다고 해서 반드시 이익이 나는 건 아니라는 점도 머릿속 한편에 넣어 둘 필요가 있다.

여기까지 읽고 '요즘 매출액만 고집하며 경영하는 회사가 어디 있어?'라고 생각하는 사람도 많을 듯하다. 회계 지식이 예전보다 보편화된 요즘, 회사가 매출에 신경 쓰는 만큼 이익도 중시할 것이라는 생각이 드는 것은 지극히 자연스럽다. 요즘 매출만 중시하면서 사업을 운영하는 경영자는 정말 소수에 불과하다.

다만 현장 차원에서 보면 요즘에도 실정은 크게 변하지 않았음을 알 수 있다. 설령 경영자는 매출액보다 이익을 중시해도 관리하기 복잡하고 귀찮다는 이유로 현장의 경영 관리는 매출이 중심이 돼 버리고 결과적으로 회사 전체가 매출지상주의 사고에서 벗어나지 못하는 경우가 여전히 많다. 현장에서 매출에 치우쳐 관리하다 보니 실제 비용 관리가 허술해지기도 한다.

이를테면 제조업계에서는 매출지상주의에서 비롯된 판촉비 문제가 여전히 발생하고 있다. 스마트폰 게임 개발 회사와 같은 신사업에서도 현장에서 투자금 회수나 한계 이익(순 매출액에서 변동비를 빼서 산출한 금액)의 개념이 공유되지 않아 기본적으로 매출을 중시해서 의사결정을 내리는 회사가 많다.

매출지상주의의 세 가지 원인

회사가 매출지상주의에서 벗어나지 못하는 원인을 살펴보면 크게 다음 세 가지를 꼽을 수 있다.

① 시장의 현재 상황을 제대로 파악하지 못한다.
② 전년도 대비 성장이 목적이 된다.
③ 이익을 기준으로 사내 관리를 하기 어렵다.

시장의 현재 상황을 제대로 파악하지 못한다

매출지상주의는 시장이 점점 성장하는 고도 경제성장기에 매우 적합한 사고다. 매출 증가가 전제가 되면 직원을 늘리고 생산 설비를 증설해서 판매 수량을 높이는 전략이 단기적으로 합리적일 때가 종종 있다. 다만 그런 상황에 놓이면 자칫 매출의 질을 간과하게될 수 있다.

예를 들어 새 카테고리의 제품이 세상에 보급되는 과정에서는 아직 그 제품이 없는 사람들이 제품을 구매하므로 시장은 계속 확대된다. 그런데 그 카테고리의 제품이 세상에 널리 보급되면 이번에는 제품을 교체하는 시점에만 제품이 팔려 시장의 성장이 둔화된다. 그리고 경쟁사가 잇달아 같은 시장에 뛰어들어 품질이 향상되고 제품 수명이 늘어나면 제품이 점점 팔리지 않아 시장이 축소되는 동시에 한 회사당 얻을 수 있는 매출 규모도 줄어든다.

원래라면 시장의 변화를 파악한 뒤에 생산 설비 구축이나 처분, 투자금 회수를 고려해야 한다. 하지만 시장의 변화를 고려하지 않은 채 제품을 개발하고 기존 개발 방식을 전제로 해서 전년도보다 생산을 늘릴 계획으로 예산을 책정하면 '제품이 팔리지 않는 이유는 좋은 제품을 만들지 못해서다', 또는 '판매 전략이 나빠서다'라는 논의로 논점이 바뀌어 버린다.

그 결과, 판매 수량을 유지하기 위해 가격을 낮추는 방침을 세우게 된다. 기존 생산 설비를 유지할 경우, 생산 수량이 감소하면 제품당 원가가 올라간다. 그런데 기존 생산 설비는 그대로 유지한 채 제조원가를 올리지 않기 위해 판매 수량이나 생산 수량을 전년도와 같은 규모로 유지하려고 하다 보면 결국 판매 가격을 낮추는 방법밖에 없다.

다만 그렇게 되면 제품의 이익 폭이 줄어들어 경우에 따라서는 사업 채산성이 맞지 않는 상황에 이른다. 특히 시장 점유율 쟁탈을 의식하다 보면 한계 이익이 나는 한, 단가를 최대한 낮추더라도 타사 제품보다 더 많이 팔려야 한다는 발상에 빠지기 쉽다. 제조원가 뿐만 아니라 마케팅 비용과 영업 비용까지 포함한 제품 단위의 이익이 어떻게 변할지 매출의 질을 고려하지 않게 된다.

이를테면 패밀리레스토랑 체인과 같은 외식산업에서는 최근 센트럴키친(조리를 끝냈거나 반조리를 끝낸 식재료를 체인점에 공급하기 위한 조리 시설 – 옮긴이)을 도입하고 있다. 점포 간 조리 시설을 공유하여 조리 과정을 한군데로 집중해 비용을 삭감하려는 시도다. 센트럴키친에서 조리 가능한 양이 한계에 달할 때까지는 점포 수를 늘릴수록 조리하는 데 드는 점포당 비용이 줄어든다.

'기존 점포의 조리 비용을 줄이기 위해 센트럴키친을 도입한다'는 발상으로 사업을 운영하는 것은 좋지만 '센트럴키친을 활용해야 (가동률을 올려야) 하므로 점포를 늘린다'는 발상을 하게 되면 채산성에 대한 주의를 소홀히 하게 되고 점포를 늘리려는 유혹에 사로잡힌다. 이러한 발상을 토대로 한 규모 확대도 매출지상주의가 초래한 결과다.

전년도 대비 성장이 목적이 된다

전년도 대비 성장을 목적으로 사내외 커뮤니케이션을 하는 것도 회사가 매출지상주의에서 벗어나지 못하는 원인 가운데 하나다. 외부 투자자나 언론에 정보를 공개하거나 사내에서 상황을 설명할 때 회사의 실적이 전년도 대비 어떻게 됐는지를 기준으로 이야기하는 것은 매우 간편하다. 손익계산서는 회사의 성적표라고 하듯이 일정 기간 회사가 달성한 성과의 한 측면을 전달하는 도구로서 무척 편리하다.

다만 손익계산서에만 의존해서 설명하면 매출과 이익이 계속 증가하지 않는 한 회사의 성장이 멈췄다고 보고 부정적인 관점에서 생각하게 된다. 숫자가 계속 증가하지 않아도 기업 가치 향상을 위해 착실히 운영하고 있음을 논리적으로 설명할 수 있으면 문제가 되지 않겠지만, 전년도와 비교하면서 설명하다 보면 정보를 일관성 있게 공개하기 어려워진다.

그 결과, 매출을 늘리는 데 우선한 나머지 이익률이 악화되거나 경쟁 우위를 잃게 되는 전략을 세우게 된다. 이 경우 원래라면 기업 활동의 실태를 정확히 설명해야 하는 이해관계자와의 커뮤니케이션이 설명의 앞뒤를 맞추느라 기업 활동의 방향성을 바꾸는 식으로 행동과 설명의 인과관계가 뒤바뀌는 상황이 빚어진다.

이익을 기준으로 사내 관리를 하기 어렵다

전사 차원에서는 매출 이외의 지표를 목표로 삼아도 현장에서는 실무상 매출을 기준으로 관리하는 경우가 있다. 사업 형태에 따라 다르겠지만 사업 단위나 제품 단위에서 이뤄지는 이익 관리는 그리 간단하지 않다. 더욱이 많은 사업을 운영하는 복합기업이나 수많은 제품을 개발하고 판매하는 종합 전자기기 제조회사라면 사업 단위나 제품 단위에서 이뤄지는 이익 관리가 더욱 복잡하다. 이런 이유로 부문별 지표는 이익이 아닌 매출이 중심이 된다.

단위 원가(하나의 상품, 하나의 사업 등 1단위당 비용)를 관리하기 매우 까다롭다는 점도 이익 관리가 어려운 이유 중 하나다. 본사의 지원부서에서 발생하는 비용이나 복수의 다른 제품이 하나의 생산 라인에서 제조되는 경우에 발생하는 설비비용을 개별 사업이나 제품 단위에서 어떻게 배분해서 인식해야 하느냐는 질문에는 간단히 대답하기 어렵다. 부문별 관리 지표가 이익이나 현금흐름이 되면 현장 관리가 단숨에 복잡해진다.

관리 방법이 너무 복잡해서 현장 상황을 제대로 파악하지 못하면 주객이 전도되는 꼴이 된다. 실무상 관리의 어려움도 있어 부문 단위에서는 '매출을 얼마나 올릴지'를 기준으로 목표를 논의하는 경우가 많다. 어쩔 수 없기도 하지만 이러한 논의의 전제로 '매출이 오르면 언젠가 이익도 오르기 마련이다' 혹은 '고정비를 회수하려면 매출을 올릴 수밖에 없다'는 점이 너무 강조되다 보면 현장은 매출에만 치우쳐 사업을 운영하게 된다. 처음에는 '이익을 올리기 위해 일단 매출부터 올리자'는 생각에서 매출을 기준으로 현장을 관리하기 시작했을 테지만 결국 현장에서는 매출을 늘리는 게 전부라는 사고에 젖어들게 된다.

교세라 창업자인 이나모리 가즈오는 '매출을 최대로, 경비를 최소로' 하는 사고야말로 경영의 원점이라고 했다. 매출의 최대화만 의식해서 사업을 운영하다 보면 경비의 최소화라는 한쪽 바퀴가 빠진 채로 달리게 된다. 이런 상황을 막기 위해 이나모리 가즈오는 부문 단위에서 이익을 엄격히 관리하는 아메바 경영을 주창했지만 현실에서 이런 시스템을 현장에 도입해서 실제로 운용하는 회사는 매우 적다. 제3장에서 언급한 리크루트의 유닛 경영 등은 실제로는 상당히 보기 드문 사례다.

위의 세 가지 주요 원인과 더불어 매출 규모나 시장 점유율에 집착하는 회사, 경영자의 자존심과 체면 또한 매출지상주의에 많은 영향을 미친다. 식재료 업체 등은 매출이나 이익이 아닌 출고 수를 주요 지표로 삼고 자사와 경쟁사를 비교하기도 한다. 제조업은 자사 공장의 생산 라인이 멈추는 데 대한 공포심이 있다. 회사는 사업이나 제품에 걸쳐 있는 고정비(공유 비용)가 부담돼서 매출과 생산 규모로 이를 해결하려는 경향이 있다.

일본 휴대전화 산업이 몰락한 이유

성장을 전제로 한 매출지상주의의 대표적인 예로 휴대전화 단말기 업계를 꼽을 수 있다. 휴대전화가 일반인에게 보급된 시기는 1990년대 후반 무렵이다. 당시 휴대전화의 주요 용도는 거의 통화에 한정됐는데 1999년 NTT도코모NTT DOCOMO가 휴대전화 단말기에서 메일 송수신과 웹사이트 열람이 가능한 아이모드i-mode 서비스를 시작하면서 큰 전환기를 맞았다. 아이모드 서비스에서 인터넷 뱅킹, 바탕화면 등의 서비스가 개시되어 폭발적으로 인기를 끌면서 휴대전화의 보급은 사회 현상이 됐다.

휴대전화 통신사들은 신규 고객 획득과 통신사 변경을 위해 휴대전화 교체 주기를 짧게 하는 전략을 폈다. 이를 위해 단기간에 휴대전화에 많은 기능을 넣고 부가가치를 더해서 구매 의욕을 자극했다. 그 결과, 일본의 휴대전화는 세계에 유례없는 압도적인 고기능 단말기(피처폰)로 자체 진화했다. 구매 촉진을 위해 통신사는 징수한 통화 요금을 토대로 한 풍부한 자금을 통해 단말기 구입 대금 할인을 경쟁적으로 실시했다. 이로써 통신사 간 실질적인 가격 인하 전쟁이 시작됐다.

당시 NTT도코모는 일본에서 한 세대를 풍미한 아이모드를 세계에 널리 보급하겠다는 목표를 세웠다. 2000년 당시 NTT도코모의 시가총액은 모회사인 NTT보다 10조 엔이나 더 많은 40조 엔에 달했으며 일본 기업에서 가장 높은 시가총액을 자랑했다. 회사는 주가 상승과 더불어 해외 시장에 진출하겠다는 의지로 해외에서 적극적인 M&A와 자본 제휴를 실시했다. 2001년에는 미국의 휴대전화 통신사인 AT&T와이어리스^AT&T Wireless에 1조 1,000억 엔을 출자하여 주식 16퍼센트를 취득했으며 북미 및 유럽, 아시아 통신사에도 누계 2조 엔 가까운 출자를 했다.

NTT도코모의 적극적인 해외 진출 전략에 단말기 제조사도 보조를 맞췄다. 자동차 제조회사의 해외 시장 진출에 부품 제조회사나 도료 제조회사가 그 뒤를 따른 것과 비슷한 상황이 휴대전화 업계에서도 일어났다. 당시 단말기 제조사는 아이모드가 해외에 널리 보급되면 자사 단말기도 세계를 무대로 보급되리라고 기대했지만 휴대전화 통신사를 뒤따르면서 몇 가지 과제를 안게 됐다.

우선 휴대전화 판매를 통신사에 완전히 의존하게 되면서 가격 결정 등 실질적인 매출 규모나 질을 컨트롤하는 능력을 잃었다. 그리고 교체 주기를 줄이기 위해 휴대전화 통신사는 단말기 제조사에 단기간에 새로운 기능을 내장한 신기종을 개발하도록 요구했다. 통신사의 이러한 방침으로 단말기 제조사의 단기적인 매출이 증가했다. 하지만 신기종 연구개발을 하려면 거액의 예산이 필요하여 단말기 제조사로서는 부담이 늘어나는 요구이기도 했다.

동시에 제조 수량이 늘어나면서 생산 설비의 신설·확장이 필요해 거액의 고정비를 껴안게 됐다. 나아가 휴대전화 부품인 반도체 칩의 고기능화가 동시에 진행되면서 칩을 제조하는 퀄컴Qualcomm 등의 제조사에 지불하는 라이선스 비용이 증가했다. 이러한 비용 급등도 단말기 제조사의 부담이 됐다.

통신사에 대한 의존이 심해지면서 해외에서 통용되지 않는 독자적인 사양의 단말기 개발에 몰두하는 바람에 해외 시장 진출의 기회도 놓치게 된다. 한편 아이모드의 해외 시장 진출이 좌절되자 휴대전화 통신사를 뒤따라 해외로 사업을 전개하려던 단말기 제조사의 계획은 물거품이 됐다. 해외에서 적극적인 투자를 실시했던 NTT도코모는 AT&T 등 출자 회사 4개사의 수익 환경 악화로 1조 엔이 넘는 손실을 내고 주식을 매각했다.

그 후 휴대전화 이용자의 단말기 교체 주기가 길어지고 스마트폰이 등장하면서 피처폰 판매 수량은 급격히 감소했다. 그리고 애플을 비롯한, 글로벌 사업을 펼치며 규모의 이익을 실현한 기업도 대두했다. 스마트폰에서는 하드웨어 이상으로 소프트웨어가 차별화 요인이 되는데 일본에서는 피처폰 시대부터 통신사가 서비스 개발을 주도했기 때문에 단말기 제조사에는 소비자가 원하는 콘텐츠 개발 노하우가 충분히 축적되지 않았다.

피처폰 시대에 단말기 제조사는 통신사의 전략에 의존해서 매출 확대를 우선시하고, 사업의 핵심인 개발과 판매를 통신사에 의존했기 때문에 결과적으로 매출과 비용을 컨트롤하지 못한 채 무모하게 판매 확대 전략을 계속 펼치게 됐다. 단말기 제조사는 장기적으로 무엇이 가치의 원천이 되는지 생각하지 않고 단기적인 매출 획득에만 집중했다. 설비투자를 통해 자산은 지나치게 많이 보유했지만, 사업 주기나 기술 변화의 속도를 예측하여 적절한 기간 내에 현금을 회수하겠다는 발상은 거의 하지 못했기 때문에 그 후 많은 제조사가 철수 또는 개편에 돌입해야만 했다.

당시 휴대전화 통신사는 자신들이 원하는 판매 주기를 실현하기 위해 단말기 제조사에 신기종을 단기간에 개발하고 일정 수량을 제조하도록 요구했다. 단말기 제조사는 매출 확대를 지상 과제로 삼고 대기업 통신사가 요구한 사양에 맞춰 휴대전화를 만들었는데, 결과적으로 휴대전화 통신사에 대한 의존도가 높아져 나중에 이를 깨달았을 때는 이미 총체적 난국에 빠진 뒤였다. 주체적으로 기업 가치를 최대화하겠다는 기본 자세가 단말기 제조사에는 결여돼 있었다.

선택과 집중으로 흑자 전환한 소니

휴대전화의 교체 주기가 길어지고 시장이 축소되자 이번에는 단말기 제조사 간 가격 인하 전쟁이 시작됐다. 각 회사는 판매 수량을 유지하기 위해 매출총이익이 발생하는 범위 내에서 최대한 가격을 인하하겠다는 염가 판매 전략을 펼쳤다. 대부분의 회사가 이런 전략을 모색하면 당연히 시장은 점점 축소되고 모든 회사의 이익이 감소하게 된다. 휴대전화 업계의 악순환을 끊어 낸 회사가 바로 소니모바일커뮤니케이션Sony Mobile Communications이다.

휴대전화 단말기 제조사의 후발주자였던 소니는 2001년에 스웨덴 단말기 제조사인 에릭슨Ericsson과 함께 소니에릭슨모바일커뮤니케이션Sony Ericsson Mobile Communications을 공동 설립했다. 회사는 워크맨, 사이버샷, 브라비아 같은 소니 브랜드를 접목한 단말기를 잇달아 판매하면서 판매 수량을 늘려 갔다.

그 후 금융 위기로 인한 불황이나 휴대전화의 저가화, 스마트폰의 등장으로 경쟁이 치열해지면서 더 신속한 의사결정을 위해 2012년 소니는 에릭슨이 보유하는 소니에릭슨의 주식 50퍼센트를 10억 5,000만 유로에 취득하여 소니모바일커뮤니케이션으로 다시 출범했다.

그때까지 소니의 휴대전화 사업은 판매 수량이 적으면 통신사가 선택하지 않을 것이라는 우려에 시장 점유율 확대나 판매 수량 증가 같은 매출액의 최대화를 지상 과제로 삼았다. 규모를 확대해야 고정비를 회수할 수 있다는 생각이 뿌리 깊게 박혀 있었다.

그런데 2014년 소니의 구조 개혁을 추진해 온 도토키 히로키^時^{裕樹}가 사장으로 취임하면서 기존 방침을 완전히 바꿔 가격대가 높은 상품에 집중하고 미국이나 중국 같은 채산성이 맞지 않는 지역의 사업을 큰 폭으로 축소하는 등 상품 및 지역의 선택과 집중을 통해 흑자 사업으로 전환하기 위한 수익성 개선에 임했다. 즉, 판매 수량 추구에서 이익 추구로 전략을 전환한 것이다.

그 결과, 2013년도와 2014년도 모두 3,910만 대가 팔렸던 단말기는 2015년도에는 2,490만 대, 2016년도에는 1,460만 대로 판매 수량이 감소했지만 상품 및 지역의 선택과 집중을 통한 수익 구조 재편으로 적자 상태가 계속됐던 영업이익은 2016년도에 흑자로 돌아서 사업 침체에서 벗어났다.

유통 제국 다이에의 흥망성쇠

또 다른 매출지상주의의 전형적인 예로 "매출은 모든 것을 치유한다."라는 말을 남긴 나카우치 이사오^{中内功}가 창업한 다이에^{Daiei}를 꼽을 수 있다.

다이에의 흥망성쇠를 돌이켜보면 고도 경제성장기에 사업을 계속 확장한 결과, 버블 붕괴와 동시에 불어난 자산에 의해 몰락했음을 알 수 있다.

다이에의 역사는 1957년 오사카 시 센바야시 상점가에 오픈한 드럭스토어 '주부의 가게·다이에약국'으로 거슬러 올라간다. 이후 다이에는 식료품, 의료품, 가구, 가전 등 생활에 필요한 상품이라면 뭐든지 한 매장에 갖춰 놓는 종합소매업General Merchandise Store, GMS이라는 업태를 만들어 이를 전국적으로 전개했다. 손님이 식료품이나 의료품 등을 스스로 골라 계산대에서 지불하는 슈퍼마켓이라는 업태를 일본에 정착시킨 회사도 바로 다이에다.

창업자 나카우치 이사오는 '좋은 상품을 더 싸게GOOD QUALITY BEST PRICE' '고객을 위해For the Customers'라는 방침을 내세우며 당시의 유통 상식을 깨트린 다양한 전략을 펼쳤다. 회사는 대량 매입으로 비용을 삭감하는 유통 혁명과 가격 파괴를 슬로건으로 내건 대량 할인 판매를 통한 확대 노선으로 자사의 전략을 구현했다. 당시의 유통 업계에서 봤을 때 상식에 어긋난 이러한 전략을 고수한 배경에는 나카우치가 전쟁 중 필리핀 루손 섬에서 배고픔에 굶주린 포로 생활 끝에 겨우 살아 돌아온 경험이 있었다고 한다.

나카우치는 가격 파괴 전략을 펼치면서 '가격 결정권을 제조사가 아닌 소비자가 가지도록 한다'는 신념을 고수하여 때로는 제조사와 심하게 충돌하기도 했다. 특히 유명한 일화로 마쓰시타전기산업Matsushita Electric Industrial(현 파나소닉)과의 30년 전쟁이 있다. 1964년 다이에는 마쓰시타 제품을 20퍼센트 인하한 가격으로 판매했다. 다이에의 할인 판매에 불만을 품은 마쓰시타전기는 다이에에 입고되는 상품에 출하 정지 조치를 내렸다. 그러자 다이에는 마쓰시타전기를 독점금지법 위반으로 고소하면서 맞받아쳤다. 두 회사가 정식으로 화해한 것은 30년 후인 1994년이었다.

뛰어난 판매 수완을 가진 다이에는 가격 파괴를 위해 제조사에 강경한 자세로 일관하고 제조사가 협력하지 않으면 자사에서 상품을 스스로 개발하는 방법으로 대항했다. 이것이 프라이빗 브랜드PB의 기원이다.

유통업계의 상식을 잇달아 깨트린 다이에는 점포 확대에도 독자적인 방식을 모색했다. 다이에는 매출 확대를 목표로 삼으며 토지를 사서 매장을 넓히고 그 토지를 담보로 은행에서 자금을 차입한 후 또다시 토지를 구입하는 과정을 되풀이하면서 규모의 확대를 꾀했다. 그 과정에서 출점에 필요한 토지보다 더 많은 토지를 사들여 다이에의 출점으로 가격이 오른 여분의 토지를 처분해서 처분 이익을 얻거나 담보로 제공하여 차입을 하는 부동산 개발업자와 같은 방식도 취했다.

1969년에 출간된 나카우치의 저서《나의 염가 판매 철학わが安売り哲学》(일본경제신문사)에는 "가게를 화려하게 꾸미기보다 판매장 면적을 늘려야 한다. 가게는 전쟁 기지로, 기지를 몇 개 갖고 있는가가 전쟁의 승패를 가른다."라며 회사의 방침을 명확히 나타냈다. 적극적인 확대 노선을 펼친 결과, 다이에의 매출은 한때 그룹 전체에서 5조 엔을 넘기도 했다.

한편, 매출액을 중시하는 다이에의 적극적인 확대 노선은 큰 리스크도 껴안고 있었다. 일반적으로 소매 체인점의 매출액이 올라가면 이익률이 떨어지는 것은 잘 알려진 현상이다. 소매 체인점은 초창기에는 채산성이 좋은 상권을 신중히 검토하여 이익률이 높은 지역에 출점하지만 규모의 확대를 추구하고 매출 목표 수치를 내걸면 그것을 달성하기 위해 초창기와 달리 채산성이 예측되지 않는 상권에도 출점하게 된다. 그 결과 체인점 전체의 이익률이 줄어든다. 다이에도 예외 없이 매출 규모와 이익률의 트레이드 오프(어느 것을 얻으려면 반드시 다른 것을 희생해야 하는 관계 – 옮긴이) 함정에 빠져 버렸다. 결국 다이에의 이익률은 소매점 중에서도 특히 매우 낮은 수준으로까지 떨어졌다.

게다가 다이에의 확대 노선은 토지 가격이 계속 오른다는 토지 신화를 전제로 했다. 지가가 계속 오르는 한 기존 토지 가격도 오르므로 신용도를 높여 또다시 새로운 토지를 구입하는 선순환이 일어난다.

그러나 한번 지가가 하락하기 시작하면 바로 이런 순환은 역전된다. 버블 붕괴로 일본의 지가가 하락하기 시작하자 토지의 담보 가치가 내려가 다이에는 신규 출점을 하기 어려워졌다. 또한 신규 출점을 통한 규모의 확대를 중시한 결과, 각 매장의 수익성이 떨어지고 유지 보수도 제대로 이뤄지지 않게 됐다. 결국에는 노후화된 수익성 낮은 매장과 막대한 채무만이 남았다.

다이에의 1998년도 연결 매출액은 약 3조 엔이었다. 연결 경상 손실은 약 100억 엔이었으며 연결 이자부부채(유이자부채, 이자를 지급해야 하는 부채 – 옮긴이)는 약 1조 3,000만 엔으로 불어났다. 이렇게 한때 유통업계의 일대 제국으로 성장했던 다이에는 버블 경기 붕괴와 함께 내리막길을 걷기 시작한다. 2004년에는 산업재생 기구(금융 회사의 채무가 과다한 기업의 사업 재생 지원을 위해 설립된 공적 기구 – 옮긴이)의 지원을 받게 됐으며, 2014년에는 이온^AEON^의 완전 자회사가 되면서 다이에는 상장 폐지됐다. 거대했던 유통 제국이 몰락한 것이다.

다이에의 역사는 일본 경제의 흥망성쇠와 나란히 간다. 시장이 해마다 가파르게 성장하는 환경에서는 시장 점유율을 유지하기 위해 매출을 지향하는 사고가 어느 정도 합리적이었으며 오름세가 계속되는 지가가 회사의 확대 노선을 지탱했다. 다이에가 내세우는 가격 파괴 전략을 실현하려면 상품을 대량으로 싸게 매입해야 했다. 규모의 이익을 이용하여 매입처와 유리하게 협상하기 위해서라도 다이에는 경영의 최우선 과제로 규모의 확대를 추구할 필요가 있었다.

그러나 다이에의 전략은 시장 전체가 성숙 단계에 접어들어 수요가 줄어들면서 전혀 통하지 않게 됐다. 시장의 성장을 전제로 한 결과, 어느새 큰 리스크를 떠안고 말았던 것이다. 다이에는 매출을 확대한다는 소매점의 발상을 출발점으로 해서 부동산 개발 사업까지 운영했지만 시대가 변하면서 유통업에서도 부동산 개발업에서도 설 자리를 잃게 됐다.

채산성에 따른 판촉비

매출에 편중된 사고는 제조업체의 판촉비 활용 방법 등에서도 나타난다. 제조업체는 소매점에 상품을 납품하고 판매를 촉진하기 위해 비용을 투입한다. 매장에 진열된 상품 주위에 붙이는 POP, 매출 실적에 따라 도매상이나 소매상에게 지불하는 리베이트, 상품을 진열하는 선반 확보나 상품 할인의 토대가 되는 자금이 판촉비에 해당하며 거래처별로 투입된다.

원래라면 판촉비는 판매량이 많고 더 많은 이익을 내는 점포에 지급돼야 한다. 그러나 실제로는 영업이익과 무관하게 지급되는 경우가 많다. 그 결과, 제조업체에서 보면 이익률이 아주 나쁜 거래처에 판촉비가 지급되는 사태가 자주 발생한다.

이런 상황이 일어나는 원인을 되짚어 보면 첫째로 거래처별로 이익이 정확히 파악되지 않는 점을 들 수 있다. 원래라면 상품이 매장별로 얼마나 팔리고 이익을 어느 정도 창출하는지 모니터링해야 하지만 유통 과정에 도매상도 개입돼 있으니 매장별 판매 동향을 확인하기 어렵다. 그리고 판촉비를 배분하는 제조업체의 영업사원은 매출액을 기준으로 인사 평가를 받는 경우가 많다. 그렇기 때문에 판촉비를 뺀 이익이 기준이 아닌, 그저 매출이 많은 거래처에 지나치게 판촉비를 많이 투입하는 상황이 발생한다.

판매량, 판매 가격, 점포별 이익 같은 지표를 정량적으로 분석해서 파악하는 것은 전략적 재무 사고를 하는 데 전제가 되는 정보를 얻기 위한 기본 행위다. 전사적으로 중시하는 경영 지표와 직원의 인센티브를 일치시키는 것 또한 필수다. 그런데 앞에서 설명했듯이 제조업체에서는 정량적인 정보를 파악하지 못하는 경우가 종종 발생한다.

제조업체의 제조 현장에서는 보통 개별 상품에서 매출총이익이 어느 정도 발생하는지 파악하고 있다. 즉, 제조원가를 파악하고 있다는 뜻이다. 한편, 판매 시 판촉비 사용은 제조원가만큼 엄격히 관리하지 않고 매출액 기준으로 파악하는 경우가 많다. 그렇기 때문에 판촉비를 어떻게 사용하느냐에 따라 같은 상품의 이익률이 점포에 따라 완전히 달라지기도 한다.

보통 판매 수량이 늘어나면 제조원가는 내려간다. 따라서 간단하게 생각하면 매출총이익(매출 – 제조원가)을 늘리려면 제조 수량을 늘리는 것이 가장 좋은 방법이다. 그런데 매출총이익을 확보하기 위해 제조 수량(다시 말하면 판매량)을 늘려서 판매 계획을 세우면 제조한 상품을 다 팔기 위해 가격을 내리는 본말이 전도된 전략을 세워 총이익(매출액 – 제조원가 – 판촉비)이 줄어드는 악순환을 초래한다.

이처럼 전사 차원에서는 매출보다 이익을 중시해서 사업을 운영하더라도 현장에서는 관리가 복잡하다는 이유로 매출에 편중된 방침을 검토하는 경우가 많다. 개별 현장 관리를 너무 단순화하려고 한 나머지, 전체 채산성이 무너지는 전형적인 예라 할 수 있다.

사장을 위한 마지막 경영 수업

회사 가치가
우선이다

매출지상주의처럼 단순하지 않을뿐더러 회계 지식을 어느 정도 갖춰도 걸려들기 쉬운 것이 '이익지상주의'다. 여기서 일단 알아둬야 할 점은 회사가 이익을 추구하는 자세 자체는 결코 나쁜 게 아니라는 것이다. 사업 밑천이 되는 자금을 통해 더 많은 부를 창출하는 것은 경제적인 관점에서의 회사 설립 목적에 해당한다. 자본 조달 비용의 측면에서 봐도 이익이 나면 데트 파이낸스의 조달 비용이 내려가 회사 경영에 긍정적으로 작용한다. 특수한 상황을 제외하고 일반적으로는 적자보다 흑자를 내는 회사가 재무 상태가 건전하다고 할 수 있으며 이익도 많이 나면 날수록 좋다.

그러나 이익 창출이나 증가에 절대적 가치를 두고 그 목표를 달성하는 데 회사의 의사결정이 얽매이게 되면 오히려 회사의 장기적인 가치 향상에 걸림돌이 되기도 한다. 그뿐 아니라 최종 이익의 최대화가 목적이 되면 분식 회계의 유혹에 빠질 수도 있다.

손익계산서상 이익이 매출총이익에서 최종 이익(당기순이익)에 이르기까지 계층 구조로 되어 있다는 내용은 이미 설명했는데, 어느 단계의 이익을 중시하느냐에 따라 이익을 창출하기 위한 행위나 그것이 회사에 미치게 되는 의미도 달라진다.

영업이익보다 중요한 것

적극적인 R&D 투자

영업이익이란 매출총이익(매출 - 매출원가)에서 판관비(판매비와 관리비)를 뺀 회사의 이익을 말한다. 판관비란 회사의 영업 활동 전반과 일반 관리 업무를 위해 지출되는 비용이지만, 단적으로는 회사의 본업과 관련된 비용 가운데 제품이나 서비스를 만드는 데 직접적으로 관련된 비용(매출원가) 이외의 것이라고 생각하면 된다. 이를테면 총무부나 인사부 등의 지원부서, 영업 부문과 관련된 인건비가 포함돼 있고 제품 운송비, 직원의 여비 교통비, 자산을 감가상각한 비용 등도 판관비에 계상된다.

손익계산서는 분기나 1년 단위로 정해진 결산기간 동안 회사가 올린 매출과 이익을 나타낸다. 손익계산서에 계상되는 비용 가운데는 결산기가 지난 후에 효과가 나타나는, 이른바 자산적인 측면을 지닌 비용도 포함돼 있다. 광고선전비나 연구개발비 등이 그 전형적인 예다. 광고선전비는 단순히 어떤 특정 상품의 매출 확대만을 목적으로 투입한다고는 볼 수 없다. 보통은 제품 시리즈나 회사 전체의 브랜드 구축을 위해 광고 선전을 한다.

제품 브랜드 구축을 위한 자금 투입은 예산이 투입된 결산기에 모든 효과가 곧바로 나타나지 않고 장기간에 걸쳐 서서히 효과가 축적돼 간다. 그 과정에서는 일정한 투자를 지속적으로 실시해야 된다. 그러나 브랜드 구축을 위해 지출한 비용은 실제로 자금을 투입한 결산기에 계상한다. 여기서 마케팅 활동의 효과와 비용 계상 시기에 차이가 생긴다. 원래라면 회사의 가치 향상을 위해 브랜딩 활동을 지속적으로 해야 하지만 당장의 영업이익을 최대화하려고 하면 이런 지출을 줄이려고 한다.

연구개발비도 마찬가지다. 구글을 운영하는 알파벳이나 마이크로소프트와 같이 기술을 중시하는 회사는 연구개발비에 매출의 15퍼센트 가까이 되는 자금을 투입한다(도표 29). 기술지향적인 회사라면 먼 미래의 제품·서비스 개발까지 내다보며 항상 사업화하기 전의 기술을 연구해야 한다. 다만 연구개발비는 매출 증가로 바로 이어지지 않는 한편, 비용이 발생한 결산기의 손익에 반영돼 영업이익을 압박한다. 따라서 단순히 그때그때의 영업이익률을 비교하면 사업을 비효율적으로 운영한다고 생각하는 투자자가 있을 수도 있다.

도표 29 **미국 기업의 연구개발 비용**

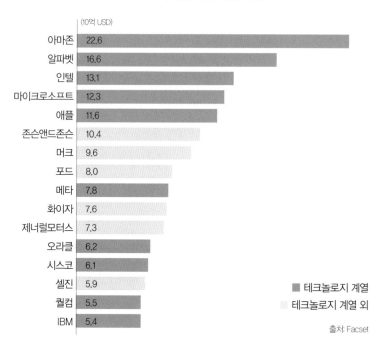

(10억 USD)

아마존	22.6
알파벳	16.6
인텔	13.1
마이크로소프트	12.3
애플	11.6
존슨앤드존슨	10.4
머크	9.6
포드	8.0
메타	7.8
화이자	7.6
제너럴모터스	7.3
오라클	6.2
시스코	6.1
셀진	5.9
퀄컴	5.5
IBM	5.4

■ 테크놀로지 계열
▨ 테크놀로지 계열 외

출처: Facset

그래서 연구개발에 투입되는 예산의 비중이 큰 제약 회사나 제조업체 중에서는 통상적인 영업이익과는 별도로 연구개발비 차감 전 이익을 제시하여 투자자에게 설명하는 회사도 있다. 연구개발비의 요소를 뺀 회사의 경쟁력이나 효율을 전달하려는 시도다.

성장에 필요한 사업 인수

M&A에 소요되는 인수액과 피인수 기업 순자산의 차액을 '영업권'이라고 부르며, 재무상태표상의 무형자산으로 계상한 후 기간

내에 균등 상각해야 한다. '영업권' 상각으로 영업이익이 악화되는 상황을 꺼리는 나머지, 앞으로 성장에 필요한 사업 인수를 주저하는 행위는 지양해야 한다.

영업권은 일정 기간 회사의 재무상태표에서 균등하게 상각된다. 원래 인수에 필요한 현금은 인수 시에 지급되며 뒤늦게 인수에 필요한 현금이 지급되는 일은 없지만(언아웃earn-out[매도 기업과 매수 기업 간 M&A 계약 후 발생하는 미래 이익을 배분하는 방식 – 옮긴이] 등 특정 인수 방식은 제외), 영업권 상각으로 영업 비용이 발생하면 외부에서 봤을 때 이익이 감소하는 것처럼 보인다.

이를테면 매출액 500억 엔, 영업이익 50억 엔인 A사가 순자산 100억 엔인 B사를 200억 엔에 인수하기 위해 검토하고 있다고 가정해 보자. 이때 발생하는 영업권은 100억 엔이고 상각 기간은 10년이라고 하자. A사의 규모를 고려하면 영업이익 수십억 엔을 내기 위해 현장에서 직원들이 필사적으로 일하고 있을 것이다. 그런 가운데 영업권 상각이 매년 10억 엔이나 발생하는 B사를 인수하겠다고 하면 현장에서 보기에는 좀처럼 이해하기 어려운 결정일 것이다. 만약 B사의 이익보다 영업권 상각액이 더 클 경우, 손익계산서만 보면 회사 인수로 현장의 노력이 단번에 물거품이 된다고 생각할 수 있기 때문이다.

회사가 손익계산서를 기준으로 의사결정을 내리면 이처럼 회사나 사업 인수를 주저하게 된다. 이를테면 급성장하는 소프트웨어 기업 등이 그 전형적인 예인데 보유하는 자산이 적어 현시점의 이익률은 낮지만 기업 가치가 높게 평가되기 때문에 이런 회사를 인수할 때는 거액의 영업권이 발생한다. 일본에서 소프트웨어 기업의 M&A가 잘 이뤄지지 않는 배경에는 이러한 이유도 있을 것이다.

일본의 소프트웨어산업이 세계에서 뒤처지게 된 요인으로, M&A의 건수가 적고 합종연횡이 일어나기 힘든 상황을 꼽을 수 있다. 물론 영업이익이 흑자면 가장 좋다. 그러나 단기적으로 흑자의 최대화가 최우선 과제가 되면 미래의 성장을 내다보며 사업을 인수할 수 없다.

회계 기준보다 장기적 가치가 우선

회사가 의사결정을 할 때 회계 기준이 크게 영향을 미치기도 한다. 사실 재무제표를 작성할 때의 회계 기준은 국가나 지역에 따라 차이가 있다. 기본적으로 회계 기준에는 다음의 네 가지가 있다.

① K-GAAP: 한국일반기업회계기준
  K-IFRS: 한국채택국제회계기준
② J-GAAP: 일본회계기준
③ US-GAAP: 미국회계기준
④ IFRS: 유럽을 비롯한 국제회계기준

모든 회계 기준이 재무 상황을 정량적으로 파악해 이해관계자에게 알리거나 과세액을 파악하기 위해 작성된다는 점에서 기본적으로 동일하지만 계정과목명이나 자산에 대한 인식 등에 조금씩 차이가 있다. 회사는 이런 회계 기준 가운데 하나를 선택하고 선택한 회계 기준에 따라 재무 상황을 보고한다. 회계 기준 간 차이가 실제 회사를 경영할 때 내리는 의사결정에 영향을 끼치기도 한다.

일본회계기준J-GAAP에서는 피인수 회사의 인수액에서 시가의 순자산을 뺀 금액을 영업권으로 계상한 후 상각한다. 한편 국제회계기준IFRS은 일본회계기준에서 말하는 영업권을 브랜드 가치, 고객 리스트, 라이선스 계약, 소프트웨어 등의 무형자산에 배분하고 거기서 남은 금액을 영업권으로 취급한다. 즉, J-GAAP에 비해 영업권으로 인식되는 금액이 적다. 게다가 IFRS에서는 매년 손상 테스트를 실시해 '인수 당시 예측한 B사의 수익이 실현되지 않는다'고 간주되지 않는 한, 이런 영업권은 상각되지 않는다.

회사의 수익성을 EBITDA를 기준으로 이해관계자에게 설명하면 J-GAAP에 따른 결산이라도 문제는 없지만, 손익계산서를 기준으로 설명하면 회계 기준의 차이가 기업의 의사결정에도 크게 반영된다.

일본 상장 기업 가운데 IFRS를 적용한 회사는 151개사(2018년 5월 기준)며, 앞으로 적용할 예정인 회사는 40개사다(2022년 6월 기준으로 IFRS를 적용한 회사는 247개사, 앞으로 적용할 예정인 회사는 11개사 – 옮긴이). 이 수치는 모든 상장 기업의 4퍼센트(2022년 7월 기준으로 6퍼센트 – 옮긴이)에 불과하다. 이미 IFRS를 적용한 회사를 살펴보면 대기업으로는 소프트뱅크, 덴츠Dentsu, 리크루트, JT, 라쿠

텐^{Rakuten}, 코니카미놀타가 있으며 비교적 신생 회사로는 지겐^{ZIGExN}, 메탑스^{Metaps}가 있다. 여기서 열거한 회사들이 적극적으로 M&A를 추진하는 것은 IFRS의 채택과도 관련이 있다. 그 이면에는 M&A를 통해 적극적으로 기업 가치를 높이려는 사고방식이 깔려 있다.

영업권에 대한 일본과 해외의 회계상 취급 방식의 차이는 기관 투자자나 애널리스트의 반응에서도 나타난다. 회사가 M&A를 실시하면 해외의 기관 투자자나 애널리스트는 인수 가치나 가격의 타당성 위주로 질문을 한다. 반면에 일본의 기관 투자자나 애널리스트는 인수 후 회사의 손익이 어떻게 되는지 혹은 합병 후 손익의 증감에 관한 질문을 하는 경우가 대부분이다. 경영자뿐 아니라 일본 경제계에도 손익 중심의 사고가 얼마나 뿌리 깊게 박혀 있는지 단적으로 보여 주는 예라고 할 수 있다.

어떤 회사를 인수할 것인가

영업권 상각에 지나치게 신경 쓰다 보면 아무래도 인수 대상이 한정되기 마련이므로 회사를 성장으로 이끄는 과감한 경영 판단을 할 수 없게 된다.

영업권 상각을 두려워하는 기업이 피인수 회사를 찾을 때 요구하는 조건은 주로 다음과 같다.

① 이익이 나는 회사

② 인수 가격이 낮은 회사(저렴한 회사)

③ 성장하고 있는 회사

경영자가 ①과 ②의 조건을 갖춘 회사를 원하는 이유로 '이익이 나고 인수 가격이 낮은 회사여야 영업권 상각분을 흡수할 수 있다'는 점이 가장 크다. 여기서 ③ 성장하고 있는 회사라는 조건까지 더하면 일단 그런 상황에서 매각을 희망하는 회사는 없다. 설령 조건을 충족하는 회사가 있다고 해도 매물로 나오면 다른 인수 희망자가 나타나기 때문에 인수 가격이 올라가 결국 ②의 조건(인수 가격이 낮은 회사)을 충족하지 못한다.

무슨 일이 있어도 이 세 가지 조건을 충족하는 회사를 찾으려고 하면 부동산업 등 복잡한 조건이 얽혀 있는 회사나 준법 감시에 문제가 있는 불투명한 산업의 회사 등, 문제를 껴안고 있는 회사만 검토 대상으로 떠오를 것이다.

해외 대기업의 사례를 살펴보면 메타의 인스타그램 인수(10억 달러), 구글의 유튜브 인수(16억 5,000만 달러)와 모토로라 모빌리티Motorola Mobility 인수(125억 달러) 등, 이익이 아닌 사용자 기반이나 기술을 목적으로 인수를 실시하는 회사가 많다. 인스타그램이 메타에 인수될 당시 사원은 13명에 불과했고 매출은 제로였다. 유튜브의 광고 수입도 인수액의 100분의 1 이하인 1,500만 달러에 불과했다. 구글이 인수한 지 불과 2년 만에 29억 1,000만 달러에 레

노버에 다시 매각된 모토로라모빌리티는 얼핏 인수 실패 사례처럼 보이지만 모토로라모빌리티의 주요 특허는 구글이 계속 보유하고 있다.

이런 인수는 사업을 그대로 유지하든 형태를 바꾸든, 지금은 인수한 양쪽 기업의 가치를 높였다. 손익을 경시해서는 안 되지만 그렇다고 절대시하기만 하면 기술이나 사용자 기반을 구입한다는 발상을 할 수 없다.

산토리의 도전 그리고 성공

영업권 상각을 두려워하지 않고 과감하게 투자한 회사가 있다. 그 대표적인 사례로 산토리Suntory를 들 수 있다. 산토리홀딩스는 2014년 버번 위스키 '짐 빔' 등의 브랜드를 보유한 증류주 회사 빔Beam사를 약 160억 달러에 인수했다. 빔사 인수로 산토리는 영업권 약 6,500억 엔과 무형자산 약 9,800억 엔을 떠안게 됐다(추산치). 그 결과, 인수 시에 발생한 이자비용을 연간 250억 엔이나 부담해야 했으며 영업권 상각 비용도 연간 300억 엔으로 늘어났다.

이익에 미치는 영향을 생각하면 절대 단행할 수 없는 인수지만 회사는 글로벌 회사로 전환하겠다는 강한 의지하에, 2020년에 증류주 사업에서 매출액 1조 엔을 달성하겠다는 높은 목표를 내걸고 이를 이루기 위해 견뎌야 하는 리스크로 판단했다. 그리고 회사가 비상장 오너 기업이었던 점도 M&A를 과감하게 실행할 수 있었던 요인 중 하나였다.

한편, 자회사인 산토리식품인터내셔널Suntory Beverage&Food도 2015년에 JT의 음료 자판기 운영 사업을 1,500억 엔에 인수했다. 이로 인해 회사는 약 1,000억 엔의 영업권을 떠안게 됐다. 산토리홀딩스와 달리 이 회사는 상장 기업이며 소수 주주에게 설명할 책임도 지고 있었다. 산토리식품인터내셔널의 인수 또한 성장을 향한 회사의 강한 의지가 드러난 사례다.

여기서 눈여겨봐야 할 점은 두 회사가 인수를 실시한 시점에서는 J-GAAP를 채택하고 있었으며 영업권 상각이 손익계산서에 반영됐다는 것이다. 앞에서 설명한 바와 같이 영업권을 상각한다고 회사의 실제 현금이 사라지는 건 아니다. 매년 영업권 상각에 실체가 없는 이상, EBITDA를 기준으로 회사의 실적을 관찰하면 더 냉정하게 사업에 대한 의사결정을 내릴 수 있지만 손익을 중심으로 회사를 경영하면 여간해서는 그런 생각을 하기 어렵다.

빔사와 음료 자판기 운영 사업의 인수가 근본적으로 산토리 그룹의 가치 향상에 기여했는지 이 책을 집필하는 시점에서는 아직 판단하기 이르다. 하지만 J-GAAP를 채택하고 있음에도 영업권 상각을 두려워하지 않고 회사의 성장을 위해 과감하게 도전한 산토리의 인수는 눈여겨볼 만하다.

적극적인 M&A 공세로 그룹 사업의 글로벌화가 진전되면서 산토리홀딩스, 산토리식품인터내셔널 두 회사 모두 2017년 12월기부터 IFRS로 회계 기준을 변경했다.

최종 이익 보전의 유혹

모든 수단을 강구해 어떻게든 최종 적자를 피하려는 발상 또한 대표적인 이익지상주의의 증상이다.

'전년 동기 대비 감소' 이상으로 적자화라는 말은 충격이 크기 때문에 기업 가치 향상과는 직접적으로 관련이 없는 방침이라 하더라도 경영자는 모든 수단을 동원하여 적자를 피하려고 한다.

영업이익은 원가와 판관비를 조절해서 만든다. 따라서 어떤 점에서 회사의 본업과도 관련 있는 행위라 할 수 있다. 한편, 최종 이익은 영업외손익을 조절해서 만들 수 있으며 본업과는 관련 없는 재테크적인 행위다. 이러한 행위가 경우에 따라서는 회사의 경쟁력에 악영향을 미치기도 한다. 이렇듯 최종 이익을 너무 중시하다 보면 손익계산서를 부풀리게 된다.

회사를 연결하여 이익을 늘리는 방법과는 반대로 이미 연결된 회사를 연결 대상에서 제외하여 손익 수치를 좋아 보이게 만드는 방법도 있다. 그것은 '자회사·관계회사 주식을 시가로 재평가'하는 방법을 활용한 기술적인 손익계산서 작성 방식이다.

주식 평가 방법에는 취득원가와 시가가 있다. 취득원가는 취득한 시점의 주가이며, 시가는 취득 후 주식의 가격 변동 결과를 반영한 평가액이다.

예를 들어 A사가 시가총액 100억 엔인 상장 기업 D사의 주식을 20퍼센트 취득했다고 가정해 보자(취득 원가 20억 엔. 도표 30). 몇 년 뒤 D사의 사업이 호조를 보이면서 시가총액이 500억 엔에 이르렀다. 이때 A사가 보유한 D사의 주식 취득원가는 20억 엔이지만 시가는 100억 엔(500억 엔×20퍼센트)이 된다.

일본의 회계 기준(2018년 시점)에서는 회사가 보유하는 자회사 및 관계회사의 주식을 보통 취득원가로 평가한다. 따라서 타사의 주식은 보유하는 동안 재무상태표상에도 취득원가로 계상된다. 그런데 A사가 보유 중인 D사의 주식 일부를 매도하여 D사를 A사의 연결 대상에서 제외할 때는 D사의 주식을 시가로 평가해야 한다. 이와 같은 처리를 할 때 처분 주식만이 아니라 계속 보유하고 있는 D사의 주식도 취득원가에서 시가로 재평가한다. 이것은 도대체 무엇을 의미하는 걸까.

조금 전의 예로 돌아가 주식 취득 시에 100억 엔이었던 D사의 시가총액이 500억 엔으로 올라 A사가 보유하고 있는 D사 주식 20퍼센트분의 시가가 20억 엔에서 100억 엔으로 올라간 경우를 생각해 보자. 이때 A사가 D사 주식의 5퍼센트를 매도했다고 하자. 그렇게 되면 A사에는 D사 주식 5퍼센트분의 취득원가 5억 엔(취득 시의 시가총액 100억 엔×5퍼센트)과 현재 시가 25억 엔(시가총액 500억 엔×5퍼센트)의 차액인 20억 엔(25억 엔－5억 엔)이 관계기업투자주식처분이익으로 이익에 계상된다.

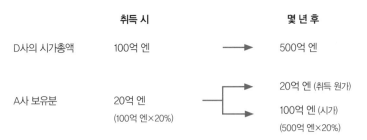

도표 30 **주식 취득원가와 시가에 의한 평가 차이**

	취득 시		몇 년 후
D사의 시가총액	100억 엔	→	500억 엔
A사 보유분	20억 엔 (100억 엔×20%)		20억 엔 (취득 원가) 100억 엔 (시가) (500억 엔×20%)

• D사의 주식을 일부 매각함으로써 실제 현금유입은 없어도 A사의 손익계산서에 시가와 취득원가의 차액(시가로 재평가)이 이익으로 계상된다.

그런데 매도한 D사 주식 5퍼센트만이 아니고 아직 A사가 보유하고 있는 D사 주식 15퍼센트(20퍼센트 – 5퍼센트)도 75억 엔(시가총액 500억 엔×15퍼센트)의 가치가 있다고 시가 평가된다. 그 결과 시가 75억 엔과 취득원가 15억 엔(취득 시의 시가총액 100억 엔×15퍼센트)의 차액인 60억 엔이 손익계산서에 이익으로 계상된다. D사 주식 15퍼센트는 처분되지 않았고 현금유입도 일어나지 않았지만 A사의 손익계산서상에서는 이익으로 만들 수 있다.

이 수법도 지분법투자이익과 마찬가지로 현금 창출이나 사업의 부가가치 향상을 수반하지 않는 기술적인 수법으로 이익을 만드는 방법 중 하나다. D사의 예라면 처분한 25억 엔(시가총액 500억 엔×5퍼센트)에 대해서는 확실히 현금유입이 발생했지만, 시가 평가한 75억 엔(시가총액 500억 엔×15퍼센트)은 손익계산서에서는 이익으로 계상됐어도 실제로 돈은 전혀 움직이지 않았다.

회사가 파트너 전략을 재정비하여 A사가 D사 주식 5퍼센트를 처분한 것이라면 괜찮지만, 만약 성장 전략상 D사의 사업 영역이 A사에 중요한데도 주식을 매도한 것이라면 어떠할까.

주식 처분으로 D사의 경영권을 포기하는 것은 A사의 성장 전략상 바람직한 판단이라고 할 수 없다. 만약 D사 주식 장부금액을 시가로 재평가해서 손익계산서상 이익으로 계상하기 위해 A사가 주식을 처분했다고 하면 이는 본말이 전도된 꼴이 된다. 실제로도 기업 중에서는 시가로 재평가하기 위해 자회사나 관계회사 주식을 매도하는 경우가 많다.

지금까지는 이익지상주의의 관점에서 연결 대상에서 제외하는 예를 살펴봤는데 반대로 이미 보유하고 있는 그룹사의 주식을 더 많이 매입해서 손익을 만드는 방법도 있다. 시가보다 낮은 취득원가로 자산에 계상돼 있는 그룹사의 주식을 추가로 매입함으로써 이미 보유하고 있는 주식도 시가 평가되어 미실현이익이 손익에 반영되는 수법이다.

주식을 처분할 때는 보유하고 있는 주식 전량을 팔지 않더라도 잔여 주식까지 시가 평가된다. 반대로 기존 그룹사의 주식을 추가 매입하는 경우에는 원래 보유하고 있던 주식까지 시가 평가된다.

시가와 취득원가의 차액이 손익계산서에 이익으로 계상되는 점에 시가 평가 트릭의 본질이 있다. 이 방법은 최종 이익이 악화되거나 적자로 돌아설지도 모르는 기업의 경영자를 강하게 유혹한다.

이와 반대로, 그룹사의 시가가 내려가 원래는 보유 주식을 매각해야 할 상황에서도 처분손이 손익계산서에 계상되는 것이 두려워 매각을 망설이는 경우가 있다. 머뭇거리는 사이에 주가가 더 많이 떨어질 수도 있으므로 비효율적인 상황을 그대로 방치하는 것은 자본비용의 측면에서 바람직하지 않다.

공매도 펀드와
상장 기업의 회계 논란

2016년 7월, 미국 공매도 펀드인 글라우커스리서치그룹Glaucus Research Group은 이토추상사ITOCHU의 2015년 3월기 결산이 분식 회계라고 주장하는 보고서를 발표했다. 글라우커스는 보고서에서 이토추의 투자 판단을 '강한 매도 추천'이라며, 회사의 주가가 최대 50퍼센트까지 하락할 것이라는 견해를 내놓았다. 글라우커스의 발표로 이토추의 주식은 일시적으로 전날보다 최대 10퍼센트까지 하락했다. 종가도 6.3퍼센트 내려갔다.

공매도 펀드란 쌀 때 주식을 사서 비싸지면 파는 일반 투자자와는 달리, 주가가 너무 비싸다고 판단되는 회사를 특정하고 그 회사의 주식을 매도해서 수익을 올리는 펀드를 말한다. 구체적으로 공매도란 주가가 높다고 판단되는 회사의 주주에게 주식을 빌려서 매도하고 시간이 지나 주가가 떨어진 시점에서 헐값이 된 주식을 다시 사들여 주식을 빌려준 사람에게 상환하는 투자 수법이다. 매도 시와 다시 매수할 때의 차익이 공매도 펀드의 수익이 된다. 공매도를 하면 주가가 높은 기업을 대상으로도 수익을 얻을 수 있다. 반대로 예측이 빗나가 공매도한 주식의 가격이 상승하면 그 차액은 공매도 펀드의 손실이 된다.

공매도 펀드가 그다지 드물지는 않지만 글라우커스가 시장에서 특수했던 까닭은 주식 매도 후에 보고서를 통해 "이토추의 주가가 부당하게 높다"라고 주장했기 때문이다. 글라우커스가 공매도 후에 발표한 보고서에는 "우리 회사는 공매도 포지션을 보유하고 있으며 주가가 하락하면 상당한 이익을 실현하는 상황에 있다."라는 사실관계가 명시돼 있었다.

공매도 펀드는 기업으로서는 결코 반가운 존재가 아니다. 얼핏 상도덕에 어긋나는 듯이 보이는 공매도 펀드지만 미국에서는 공매도 펀드가 계기가 되어 한 기업의 분식 회계가 밝혀진 사례도 있어 부정을 발견하거나 시장 효율화에 기여하는 측면도 있다.

글라우커스가 주장한 이토추의 부정한 회계 처리는 다음과 같다.

첫 번째는 2015년 3월기, 콜롬비아 석탄 사업에서 1,531억 엔 상당의 손실을 지분법 적용 대상에서 제외하여 손실을 인식하지 않은 건이다. 이토추는 2011년에 자원 개발 기업인 드러먼드 컴퍼니^{Drummond} ^{Company} 산하에서 콜롬비아의 탄광 사업을 보유·운영·관리하는 회사의 주식을 20퍼센트 취득했다. 그런데 그 후, 석탄 가격은 정점에 이르렀을 때보다 64퍼센트나 하락했다. 파업과 운영상 문제도 겹치면서 회사의 수익성은 악화됐다. 2015년 3월기에 이토추는 광산 출자분을 '관계기업투자'에서 '기타투자주식'으로 변경했는데, 글라우커스는 이 회계 처리가 부적절한 분류 변경이며 원래라면 인식해야 할 1,531억 엔 상당의 손실을 회피한 것이라고 지적했다.

두 번째는 2016년 3월기에 이토추가 1조 2,000만 엔을 투자해서 10퍼센트의 주식을 취득한 중국 국영기업 CITIC와 관련된 의혹이다. 이토추는 CITIC의 지분법투자이익과 배당 등을 통해 2017년 3월기에 700억 엔의 수익을 예측했다. 이것은 실제로 같은 기에 예측한 이토추의 당기순이익 약 3,500억 엔의 20퍼센트에 상당하는 금액이다. 이에 대해 글라우커스는 중국 정부의 지배를 받는 CITIC에 이토추가 중요한 영향력을 갖고 있지 않으므로 지분법을 적용하면 안 된다는 견해를 냈다.

세 번째는 2015년 3월에 약 600억 엔의 재평가익을 계상한 대만의 식품·유통 회사 딩신홀딩스TING HSIN HOLDINGS와 관련된 문제다. 이토추는 2015년 3월기에 딩신홀딩스를 연결 대상에서 제외했다. 이로 인해 이토추는 2015년 3월기에 딩신 주식의 시가 재평가로 약 600억 엔(같은 기의 당기순이익은 약 3,000억 엔)을 계상했다. 이 분류 변경에 대해 글라우커스는 "회계상 이익은 발생했지만 실질적으로 이토추와 딩신의 관계상 변화는 없었다."라며, 2015년 3월기의 이익 계획을 달성하기 위해 연결에서 제외한 것이 아니냐고 지적했다.

글라우커스의 주장에 대해 이토추는 법적 조치의 가능성을 언급하며 정면으로 반박했다.

우선 콜롬비아의 석탄 사업에 대해서는 여러 회계법인의 의견을 토대로 한 평가라며, 합병 파트너인 드러먼드에서 자금 거출을 요청했을 때

리스크를 관리하기 위해 요청에 응하지 않았고 실질적으로는 지분이 20퍼센트 이하가 됐음을 이유로 자사의 회계 처리는 정당했다고 반박했다. 글라우커스가 1,531억 엔 상당이라고 주장한 손실액도 글라우커스가 이용한 매출액 배율에 따른 계산(매출액에 업계 평균 배율을 곱해 추정 가치를 평가하는 방법)은 부적절하며 현금흐름할인법(현금흐름을 적정한 할인율로 할인하여 구한 현재 가치로 기업 가치를 측정하는 방법 – 옮긴이)을 이용해야 한다고 주장했다.

두 번째인 CITIC에 대해서는 "국영기업의 지분 투자가 전혀 인정되지 않는다."라는 글라우커스의 주장은 극단적인 발언인 동시에 태국 재벌인 CP그룹과 함께 투자하여 총 20퍼센트의 지분을 보유하고 있는 점, CITIC가 홍콩에서 상장한 기업이며 긴밀한 파트너로 일하고 있는 점을 들어 지분법 적용은 타당하다고 주장했다.

세 번째인 딩신에 대해서는 2014년 7월, 식품 분야에서 CP그룹과 업무 제휴할 때 이 회사의 경쟁사인 딩신을 실질적으로 지분법 대상에서 제외해야 했기에 처분한 것으로, "600억 엔의 이익을 내기 위해 몇 주 사이에 지분법 적용 대상에서 제외하여 이익을 만들었다는 지적은 전혀 사실이 아니다."라며 반론했다.

글라우커스가 지적한 세 가지는 모두 지분법 적용이나 시가 재평가라는 투자 주식 분류에 관한 내용이다. 종합상사는 많게는 1,000개사 이상의 연결 대상 기업을 보유하고 있어 손익계산서와 실제 현금흐름이 일치하지 않는 경우가 많다. 투자 주식 분류에 따른 인식의 차이는 다른 상사 역시 방관해서는 안 된다. 이 책을 쓴 시점에서 글라우커스가 보고서를 발표한 지 1년이 넘었지만 보고서 발표 다음 날 이후 이토추의 주가가 계속해서 높은 수준을 유지하고 있는 것으로 보아 투자자는 이토추 측의 의견을 지지하고 있음을 알 수 있다. 두 회사의 주장 중 어느 쪽이 타당한지 여기서는 논하지 않겠지만 이 사례는 손익의 인식 방법에 대한 차이를 보여 주는 상징적인 사건이라고 할 수 있다.

현금흐름을
중요시한다

이익은 의견, 현금은 사실. 계산상으로는 맞는데 현금이 모자라다는 말은 이익과 현금의 근본적인 차이를 나타낸다. 지금까지 여러 번 언급했듯이 손익계산서상 숫자는 의도적으로 좋게 만들 수 있다. 기술적인 조작으로 회사의 실적을 실제보다 더 좋아 보이게 만드는 것이 합법적으로 가능하다.

투자자, 채권자, 거래처와 같은 외부인이 회사의 실태를 정확히 파악해서 합리적으로 행동하기 위해서는 이익과 현금의 차이에 대해 알아둬야 한다. 경영자와 직원 등 회사 내부자들 또한 이익과 현금의 차이를 아느냐 모르느냐가 회사의 존속을 좌우할 수도 있다는 사실을 제대로 인지할 필요가 있다.

적자가 났거나 자본잠식 상태에 빠졌다고 해서 회사가 바로 도산하는 것은 아니다. 하지만 현금이 바닥나고 거래처에 지불해야 할 돈을 마련하지 못하면 회사는 도산하고 만다. 극단적인 예로 손익계산서상으로는 흑자여도 자금이 없어 회사가 도산해 버리는 경우도 있다. 이것이 흑자 도산이며 계산상으로는 맞는데 현금이 모자란 상황에서 일어난다. 특히 급성장하는 사업에서는 수중에 보유하는 현금보다 더 많은 자금이 필요하기 때문에 흑자 도산이 일어나기 쉽다.

적자가 이어져도 자금이 있으면 사업은 계속 운영되지만, 자금이 바닥나면 회사는 도산한다. 그래서 회사를 운영하는 데 현금흐름이 중요한 것이다. 특히 여유 자금이 없는 중소기업은 경영 과제의 대부분이 자금 융통과 관련 있다고 해도 과언이 아니다.

운전자본 증가는 위험 신호

계산상으로는 맞는데 현금이 모자란 전형적인 예는 사업 확장으로 운전자본이 증가하면서 발생하는 자금 부족 현상이다. 운전자본이란 사업을 운영하는 데 필요한 자금을 말한다.

제조업을 예로 들어 살펴보자. 제조업은 기본적으로 회사가 외부에서 원재료를 매입하여 사내에서 제품을 가공하고, 가공한 제품을 고객에게 판매하여 대금을 회수하는 방식으로 사업을 운영한다. 여기서 알아둬야 할 점은 원재료 매입이나 제품 판매처럼 구체적으로 물건이 움직이는 시점과 돈이 움직이는 시점이 다르다는 것이다.

우리가 일상생활에서 물건을 사는 상황을 생각해 보면 편의점이나 슈퍼마켓 같은 불특정 다수의 소매점에서 현금을 지불하고 상품을 손에 얻는 과정을 떠올릴 수 있다. 이 경우 물건을 살 때 판매자에게 돈을 낸다. 그러나 법인은 개인과 달리 기본적으로 특정 거래처와 매입이나 판매를 반복한다. 한 거래처와 일정 기간 여러 번 거래하기도 하므로 그때마다 현금을 주고받으면 현장의 업무가 복잡해진다. 그래서 법인 간 거래에서는 일정 기간(보통은 월 단위) 동안 발생한 거래 대금을 모아서 일정 기간 후에 지불하는 상관행이 있다.

매입 대금 중 매입처에 아직 지불하지 않은 대금을 '외상매입금'이라고 한다. 외상매입금은 거래처별로 정해진 기간이 지난 후 매입처에 지불한다. 외상매입금은 재무상태표의 우측에 부채로 계상되는데(도표 6), 일정 기간 후에 지불해야 하는 돈이라는 점에서 부채와 공통점이 있다. 한편 상품을 판매한 고객에게서 아직 회수하지 못한 대금을 외상매출금이라고 한다. 외상매출금은 일정 기간 후에 판매처에게서 대금을 회수할 수 있는 권리(채권)이며 재무상태표의 좌측에 자산으로 계상된다. 기한이 되면 현금을 획득할 수 있는 권리라는 점에서 자산적인 가치가 있기 때문이다.

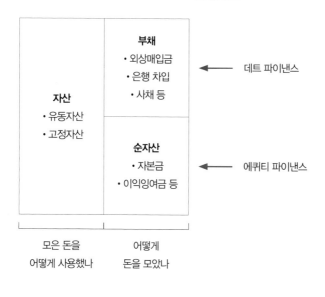

도표 6 **재무상태표**

부채
- 외상매입금
- 은행 차입
- 사채 등

← 데트 파이낸스

자산
- 유동자산
- 고정자산

순자산
- 자본금
- 이익잉여금 등

← 에퀴티 파이낸스

모은 돈을
어떻게 사용했나

어떻게
돈을 모았나

고객이 제품을 좋게 평가해 판매량이나 매출이 늘어나면 회사로서는 좋은 일이다. 한편 판매량이나 매출이 늘어나는 것은 원재료 매입 등, 회사가 선행해서 지불해야 하는 돈이 늘어난다는 의미이기도 하다.

원재료를 매입하고 나서 대금을 지불하기까지의 기간(대금 지급 조건)과 제품을 판매하고 나서 대금을 회수하기까지의 기간(대금 회수 조건)에 차이가 발생하는 데 주의하고 외상매입금이나 외상매출금이 어느 정도인지 항상 파악한 뒤 필요한 운전자본을 준비해 둬야 한다. 그러지 않으면 매출이 늘어서 이익이 났는데도 외상매입금을 지불하는 시점에 현금이 제때 회수되지 않아 결국 회사가 도산하는 사태를 초래하게 된다.

현금전환주기를 확인하라

매입 대금을 지불하고 매입한 물건을 판매해서 대금을 회수하기까지의 기간을 앞에서 말한 현금전환주기ccc라고 한다. 매입 대금을 지불하고 매입한 물건을 판매한 대금을 회수하기까지 30일이 걸린다고 하면 현금전환주기는 30일이 된다. 현금전환주기가 짧을수록 보유 자금에 여유가 생겨 매입이나 새로운 설비투자에 지불할 자금에 더 여유가 생긴다. 소매업처럼 상품이 판매된 자리에서 현금을 회수하는 '현금 장사'는 다른 업태에 비해 현금전환주기가 짧은 편이다. 회사가 여유 자금을 보유하고 안정적으로 경영을 이어가려면 현금전환주기 기간이 중요하다.

대금 지급 조건이나 대금 회수 조건의 기간이 원인이 되어 매출이나 이익은 늘어났는데 현금흐름이 나빠지는 경우는 규모의 크기를 떠나 모든 회사에서 일어날 수 있다. 자금 융통으로 힘들어하는 지방의 중소 공장보다 기간에 대한 인식이 부족한 대기업 IT 회사에서 오히려 더 잘 일어날지도 모른다.

거래처의 대금 회수 기간을 길게 하는 대신 대량으로 수주하는 상황을 가정해 보자. 손익계산서상으로는 매출도 올릴 수 있고 매출총이익도 많이 계상되지만 현금흐름은 악화된다. 회사의 보유 자금이 많아 전체 거래량으로 봤을 때 영향을 거의 미치지 않는다면 이 같은 거래가 합리적일 수도 있다. 그러나 운전자본이 부족한 회사라면 장기간의 현금전환주기를 메우기 위해 차입금을 끌어오는 등 자금을 마련해야 한다. 이익이 적은 사업이라면 차입금 이자로 이익의 대부분이 사라지기도 한다. 그러면 거래량을 늘린 의미가 없게 된다. 많은 기업이 손익에만 주목하고 현금에 별로 주의를 기울이지 않아 이런 함정에 빠지고 만다.

이런 사태를 막기 위해서는 현금전환주기를 적절한 기간으로 유지하고 운전자본을 줄이는 노력해야 한다. 구체적으로는 주로 다음 세 가지 방법이 있다.

① 대금 지급 조건을 길게 설정한다(원재료 매입 대금을 되도록 늦게 지불한다).
② 대금 회수 조건을 짧게 설정한다(상품 판매대금을 되도록 빨리 회수한다).
③ 재고를 줄인다(매입에서 판매까지 소요되는 기간을 단축한다).

대금 지급 조건이나 대금 회수 조건 같은 기간 설정은 거래처와 협상하기 나름이다. 매입처에 너무 긴 대금 지급 조건을 요구하면 매입처로서는 현금전환주기가 장기화되므로 그만큼 가격을 올릴지도 모른다. 그러므로 업계 표준에서 벗어나지 않는 범위 내에서 타협하는 수밖에 없다.

자회사 관리가 소홀해진다

현금의 중요성을 경시하는 자세는 자회사 관리에서 드러나기도 한다. 보통 모회사는 자회사의 손익계산서를 월 단위로 세세하게 관리하고 사업에 큰 변화가 없는지 모니터링한다. 그러나 아무리 자회사의 이익이 많고 현금이 축적돼 있다 한들 배당이나 차입(모자회사 간 자금 융통)으로 자금을 취득하지 않는 이상 자회사가 창출한 현금을 모회사가 마음대로 쓸 수 없다.

현금을 경시하는 사고에 빠진 회사라면 자회사의 손익은 철저히 모니터링하는 반면, 배당이나 차입(모자회사 간 자금 융통)에 대해서는 전혀 논의하지 않는 경우도 있다. 그래서 손익만 보고 현금이 축적됐다고 생각했는데 막상 사업에 적극적으로 투자하려고 뚜껑을 열어 보면 모회사에 있어 가장 중요한 현금이 없는 사태가 벌어지기도 한다. 자회사를 관리하려면 손익뿐만 아니라 현금까지 고려해서 그룹사 간 적절히 현금이 배분되도록 검토해야 한다.

사업에서 발생하는 현금흐름을 목적으로 다른 회사를 인수하려는 전략을 세우는 회사도 있다. 인수한 다음 자회사 경영진을 모두 모회사에서 파견한다면 상관없겠지만 인수 전 회사의 경영진이 계속 경영에 관여한다면 인수하기 전에 자회사가 창출하는 현금 취급 방식에 대해 미리 합의해야 한다. 합의하지 않으면 자회사 경영진이 창출한 현금을 이용해서 추가 투자를 하려고 할 때 배당 방침이나 자금 사용 용도를 놓고 모회사와 자회사 경영진 사이에 의견

　　　　　　　　　　　　　　사장을 위한 마지막 경영 수업

충돌이 일어날 수 있기 때문이다.

현금흐름을 경시하는 사고와는 대조되는 대표적인 인물이 바로 버크셔해서웨이Berkshire Hathaway의 워런 버핏Warren Buffett이다. 버크셔해서웨이는 보험 사업에서 창출되는 현금흐름을 이용해서 코카콜라Coca-Cola, 크래프트하인즈Kraft Heinz, 아메리칸익스프레스American Express처럼 탄탄한 브랜드를 보유한 소비재 회사, 언론, 금융 사업 등에 적극적으로 출자해 왔다. 회사의 투자 스타일은 장기 보유를 전제로 하고 있으며 시장의 수익률을 압도적으로 웃도는 투자 수익을 오랫동안 쌓아 온 것으로 유명하다. 사람을 더 많이 고용하고 관리는 하지 않는다는 말에서 알 수 있듯이 워런 버핏은 인수한 사업의 운용에 개입하지 않는다. 그러나 현금흐름은 집약적으로 관리한다.

버크셔해서웨이에서는 자회사의 잉여자금을 본사에서 집중 관리한다. 부회장인 찰스 멍거Charles Munger는 "버크셔에서 경영은 분권화돼 있지만 자본 배분은 집중 관리되고 있다."라고 했다. 사업 운영의 권한을 위양함과 동시에 현금을 중앙 집권적으로 관리하여 다음 투자에 활용하는 방식은 버크셔해서웨이의 성공을 지탱하는 독특한 요인 중 하나다.

끝까지
자문한다

여러 사업을 전개하는 대기업의 경우 사업별로 손익을 엄격히 모니터링하고 있지만 사업의 가치에 대해서는 소홀히 하는 회사가 많다. 개별 사업에 얼마나 주력해야 할지 판단하는 것은 대기업에게 중요한 경영 과제다. 가령 어떤 사업에 장래성이 없다고 판단되면 철수를 포함한 향후 처리에 대해 냉정히 검토해야 한다. 그런데 손익을 중심으로 자사 사업을 평가하면 흑자이기만 하면 괜찮다고 생각해 냉정한 의사결정을 내리지 못한다.

사업은 투자한 자금에서 회수 가능한 수익의 규모나 확실성, 실패할 경우 회사가 입을 피해 등을 추정한 후에 실제로 운영할지 말지 판단해야 한다. 사업을 시작한 후에도 시시각각 변하는 경쟁 환경을 반영해서 항상 사업을 재평가하고 앞으로도 매력적인 사업일지 파악해야 한다.

예를 들어 성장이 기대되는 시장에서 새로운 사업을 시작해 매출이 오르고 이익도 났지만 예상보다 이익 폭이 매우 작다고 가정해 보자. 이익 폭이 작으면 그 사업에서 투자 여력을 확보할 수 없고, 특히 초기 투자를 많이 한 사업은 예측한 만큼 투자금을 회수하지 못하게 된다. 사업을 시작하기 전에는 이 같은 사태가 일어나리라고 예상하지 못한다. 이 경우 경영자는 어떤 판단을 해야 할까?

그 사업은 가치 향상에 기여하는가

대부분의 사업에는 사전에 아무리 꼼꼼히 추정을 거듭해도 실제로 해보지 않으면 알 수 없는 함정이 존재한다. 과감하게 리스크를 감수해서 실행하는 태도도 중요하지만 동시에 뜻밖의 사태가 닥쳤을 때 재빨리 방향을 전환하는 유연성도 중요하다. 이익 폭이 너무 작은 사업은 수익 구조의 큰 전환이 일어나지 않는 한, 밝은 미래를 전망할 수 없다.

그런데 이익 폭은 작아도 흑자 상태라면 이익이 나고는 있으니까 아직 계속해도 될 것 같은 분위기가 조성돼 버린다. 사업을 철수하려고 하면 흑자 사업인데 왜 그만두려고 하냐며 반대하는 목소리가 조직 안팎에서 나올 것이다. 그 결과, 흑자는 나니까 사업은 당분간 지켜보는 쪽으로 판단하게 되기도 한다.

초기 투자 금액의 회수가 어려워 사업 개시 5년 후에 손상 회계 처리가 필요하다고 판단돼도 5기의 적자만 받아들이면 4기까지는 흑자였기 때문에 '그럭저럭 해왔다'는 견해가 사내에서 공유되기도 한다. '5년 동안 4승 1패였으니까 이 정도면 괜찮다'는 말까지 나온다. 자본비용의 관점에서 보면 이런 생각이 얼마나 어리석은지 알 수 있다. 그래서 흑자일 때 오히려 사업의 손절매(앞으로 주가가 더욱 하락할 것으로 예상하여 가지고 있는 주식을 매입 가격 이하로 손해를 감수하고 파는 일 – 옮긴이)를 판단하기 더 어렵다.

경영자는 자금 회수가 예상대로 되지 않는다고 깨달은 시점에서 '그 사업이 회사의 본업인지' 자문해야 한다. 본업이 아니라면 그 사업이 없어지면 본업을 계속 못할 정도로 영향을 받는지 검토할 필요가 있다.

만약 이 질문에 대한 답이 'NO'라면 빠른 시일 내에 해당 사업을 외부화하기 위한 대책을 세워야 한다. 구체적으로는 타사 사업과의 통합으로 자사에서 분리, 자사 공정의 아웃소싱, 사업 매각, 사업의 축소 및 철수 등이 있다.

흑자니까 아직 괜찮다, 흑자 사업을 일부러 잘라낼 필요는 없다는 관점으로 생각하면 상황은 더 악화되기만 할 뿐이다. 때에 따라서는 회사 전체의 근간이 흔들리기도 한다. 자사의 가치를 향상하는 데 진정으로 의미 있는 사업에 전념하도록 늘 의식해야 한다.

샤프가 대만 기업에 인수된 까닭

사업의 가치를 경시한 나머지 구조적으로 수익성이 낮은 사업에 대한 대책이 뒷전으로 밀린 전형적인 사례로 샤프의 액정 텔레비전 사업을 들 수 있다. 샤프는 1912년에 설립된 역사가 오래된 전자기기 제조사다. 독창적인 가전제품 라인업과 한때 세계 최고의 생산량을 자랑한 태양전지·태양광발전의 모듈 생산량 등으로 유명했지만 2016년에 대만의 훙하이정밀공업HON HAI PRECISION INDUSTRY에 인수됐다.

샤프가 이 같은 사태에 이르게 된 배경에는 10년 넘게 대규모로 투자해 온 액정 사업의 부진으로 인한 수익성 악화가 있었다.

샤프는 2001년에 액정 텔레비전 'AQUOS'의 판매를 시작했으며 액정 텔레비전 사업이 성장의 중심으로 자리매김했다. 2003년 당시에는 지상파 디지털 텔레비전 방송 도입을 앞두고 텔레비전의 교체 수요가 높았다. 다음 해인 2004년에는 가메야마 공장, 2006년에는 가메야마 제2공장을 설립하는 등 대규모 설비투자를 연이어 실시하면서 액정 텔레비전 사업을 적극적으로 추진했다. 당시 가메야마 공장의 이름을 딴 '세계의 가메야마', '가메야마 모델'이라는 문구는 많은 관계자의 이목을 끌었다.

그런데 해외 기업에 액정 기술이 유출되어 경쟁이 심해졌을 뿐 아니라, 엔화 강세로 가격이 하락하고 리먼 사태 후 경기 불황으로 수요가 줄면서 사업은 점점 기울었다. 2009년에는 최첨단 액정 공장 샤프 디스플레이 프로덕트(현재 디스플레이 프로덕트)를 가동했지만 사업이 성장할 것이라는 전제로 설비투자를 했기에 새 공장의 가동률은 당초 계획한 수치에 미치지 못했다. 스마트폰이 보급되기 시작한 시기에는 중소형 액정 패널 사업이 성장을 이끌었지만 그 후 양산화에 뒤처지면서 수주가 줄고, 중국 스마트폰 제조사가 출현하면서 가격 하락과 경쟁 심화로 이 사업도 침체의 늪에 빠졌다.

샤프는 10년 넘게 액정 사업에 대규모 투자를 계속해 왔지만 액정 패널 사업은 기대한 만큼 성장하지 못했다. 결과적으로 회사의 예상이 빗나가면서 그동안의 과잉 투자가 수익성을 악화시키는 주요인이 됐다.

샤프가 액정 사업을 진행하던 초창기에는 액정 텔레비전이 전 세계적으로 잘 팔리는 시기였다. 부품 제조사는 최고 이익을 갱신했으며 액정 텔레비전 관련 사업은 의심할 여지 없이 매출을 이끄는 성장 사업이었다. 이 시기에 시장 규모는 급속도로 확대돼 전자기기 제조사 사이에서는 '지금 투자하지 않으면 기회를 놓친다'는 위기감마저 조성됐다. 업계 전체가 과도한 경쟁에 빠진 상태였다.

액정 텔레비전 관련 사업을 전개하기 위해서는 설비투자가 이뤄져야 하며 많은 현금이 필요하다. 원래라면 투자금 회수나 시간 가치 등을 바탕으로 의사결정을 해야 했지만 샤프는 투자 자금의 대부분을 은행에서 차입했다. 손익이 단기적으로 급등했기 때문에 사업 규모의 성장과 투자금 회수 계획을 안일하게 세운 것이다. 투입된 현금은 2년간 전혀 회수가 안 돼 오래도록 회사의 재무 상황을 악화시켰다.

당시의 액정 사업은 성장은 둔화됐지만 증수증익이 계속되는 상황이었다. 투자 회수가 불가능하다고 예측돼도 사업을 '철수하겠다'는 말을 꺼내기 힘들었다. 샤프의 2006~2008년 연초 기자회견 자료를 살펴보면 회사는 시장 규모의 확대와 매출에 관해서는 설명했지만 투자 회수에 관한 설명은 전혀 하지 않았다. 리먼 사태 후인 2009년의 경영 전략 설명회 자료에서는 투자유가증권평가손실이나 사업구조개혁비용을 거액으로 계상했다고 언급하고 있어 정리해고 쪽으로 방향을 전환했음을 확인할 수 있지만 이때는 이미 버스가 떠난 뒤였다.

샤프의 사례를 통해 회수될 가망이 없는 사업을 계속 추진하면 돌이킬 수 없는 사태로 번질 수 있음을 알 수 있다.

히타치의 성공적인 HDD 사업 매각

샤프와는 달리, 흑자 사업임에도 기업 가치의 관점에서 과감하게 사업 매각을 단행한 사례도 있다. 제3장에서 소개한 히타치의 HDD 사업 매각도 여기에 해당된다. 이미 설명했듯이 히타치제작소는 1910년에 설립된 오랜 역사를 자랑하는 회사로 일본을 대표하는 종합 전기·전자기기 제조회사다.

2002년 히타치제작소는 IBM에게서 HDD 사업을 인수했다. 인수액은 20억 5,000만 달러였으며 히타치 사상 가장 큰 규모로 실시된 인수였다. 2003년에는 기존 HDD 부문을 통합하여 주식회사 히타치글로벌스토리지테크놀로지Hitachi Global Storage Technologies(이하 히타치GST)를 설립했다.

당시 히타치는 반도체 사업도 운영했고 하드웨어와 전자 사업에서도 계속해서 확대 노선을 펼쳤다. 연간 200억 달러 규모의 HDD 시장에서 마켓 리더가 되기 위해 히타치는 IBM의 HDD 사업을 인수했지만 당시 HDD 사업을 운영하는 기업이 많아 경쟁이 치열했고 가격 경쟁이나 범용화의 파도로 수익성이 서서히 나빠지고 있었다. 그런 까닭에 회사는 몇 년 동안 거액의 적자를 계상하게 됐다. 2005년부터 회장 겸 CEO로 히타치GST의 기업 회생을 추진한 이가 나중에 히타치제작소의 사장으로 취임하게 되는 나카니시 히로아키다. 한때는 사업을 매각할 것이라는 소문도 돌았지만 회사는 자력으로 경영 위기를 극복했다.

그 결과, 2008년 히타치GST는 영업흑자를 달성했으며 히타치제작소의 연결 결산에도 크게 기여했다. 2010년에는 또 다른 대규모 투자와 경영 속도 향상을 목표로 히타치GST의 나스닥 상장 준비도 발표했다. 그런데 이듬해, 히타치는 이 방침을 번복하고 히타치GST를 웨스턴디지털Western Digital, WD에 매각해서 회사는 WD의 완전자회사가 됐다. 매각액은 약 43억 달러였다.

당시 히타치처럼 전통적인 대기업이 흑자 사업을 영위하는 대규모 자회사를 매각하는 일은 흔하지 않아 많은 화제를 모았다. 그때 히타치제작소 사장을 지냈던 이가 부진했던 자회사 히타치GST의 회생에 나섰던 나카니시 회장이었다는 사실과 함께, 히타치의 성역 없는 선택과 집중의 결과로 HDD 사업 매각은 세간에 강렬한 인상을 남겼다. 향후 HDD의 범용화가 점차 진행될 상황을 우려하는 가운데 WD가 히타치GST를 높이 평가한 점을 매각의 이유로 들 수 있다. 히타치는 HDD 사업 매각을 통해 확보된 자금과 인적 자원을 활용하여 사회 이노베이션 사업을 강화하겠다고 발표했다.

히타치는 2007년 3월기부터 4기 연속으로 적자를 기록했다. 2009년 말에 제3자배정증자(발행회사가 주주의 지분 비율대로 신주를 배정하는 것이 아니라 특정인[제3자]에게 신주인수권을 주어 증자 신주를 인수하게 하는 방법 – 옮긴이)와 전환사채를 합쳐 약 3,500억 엔을 조달하고 재무 정상화 및 사업의 선택과 집중을 추진한 시기가 바로 이때다. 히타치GST의 매각은 2011년 3월에 일어난 동일본 대지진 직전에 이뤄졌는데 같은 해 여름 태국에서 일어난 홍수의 피해도 입지 않아 결과적으로 히타치로서는 가장 좋은 시기에 사업을 매각하게 된 셈이었다.

히타치GST의 매각으로 HDD 업계의 개편이 촉진되어 히타치가 HDD 사업을 보유했던 때보다 사업의 매력도가 더 올라갔다. 히타치는 히타치GST를 매각할 때 매각 대가로 현금뿐 아니라 WD 주식 일부를 받아 WD의 기업 가치 향상분도 매각의 수익으로 얻게 됐다.

히타치는 실적 면에서 어려운 상황이었는데 만약 이때 손익계산서상 이익 확보를 우선으로 했더라면 V자 회복을 실현하지 못했을 것이다. 사업은 가치가 떨어지리라 예측되는 시점에서 되도록 빠른 시기에 높은 가격으로 매각해야 한다. 그러나 현장에서 많은 반발이 일어나기도 해 말처럼 쉬운 일이 아니다. 그런 상황에서 과감하게 HDD 사업을 매각하기로 결정한 히타치의 사례는 보기 드문 성공 사례라 할 수 있다.

계속기업의 역할에
집중한다

상장 기업은 향후 무기한 사업을 계속하는 것을 기본 전제로 한다(계속기업). 한편 결산은 1년이나 분기 등의 단위로 기간이 정해져 있어 회사는 기간의 결과로 평가된다.

따라서 경영자는 어떻게든 당장의 결산 내용을 좋게 하고자, 손익계산서상 수치를 좋아 보이게 하려고 한다. 정도가 지나치면 사업 매각이나 구조 개혁처럼 장기적으로는 회사의 성장에 기여하지만 단기적으로는 비용을 계상해야 하는 전략을 대담하게 펼치지 못하게 된다.

회사의 장기적인 실적은 단기적인 실적이 축적되어 달성되는데 당장 손익계산서 수치를 좋게 만드는 데 우선해서 오랫동안 쌓아 온 회사의 가치를 떨어뜨린다면 이는 본말이 전도된 상태라 할 수 있다.

도시바의 분식 회계 사건

단기주의의 대표적인 예로 2015년에 수면 위로 떠오른 도시바의 분식 회계 사건을 꼽을 수 있다. 같은 해 7월, 도시바의 분식 결산에 관한 제3자위원회(어떤 문제가 발생했을 때, 위기관리 체제의 재구축을 신속하고 확실히 하기 위한 목적으로 당사자 이외의 외부 전문가로 구성해 문제를 검증하는 위원회 – 옮긴이)의 보고서가 발표됐다. 보고서에 따르면 도시바는 2008년도부터 2014년도 3분기에 걸친 7년 남짓한 기간 동안 누계 1,562억 엔에 달하는 이익을 과대 계상한 사실이 밝혀졌다.

이 사건은 도시바라는 일본을 대표하는 대기업 전기·전자기기 제조회사에서 일어났다는 점, 부정 계상된 금액이 거액인 점에서 많은 화제가 됐다. 그리고 부적절한 회계 처리를 한 사업 부문이 연결 자회사를 포함해 여러 부문에 걸쳐 있었으며, 당시 사장 스스로가 부적절한 회계 처리에 관여된 적도 있어 도시바 그룹이 전사적으로 저지른 부정행위로 세간에 강하게 인식된 사건이기도 하다. 도시바의 분식 회계 발표로 회사의 주가는 급락했다. 자금 융통도 어려워져 주력 사업인 자회사 도시바메디컬시스템Toshiba Medical Systems와 도시바메모리Toshiba Memory를 매각해야 하는 사태에까지 이르렀다.

제3자위원회가 조사한 결과, 분식 회계 금액이 가장 많았던 부문은 PC 사업이었다. 조사 결과 625억 엔이 수정됐다. PC 부문에서는 5년 동안 '마스킹 차액'을 이용해 부정 이익을 계상했고 단기적인 손익계산서상 이익을 축적했다. 지금부터 도시바가 PC 사업에서 저지른 단기주의적인 이익 계상 수법을 살펴보도록 하자.

도시바의 PC 사업 부문은 ODM(제조업자 개발 생산 방식, 개발력을 갖춘 제조업체가 유통망을 확보한 유통업체에 상품이나 재화를 공급하는 생산 방식-옮긴이) 하청 업체에 컴퓨터 제조를 위탁했다. 원래 컴퓨터 제조에 필요한 부품은 ODM 업체가 자체적으로 매입해 컴퓨터 완성품을 만들었다. 2001년부터 2002년에 걸쳐 도시바의 PC 사업은 실적 부진에 허덕였다.

2004년에 도시바는 PC 사업의 구조 개혁을 단행했는데 제조원가 절감이 주요 과제로 떠올랐다. ODM 업체에서 컴퓨터를 매입할 때 비용을 낮춰 PC 사업의 수익성을 개선하려고 했다. 그러기 위해 도시바는 컴퓨터 제조에 필요한 주요 부품을 자체적으로 일괄해서 조달하고 그 부품을 ODM에 양도하는 방식으로 비용 절감을 꾀했다. ODM이 아니라 도시바에서 대량 발주를 넣어 주요 부품의 조달 비용을 줄이는 것이 원래 목적이었다.

도시바가 일괄 구입한 부품은 조달액에 일정 가격을 얹어 ODM 업체에 양도됐다. ODM에 양도될 때의 가격을 '마스킹 가격' 이라고 한다(도표 31). 마스킹 가격은 도시바의 부품 조달 가격을 감추기 위해 설정된 것이다. ODM은 도시바에서 매입한 부품의 조달 가격(마스킹 가격)에 가공비 등을 더 얹어 컴퓨터 완성품을 도시바에 납품했다. 마스킹 가격을 포함한 이러한 거래 형태는 제품 개발을 외주하는 업체에서 드물지 않아 이 자체로는 문제될 게 없었다.

문제는 부품을 ODM 업체에 양도할 때 도시바는 부품 조달 가격에 얹은 차액(마스킹 차액)을 완성품인 컴퓨터 '제조원가의 마이너스'로 손익계산서에 계상하여 ODM 업체가 컴퓨터 완성품을 납품할 때 제조 대금과 상쇄한 것이다. 원래 도시바는 완성품인 컴퓨터를 고객에게 판매함으로써 처음으로 매출을 계상하고 현금을 획득한다. 그런데 ODM 업체에 부품을 판매한 대금을 손익계산서에 계상하면 아직 컴퓨터가 완성되지 않은 단계에서 매출과 현금이 발생하지도 않았는데 이익(제조원가에서 차감)은 계상되는 사태가 발생한다.

도시바는 마스킹 차액을 이용하여 손익계산서상 당기 이익을 점점 올렸다. 어떤 기에 마스킹 차액을 이익으로 계상해도 컴퓨터 완성품을 납입한 단계에서 그 이익은 상쇄되기 때문에 여러 기에 걸쳐 보면 밸런스는 맞춰진다. 그런데 완성품이 납품되고 이익이 상쇄되는 시기에 많은 부품을 ODM 업체에 또 양도하고 이익으로 계상하면 상쇄된 이익분을 웃도는 이익을 다시 계상할 수 있다. 도

사장을 위한 마지막 경영 수업

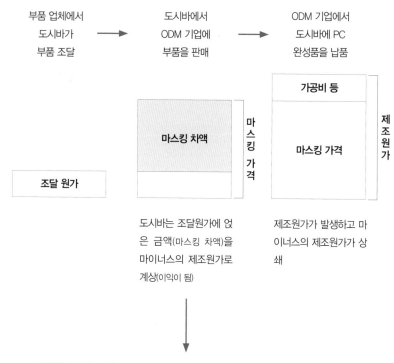

도표 31 **도시바의 PC 마스킹 가격 조작**

부품 업체에서
도시바가
부품 조달 → 도시바에서
ODM 기업에
부품을 판매 → ODM 기업에서
도시바에 PC
완성품을 납품

조달 원가

마스킹 차액

마스킹 가격

가공비 등

마스킹 가격

제조원가

도시바는 조달원가에 얹은 금액(마스킹 차액)을 마이너스의 제조원가로 계상(이익이 됨)

제조원가가 발생하고 마이너스의 제조원가가 상쇄

• PC가 완성되지 않고 매출이나 원가가 발생하지 않은 단계에서도 이익이 계상된다.
• 마스킹 차액을 자의적으로 설정함으로써 이익을 부풀릴 수 있다.
  ⇒ 마스킹 차액이 증가하면 이전의 마이너스 원가가 상쇄돼도 이익을 또 부풀릴 수 있다.
  2008년도는 조달 원가의 2배였던 마스킹 차액이 2012년도에는 5.2배로까지 올랐다.

시바는 월 단위로 ODM 업체에 부품을 양도할 때 마스킹 가격을 점점 올린 뒤, ODM 업체에 필요 이상의 부품을 양도함으로써 추가 이익을 냈다. 이런 거래가 '챌린지'라는 이름으로 2008년부터 일상적으로 행해졌다. 처음에는 부품 가격의 2배였던 마스킹 차액이 2012년에는 부품 가격의 5.2배로까지 오른 것이 조사 보고서에 기록돼 있었다.

2012년에는 그동안 도시바의 PC 사업 부문과 ODM 업체 간에 일어난 이 같은 거래에 그룹 내 자회사까지 연루됐다. 도시바가 조달한 부품을 도시바 자회사에 마스킹 가격으로 양도함으로써 도시바는 이익을 부풀리고 그 자회사가 또 다른 그룹사에 마스킹 가격보다 더 높은 가격으로 양도하는 방식으로 사내 거래가 이뤄졌다. 복수의 그룹 자회사를 거친 부품은 최종적으로 높은 가격으로 ODM 업체에 양도됐는데 그룹 내에서 PC 부품 거래가 일어나면서 더 신속한 이익 조절을 할 수 있었다.

도시바의 분식 회계 문제는 매우 복잡해 보이지만 PC 부문의 부품 거래는 흔히 일어나는 '기말의 밀어내기 판매'와 구조가 같다. 게다가 복수의 그룹사를 이 거래 과정에 개입시켜 주고받기식 거래(순환 거래)와 비슷하게 이익이 계상됐다.

기술적으로 회계를 조작해도 실제로는 현금이 늘지 않기 때문에 최종적으로는 어딘가에서 결산 숫자를 맞춰야만 한다. 매기의 이익을 우선시하다 보면 점점 결산 숫자를 맞추는 일을 뒤로 미루게 되어 최종적인 영향액이 크게 늘어난다. 이를 상징적으로 나타낸 것이 제3자위원회의 조사 보고서에 실린 PC 사업 매출액과 영업손익의 월별 추이(도표 32)다. 도표 32를 보면 분기의 기말에만 영업이익이 많이 계상돼 있고 다른 달은 이익이 잠복해 있음을 알 수 있다. 분식 회계가 발각되기 전에는 기말의 영업이익이 매출액

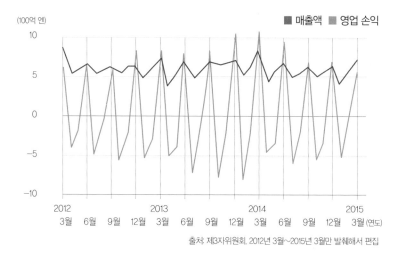

도표 32 **PC 사업 매출액과 영업손익의 월별 추이**

(100억 엔)

■ 매출액 ■ 영업 손익

출차: 제3자위원회. 2012년 3월~2015년 3월만 발췌해서 편집

을 초과하는 사태로까지 번졌다.

단기주의를 피하기 위한 MBO

회사의 상황이 좋든 나쁘든 이해관계자에게 있는 그대로 공유하고 향후의 계획을 진지하고 성실히 설명하는 것이 IR의 기본자세다. 현재 상황을 좋게 꾸며서 전하거나 아예 분식 회계를 하여 의도적으로 회사를 실제 상황보다 더 좋게 보이려는 일은 해서는 안 된다. 자본 시장에서는 결산기 단위로 실적을 개선하도록 강하게 요구하기 때문에 단기적으로 회사의 실적을 좋아 보이게 하려는 상

황이 발생한다.

자본 시장에서 단기적인 실적 압박을 피하기 위해 채택하는 것이 MBO[Management Buy Out]다. MBO란 경영자가 주주에게서 자사 주식을 사들이는 것을 말한다. 외부 주주가 없는 100퍼센트 오너 기업이 됨으로써 경영을 할 때 경영자의 의사를 더 쉽게 반영하기 위해 실시된다. 상장 기업은 MBO로 시장에 유통되는 주식을 다시 사들여 자사 주식을 비상장화한다. 최근 일본에서는 가발 회사 아데랑스[Aderans], 대기업 연예 기획사 호리프로[Horipro], 츠타야[TSUTAYA]를 운영하는 회사로 잘 알려진 컬처컨비니언스클럽[Culture Convenience Club](출판사 겐토샤[GENTOSHA]) 등이 MBO를 실시했다.

경영자[Management]가 회사를 인수[Buy Out]해서 MBO라고 하지만, 실제로 경영자가 주식을 다시 사들이기 위한 자금을 모두 마련하는 경우는 매우 드물다. 대부분의 MBO는 경영자의 장기적인 경영 방침에 찬성하는 바이아웃 펀드[buyout fund](바이아웃 자금으로 활용되는 투자 펀드의 일종. 부실기업의 경영권을 인수하여 기업 가치를 높인 후 다시 기업을 되팔아 수익을 내는 펀드 - 옮긴이) 등이 90퍼센트 이상의 자금을 제공하며 그들이 새로운 주주가 된다. 따라서 대부분의 MBO는 실질적으로는 바이아웃 펀드의 인수이며, 모든 경영 지배권을 경영자가 쥐는 것이 아니다.

MBO를 실시하는 이점으로 단기적인 실적 압박이 없어진다는 점을 들 수 있다. 회사는 장기적인 시점에서 수립한 전략을 지지하는 주주(경영자 본인이나 바이아웃 펀드 등)와 함께 사업을 성장시켜 나가므로 단기적인 시점을 너무 의식할 필요가 없다. 장기적인 가치 창조에 전념하므로 이익을 압박하는 대규모 투자 같은 비연속적인 전략을 실행하기 쉽다.

비상장화가 실현되면 불특정다수인 주주를 위한 IR을 할 필요도 없어진다. 주식회사의 특성상 경영자는 주주를 대신해 회사를 운영하므로 투자자에게 회사의 재무 상황을 설명할 책임이 있다. 그러나 모든 투자자가 경영자가 생각하는 방침에 찬성하는 건 아니다. 장기적인 투자가 필요한 의사결정을 할 때 그런 상황이 가장 두드러지게 나타난다. 회사가 손익을 훼손하는 한이 있더라도 장기적인 성장을 위해 큰 승부수를 던지려고 할 때, 주주 간 의견이 갈리는 경우가 많다. 이 같은 사태를 해결하기 위해 현재 주가보다 높은 가격으로 경영자가 주주에게 주식을 사들이는 MBO가 실시된다.

델의 사업 포트폴리오 개편

2013년, 미국의 유명 컴퓨터 제조사인 델Dell은 MBO로 주식을 비상장화했다. 당시 델은 연간 매출액 600억 달러, 순이익 25억 달러가 넘는 세계 유수의 컴퓨터 제조사였지만 주가는 침체된 상태였다. 기존 사업이 성공할 가능성은 희박했으며 시장에서 좋은 평가를 받지 못했다. 창업자인 CEO 마이클 델Michael Dell은 클라우드 컴퓨팅을 중심으로 하는 소프트웨어와 솔루션 사업으로 주요 사업을 전환하여 회사를 회생하려 했다.

그러나 클라우드 컴퓨팅은 거액의 선행 투자가 필요한 자본 집약적 사업일 뿐 아니라 구글이나 아마존 같은 강적이 시장을 이미 장악하고 있었다. 기존 주주가 받아들일 수 있는 정도의 리스크를 지닌 사업이 아니었다. 그래서 델은 바이아웃 펀드인 실버레이크Silver Lake, 투자은행인 골드만삭스와 연계해서 자금을 조달하고 MBO로 자사 주식을 비상장화했다.

그 후 회사는 사업 포트폴리오를 과감하게 재편하기 위해 여러 차례 M&A를 실시했다. 그중에서도 특히 2015년에 실시한 세계 최대의 스토리지 기기 개발 업체인 EMC의 인수가 사업 포트폴리오 재편성에 큰 영향을 미쳤다. 인수액 670억 달러에 이르는 거액의 인수였는데 이 인수로 델은 클라우드 컴퓨팅으로 사업을 전환하기 위한 포석을 깔았다.

델이 추진한 일련의 인수가 과연 효과가 있었는지는 이 책을 집필하는 시점에서는 아직 알 수 없다. 그러나 상장을 유지한 채로는 이런 대담한 전략을 시행하기가 매우 어렵다. 만약 상장을 유지했더라면 거듭된 M&A로 회사의 손익과 주가는 크게 파도쳤을 것이다. 이러한 상황을 설득력 있게 주주에게 전달하기 위해서는 상당한 시간과 노력이 필요하며 노력을 들이는 와중에 거래 자체가 물 건너가는 사태가 발생했을지도 모른다. 장기적인 가치를 최대화하기 위한 델 그룹의 방침 전환에 MBO는 반드시 실시해야 할 과정이었다.

대형 설비투자를 위해 MBO를 실시한 USJ

MBO 성공 사례로는 유니버설 스튜디오 저팬Universal Studios Japan을 운영하는 기업으로 알려진 USJ를 꼽을 수 있다. 입장객 수를 늘리기 위해 대형 설비투자(〈해리포터〉 어트랙션 등)를 추진하려면 상장 폐지가 가장 적합하다고 판단한 사례다.

USJ는 오사카 시가 과반수를 출자하는 제3섹터(공공 부문과 민간 부문이 공동으로 출자한 민관합동법인 - 옮긴이)로 1994년에 개업했다. 2001년 개장 당시에는 1,102만 명이 방문했지만 다음 해에는 입장객 수가 764만 명으로 줄었다. 그 후에도 입장객 수는 계속 감소세를 보였다. 회사는 개장할 때 금융기관에서 1,250억 엔을 차입했다. 금융기관의 차입금을 변제하는 데 매년 약 100억 엔이 필요했으며 어트랙션 시설의 감가상각비로 매년 약 150억 엔이 발생하여 회사의 경영 상황은 그다지 좋지 않았다.

USJ는 악화된 재무 상황을 개선하기 위해 2005년에 골드만삭스 계열의 펀드 등을 인수자로 하는 250억 엔의 제3자배정유상증자를 실시했다. 여기서 확보한 자금으로 금융기관의 차입금을 변제하여 차입금을 약 650억 엔으로 줄이고 사측에 유리한 변제 조건으로 차환(리파이낸스)을 실시했다.

그 후 USJ는 2007년에 마더스(도쿄증권거래소의 신생 기업을 위한 시장 - 옮긴이)에 상장했다. 공모증자로 100억 엔을 조달하여 차입금을 변제했지만 입장객 수는 여전히 그대로였다. 2009년, 리먼 사태의 영향으로 주가도 침체된 상황에서 실적 회복을 위해 USJ는 바이아웃 펀드인 MBK파트너스^{MBK Partners}와 골드만삭스 계열의 펀드 산하에 들어가 MBO를 실시하여 상장을 폐지했다. 입장객이 감소하는데도 주주는 이익 창출을 요구해 자칫 축소 균형에 빠질 수도 있는 상황에서 대규모 투자로 재성장하기 위해 실시한 상장 폐지였다.

상장 폐지 이후 USJ는 설비투자를 적극적으로 실시했다. 이때 영화 〈해리포터〉의 세계관을 재현한 어트랙션과 공간을 개설했다. 회사의 연간 매출이 약 800억 엔이었는데 450억 엔에 달하는 투자를 실행한 것이다. 그 결과 MBO를 실시한 2009년에는 800만 명이었던 입장객 수가 증가세로 돌아서 2016년에는 1,460만 명에 달했다. 경영 상황의 극적인 개선으로 2015년에는 유니버설 스튜디오의 모회사인 컴캐스트^{Comcast}가 USJ의 주식 51퍼센트를 1,830억 엔에 취득했다. 2017년에는 나머지 49퍼센트를 2,500억 엔에 취득했다. 2005년에 리파이낸스로 신주를 인수하고 2009년에 바이아웃한 골드만삭스가 보면 리파이낸스 이후 무려 12년에 걸쳐 이뤄 낸 회생인 셈이다.

MBO를 실시하기에 앞서 경영자가 생각하는 방침을 상장한 상태에서 실행할 수 없는 것인지, 투자자에게 설명을 제대로 했는지 지적하는 목소리도 있었다. 그리고 회사의 최대 내부자인 경영자가 투자자에게서 주식을 사들인 것에 대해 회사의 내부 사정을 잘 아는 경영자가 자신에게 유리하게끔 싼 가격으로 부당하게 주식을 사들이는 건 아니냐는 의심을 받거나 이해충돌에 해당한다는 비판이 나오기도 했다.

한편 경영자로서는 아무리 열심히 설명하고 IR을 해도 적정하게 회사를 평가받지 못하고 과감한 성장 전략을 구상할 수 없어 고민에 빠지게 된다. MBO란 이런 고민을 없애고 주식의 이동으로 회사의 경영과 소유를 일치하게 하는, 회사에게 매우 중요한 사건이다.

손익계산서는 도구다

지금까지 반복해서 손익 위주의 사고가 초래하는 문제점을 설명했다. 이것은 손익계산이 필요 없다는 말이 아니다. 회사의 상황을 파악하는 데 손익계산서를 포함한 재무제표는 매우 중요한 도구다. 그러나 종합적 재무 사고를 하지 않은 채 손익만 보고 의사결정을 하면 결과적으로 회사의 가치를 훼손하고 때로는 회사의 존속에도 문제가 생길 수 있다.

손익계산서는 어디까지나 회사를 제대로 경영하기 위한 도구일 뿐이다. 이에 지나치게 치우친 나머지 숫자를 더 좋아 보이게 하기 위해 경영을 왜곡하고 기업 가치를 훼손해서는 안 된다. 도구는 사용하는 것이므로 도구에 휘둘린다면 주객이 전도된 꼴이 된다.

스타트업이 빠지기 쉬운
손익 중심 사고의 특징

지금까지 주로 상장 기업을 예로 들어 설명했지만 이는 특별히 상장 기업에서만 나타나는 것은 아니다. 여기서는 상장 전의 스타트업에서 나타나는 손익 중심 사고의 특징을 살펴보도록 하자.

스타트업은 벤처캐피털VC에게서 자금 조달을 받을 때나 상장하기 직전에 손익 중심 사고에 사로잡히는 경향이 있다. 창업 초기인지 상장을 앞둔 성숙기인지에 따라 회사의 사고방식은 달라지겠지만, 스타트업에 리스크 머니를 투입하는 VC는 도쿄증권거래소 1부 같은 시장에 상장된 공개주의 투자자에 비해 이익에 대해서는 관용적이다.

비즈니스 모델을 구축하기 위해 시행착오를 거듭하는 초창기 스타트업의 경우, 선행 투자로 지출이 먼저 발생하므로 이익이 창출되기까지 시간이 걸린다. 사업 규모가 너무 작은 단계에서 무리하게 이익을 창출하려 들면 회사의 규모가 소규모 비즈니스에 최적화되어 크게 성장하는 사업을 구축하기 힘들어진다. 그래서 많은 스타트업이 이익 창출을 뒷전으로 미루고 이용자 수와 매출 증가를 우선으로 하는 경향이 있다. 이처럼 지출이 선행되는 단계의 기업을 지탱하는 것이 VC의 중요한 역할이다.

VC는 스타트업의 성장성을 중시한다. 성장 결과, 손익분기점을 넘어 미래에 많은 이익이 창출되리라고 예측되면 설령 현시점에서는 이익이 나지 않더라도 VC는 자금을 투입한다.

성장성을 측정하는 데 고객 수나 거래 횟수 같은 중간 지표를 중시해야 하는 사업도 있지만, 매출의 증가가 가장 알기 쉬운 지표가 된다. 매출이 계속 증가하면 선행 투자가 어느 정도 이뤄진 후에는 이익이 점점 창출되리라고 생각한다. 이 생각 자체는 틀리지 않았지만 유리한 조건으로 VC에게 자금을 조달 받기 위해 스타트업 측이 손익을 만드는 것을 의식하기 시작하면 투자 대비 효과가 나쁜 방침을 펴서라도 고객 수를 늘리고 매출을 늘리려고 한다.

매출지상주의는 기업공개IPO 시점에서도 나타난다. 스타트업이 상장할 때 신규로 공모하는 주식이나 판매하는 주식을 증권사가 일단 인수한 다음 일반 투자자에게 판매하는 과정을 밟는다. 이때 증권사로서는 '이 회사는 성장성이 있다'는, 판매를 위한 설득을 하지 못하면 의도한 대로 주식을 매각할 수 없으므로 스타트업이 매출이나 이익을 올리기를 기대한다.

대부분 상장 시의 주가는 PER(주가수익률Price Earnings Ratio, 주가 총액

÷순이익, 또는 주가÷1주당 이익)을 근거로 정해진다. 상장하는 스타트업과 동종 업계의 상장 기업 PER을 참고치로 하여 그 참고치와 스타트업의 최근 1주당 이익을 곱해서 주가가 산출된다. 개중에는 적자로 상장하는 스타트업도 있는데 그런 경우에는 PER이 아닌 PSR(주가매출액비율 Price to Sales Ratio, 주가÷1주당 매출) 등의 대체 수치를 참고해 공모 시의 주가를 정하기도 한다.

상장할 때 지분 비율의 감소를 최소한으로 하면서 더 많은 자금을 조달하려면 주가를 올려야 한다. 그러기 위해 스타트업의 경영자는 순이익을 되도록 많이 창출하려고 한다. 이것이 이익지상주의의 특징을 지닌 스타트업의 손익 중심 사고다.

스타트업의 경우, 상장 시의 회사를 평가하는 척도가 애당초 손익을 바탕으로 하고 있다. 그리고 더 많은 자금을 얻기 위해서는 VC의 기준에 맞추는 것이 합리적이라고 생각한다.

회사의 상황에 따라 매출 중시, 이익 중시 같은 유연한 판단을 하는 것 자체는 결코 나쁘지 않다. 그러나 스타트업의 이러한 생각은 반은 외부에서 강요된 것이라는 점을 항상 의식해야 한다. 기업가는 스타트업을 둘러싼 사람들의 기대에 맞추느라 회사가 원활히 성장하지 못하는 사태가 발생하지 않도록 주의를 기울여야 한다.

- 매출지상주의, 이익지상주의, 현금흐름 경시, 가치 경시, 단기주의에 빠지면 장기적으로 회사는 흔들리게 된다.

- 매출의 최대화야말로 경영의 최우선 과제라고 여기는 매출지상주의는 시장 환경보다 자사의 실적 수치가 논의의 출발점이 되며 전년 대비 성장이 목적이 되는 회사에서 발생하기 쉽다. 이익 기준으로는 사내 실적을 관리하기 어렵다는 점이 매출지상주의를 초래하는 원인이 된다.

- 이익 획득, 증가를 절대시하는 이익지상주의에서는 마케팅 비용이나 연구개발비 삭감, 영업권 상각을 회피하기 위한 사업 인수 기피, 자회사 및 관계회사 주식의 시가 평가 같은 행위가 일어나기 쉽다. 이익 확보는 중요하지만 이것을 고집하다 보면 오히려 회사의 장기적인 가치 향상을 방해할 수 있다.

- 손익계산서상 수치를 너무 의식하다 보면 현금흐름을 소홀히 생각해 운전자본이 늘어나거나 자회사로부터의 자금 회수가 뒷전으로 밀릴 수 있다. 결과적으로 시기적절하게 자금을 활용하기 어려워지고 경영난에 빠질 수 있다.

- '적자만 안 나면 된다'는 발상으로 사업의 가치를 경시하면 사업을 어떻게 처리할 것인지에 대한 대책이 뒷전으로 밀려 회사 전체의 근간을 뒤흔드는 사태에 이르기도 한다.

- 수치를 좋아 보이게 하는 것을 우선하는 단기주의적인 발상으로는 사업 매각이나 구조 개혁 같은 단기적인 비용 계상이 필요한 대담한 전략을 펼치기 어려워 회사의 가치를 떨어뜨린다.

제5장

위기의 시대,
어떻게 경영할 것인가

고도 경제성장기의
성공 경험에서 벗어나라

지금까지 손익 중심 사고의 폐해에 대해 사례를 들어가며 설명했다. 이익에만 매달리는 사고가 회사의 장기적인 성장 및 기업 가치 향상에 도움이 되지 않는 사고임을 잘 알게 됐을 것이다. 그렇다면 많은 사람들은 왜 이러한 사고에 빠지게 됐을까.

먼저 손익 중심 사고는 경제성장기에 최적화된 발상이라 할 수 있다. 고도 경제성장기의 성공 경험이 강렬했던 나머지, 여전히 기업은 숫자의 늪에서 헤어 나오지 못하고 있다. 고도의 경제성장을 이뤄낸 경험이 있는 사람들이 자신들의 기업 경영 방식에 자신감을 갖는 것은 어찌 보면 매우 당연한 일이었다.

새로운 경영 문법이 필요하다

경제성장기에는 종신고용과 연공서열 등 특유의 고용 관행을 선진 모델로 삼고 이를 기업이 활약하게 된 원인으로 꼽았다. 두 자릿수 성장률의 실적을 달성하며 과거의 경영자가 얼마나 자신들의 경영 방식에 자신감을 가졌을지 쉽게 상상할 수 있다.

그러나 당시의 경기 확대는 인구 증가(베이비붐)가 노동 인구 증가, 소비 확대로 이어진 것이 주요인이라는 주장이 요근래 꾸준히 제기되고 있다. 인구 증가로 인한 생산·소비의 확대와 더불어 복합적인 요인이 과거 경제의 발전을 뒷받침했다. 고도 경제성장기의 경영자들은 시장 확대와 노동력 확보를 매우 효율적으로 실현했다. 하지만 주로 시장 견인에 따른 실적 확대를 자신들의 경영 수완으로 이룬 것이라고 착각한 측면이 있다.

파이가 크게 성장하지 않고 포화 상태인 시장에서 경쟁을 한다면 어떻게 파이를 쟁탈할지, 어떻게 새로운 파이를 창조할지에 대한 마케팅적 관점이 더 중요해진다. 그러나 고도 경제성장기에는 성장을 전제로 회사 조직이 설계된다. 그냥 내버려 둬도 시장의 파이가 저절로 확대되는 환경에서는 어떻게 생산량을 늘려서 파이를 획득할지가 발상의 출발점이 된다. 확대되는 파이를 다른 회사보다 더 빨리 획득하기 위한 목적으로 경영 방침을 세우면 회사는 매출 지상주의로 나아가게 된다.

그 결과, 조직을 점점 더 수동적으로 경영하게 된다. 왜냐하면 고객의 니즈나 경쟁사의 동향을 파악해 대처하기보다 시장의 확대에 맞춰 자신들이 세운 목표를 달성하기 위해 사업을 운영하는 것만이 중요해지기 때문이다. 또한 자본 효율성에 대해 고심하기보다는 전년도 대비 실적 개선을 더 중요하게 생각한다.

투자 대비 효과를 고려하라

매출지상주의와 과거 경영 방식이 결합된 상태를 한발 물러서서 바라보면, 고정비가 해마다 증가하는 구조임을 알 수 있다. 종신고용을 보장하고 연공서열을 중시하는 과거의 경영 방식은 다단계와 성격이 비슷하다. 신입사원이 낮은 임금을 참고 견디며 회사를 위해 열심히 일해야 나중에 비로소 그동안 적게 받았던 월급을 회수할 수 있는 구조이기 때문이다. 이를 유지하려면 연차가 높은 직원을 지탱하는 신입사원을 매년 상당수 채용해야 한다. 회사의 임금 비용이 점점 증가하는 구조다. 이러한 방식의 경영을 전제로 하면 사원을 매년 채용해야 하며 채용한 사원의 고용과 연공서열식 임금 체계를 유지하기 위해 매출이 지속적으로 성장해야 한다. 그 결과, 매출의 증가를 추구하는 과정에서 사원을 더 많이 채용하게 되는 악순환에 빠진다.

시장이 확대될 때는 매출지상주의와 이런 경영 방식이 효율적으로 기능하지만 시장의 확대가 멈추는 순간, 이 구조는 깨지고 만

사장을 위한 마지막 경영 수업

다. 시장이 성장하지 않거나 축소돼도 과거에 채용한 인원을 해고할 수 없으므로 임금 비용이 계속 올라가게 되는 비효율적인 상황이 발생한다. 매출이 침체되고 하락세로 돌아서려 해도 직원이 그만두기까지 해고하지 못하므로 대담한 개혁을 실시하지 않는 한 실적은 점점 악화된다. 이런 상황에서 기업 가치가 훼손되는 것은 어찌 보면 당연한 일이다.

오늘날에도 고도 경제성장기 패러다임의 연장선상에서 손익 중심 사고를 토대로 한 경영을 이어 나간다면 이제 성장이 멈춘 시장인데도 성장 노선을 무리하게 추구하게 된다. 그 결과, 투자 대비 효과가 낮은 사업에 투자를 계속하는 바람에 현금이 유출되고 과잉 투자로 쇠퇴의 길을 걷게 된다. 이런 상황이 극에 달하면 회사는 파산에 이른다.

한때 초우량 기업이었던 회사의 부진을 보도하는 기사를 자주 보게 된다. 이들 기업은 고도 경제성장기의 경영에 너무 길들여진 나머지, 21세기에도 여전히 과거의 패러다임을 고집하며 회사를 운영해 왔기 때문에 큰 모순에 빠진 것이다.

그 결과를 여실히 보여 주는 것이 낮은 주식 수익률이다. 몇십 년 단위로 보면 일본의 주식 수익률은 다른 나라에 비해 압도적으로 낮다(도표 33). 1990년대부터 2018년까지 도쿄증권거래소에 상장된 모든 종목의 시가총액을 지수화한 TOPIX의 성장은 거의 보합 상태다.

다시 말해 과거 30여 년간 거의 성장하지 않았다는 뜻이다. 한

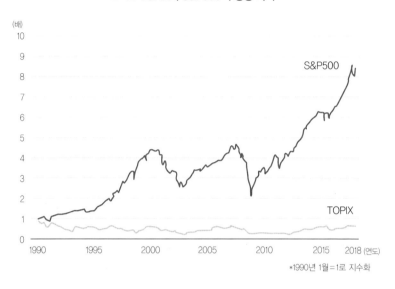

도표 33 **TOPIX와 S&P500의 성장 차이**

(배)

S&P500

TOPIX

1990   1995   2000   2005   2010   2015   2018 (연도)

*1990년 1월＝1로 지수화

편 미국 뉴욕증권거래소, 나스닥에 상장된 대표적인 500종목의 실적을 수치화한 S&P500은 같은 기간에 8배 이상 성장했다.

자본 효율이 나쁜 경제 활동밖에 못하는 회사라면 다른 회사에 흡수되거나 청산해서 통폐합하는 편이 파이낸스적으로 바람직한 의사결정이다. 거시적인 관점에서 한 국가의 산업이 경쟁력을 유지하려면 더 경쟁력 있는 기업에 자본을 집약하고 업계를 재정비해야 한다.

회사에서 일하는 개개인도 기울어져 가는 회사에서 열심히 일하기보다 사회 구조의 변화에 따라 커리어를 전환하고 성장하는 산업에서 활발하게 활약하는 편이 더 보람찰 것이다.

사장을 위한 마지막 경영 수업

그렇지만 사회에서는 도산을 때때로 악惡으로 간주한다. 그 결과, 산업 전체의 신진대사가 떨어져 시장에서 퇴출되어야 하는 좀비 기업이 계속 남아 있게 된다. 같은 역의 서쪽 출구와 동쪽 출구에 비슷한 슈퍼마켓이 나란히 영업하며 이익 폭을 깎아 먹으면서 소모전을 벌이는 구도가 각지에서 벌어지고 있다.

미국에서는 과거 20년간 상장 기업이 7,000개사에서 3,600개사로 줄어들었으나 시장에 남은 주요 기업의 시가총액은 3배가 됐다. 반면에 일본은 2018년 2월 시점에서 상장 기업 수가 3,700개사를 넘어 미국보다 상장 기업이 더 많기는 하지만 회사당 평균 시가총액은 감소하는 추세여서 전체 시가총액은 미국의 약 5분의 1에 불과하다.

인사제도의
편견을 깨라

Finance Thinking

임원의 고령화도 현재 많은 기업이 봉착한 문제 중 하나다. 종신고용, 연공서열을 기본으로 하는 고용 관행을 따르는 기업에서는 기본적으로 내부 승진자가 경영자로 올라간다. 경영이란 원래 영업, 개발, 생산, 관리 등과 같은 하나의 직종이다. 영업과 개발에 상하 관계가 없듯이 경영도 직급으로 생각해서는 안 된다. 경영자보다 연봉이 높은 직원이 있다고 해도 이상한 일이 아닌데 실제로는 그렇게 생각하지 않는다.

과장→부장→집행임원→중역으로 출세 과정을 단순하게 인식하는 것이 과거 직장인의 직업관이다. 원래 중역의 책무는 사무 집행과는 전혀 다르다. 주주를 책임진다는 의미에서는 집행임원에서 중역이 되는 것은 승진이라기보다 업무 변경이며, 전향이라고 부르는 편이 더 정확하다. 그런데 현실에서는 중역이라는 자리가 과거에 사업을 성공적으로 이끈 직원에게 주는 보상으로 이용된다. 사회 전체적으로 인재의 유동성에 따른 차이도 있겠지만 특정 회사에서 경영 실적으로 능력을 인정받은 경영자가 업계를 넘나들며 다른 회사의 경영을 맡는 미국의 경영자상과는 대조적이다.

파격적 인사를 실행하라

직장인의 단순한 직업관으로 생각해 보면 경영자가 된다는 것은 근무하는 회사에서 경력을 마무리한다는 의미가 된다. 최근에는 30~40대 파격적 인사도 많지만 대부분 대기업에서는 나이가 들고 나서야 경영을 하는 자리에 오른다.

나이가 들어야만 임원이 된다는 것은 경영자로서 재임하는 기간이 짧다는 의미다. 그렇게 되면 필연적으로 회사의 미래를 내다볼 기간도 짧아져 그저 큰 실수 없이 자신의 임기를 마치려고 한다. 그 결과, 10년 뒤에 회사에 중대한 영향을 미칠 장기적인 리스크에 대한 대책을 뒤로 미루게 된다. 회사의 장기적인 과제보다 자신의 임기 내에 발생하는 경미한 리스크에 대한 대책을 우선하기 때문이다. 오히려 현재의 이익 향상을 위해 장기적인 가치를 희생하고 미래의 현금흐름을 무너뜨리려고 할 수도 있다.

　재무상태표에 계상되는 자산은 과거부터 축적된 것이다. 그러므로 경영자 개개인의 공적을 재무상태표로 측정할 수 없다. 하지만 손익 수치라면 임기 중 경영자 자신의 성과를 나타내기 쉽다.

　이러한 점에서 잘못된 재무 철학은 단순히 경영자의 지식이나 능력 부족 같은 문제에만 그치지 않고 경영에 관여하는 사람의 직업 윤리관이 요구되는 문제다. 더 구체적으로 말하면 경영자 스스로가 회사를 더 좋게 만들기 위해 새로운 사업을 창출하려는 적극적인 의지가 있는지에 대한 문제이기도 하다.

급변하는 금융 환경에
적응하라

데트 파이낸스나 에쿼티 파이낸스로 자금을 조달하려면 자금 출자자와 대화를 나눠야 한다. 은행과의 자금 조달 관련 커뮤니케이션이 비교적 수월하다는 점이 기업이 데트 파이낸스를 우선시하는 이유다. 에쿼티 파이낸스로 자금을 조달할 경우 투자자에게 어느 시점에 얼마만큼 수익을 올릴지 설명해야 한다. 여기서 회사의 계획을 투자자에게 설득력 있게 설명하지 못하면 주가가 떨어진다.

데트 파이낸스와 에쿼티 파이낸스의 본질적인 차이는 전자는 채권자가 이자를 통해 수익을 얻는 데 반해, 후자는 주주가 회사의 성장에 따른 주가 상승이나 배당으로 수익을 얻는다는 점이다. 주주는 회사가 성장해야 수익을 얻을 수 있다. 그래서 경영자에게 적극적인 투자와 같은 성장 전략을 요구한다. 한편 채권자는 회사가 아무리 크게 성장해도 획득하는 수익에는 변함이 없다. 그러므로 위험을 감수하면서까지 회사가 성장하길 바라지 않는다. 이자를 지불할 정도로만 이익이 안정적으로 나면 그만이라는 발상이다.

이런 이유로 고도 경제성장기에 은행에서 차입할 때에는 매출이나 이익의 증가가 중시됐다. 매출이나 이익이 증가하는 한, 채권자에게 세세하게 설명을 할 필요가 없었다. 성장하고 있는 회사라면 돈을 빌려주겠다는 방침이어서 은행도 심사를 꼼꼼히 하지 않았다. 시장의 확대를 전제로 한 고도 경제성장기에는 회사의 수익력을 자세히 검토할 필요가 없었던 것이다.

그리고 개인은 돈을 적극적으로 운용하기보다 은행에 예치하는 경우가 일반적이었기 때문에 은행으로서는 자금을 모으는 데 드는 비용이 낮았던 점도 적극적인 대출이 이뤄진 이유 중 하나였다. 당시 은행은 회사의 대출 잔액을 늘리는 것을 가장 중시했다.

까다로워진 은행과의 커뮤니케이션

기업은 단편적인 커뮤니케이션만으로도 충분히 데트 파이낸스로 자금 조달이 가능했기에 경영자나 재무 담당자는 많은 고민을 하지 않았다. 매출이나 이익이 늘어나기만 하면 사업 예측에 근거한 수익을 논리적으로 설명하지 않아도 됐기 때문이다.

대출 약정서(대출 계약 시의 서약 사항)에서 가장 중요한 조건도 최종 손익이 몇 기 연속 적자인지 흑자인지이며, 현금흐름이 아닌 손익계산서상 수치로 판단한다. 최근에는 EBITDA도 확인하고 있지만 은행은 기본적으로 대출 시보다 실적이 더 나빠졌는지에 중점을 두며, 매출이나 영업이익이 작년 대비 좋으면 그만이라고 생각한다.

은행 내 심사에서 가장 엄격히 모니터링되는 회사의 지표는 최종 손익이다. 일정 기간의 최종 손익이 적자면 은행은 그 회사를 관리가 필요한 업체로 판단하므로 충당금을 계상해야 한다. 이것이 기업의 재무 담당자가 차입하고 있는 은행의 담당자에게서 2기 연속 적자는 피해 달라는 말을 듣는 이유다. 출자자인 은행이 대출해준 회사의 안전성을 중시하여 최종 손익을 주시하는 발상에 빠져 있으니 회사도 또다시 숫자만 바라보게 된다.

그래서 경영자는 이를 경계해야 한다. 은행 기준이 까다로워질수록 최종 손익이 더 중요하게 느껴질 수 있다. 이에 집착하게 되면 경영은 계속 수렁에 빠지게 된다. 이런 때일수록 냉정하게 상황을 파악하고 장기적인 접근을 하는 게 중요하다.

단편적으로
숫자를 바라보지 마라

회사 입장에서는 손익계산서의 수치만을 활용하여 회사를 운영하는 게 쉽고 간편하다. 종합적으로 사고하는 것보다 더 직관적이기 때문이다. 그래서 많은 회사는 숫자를 단편적으로 바라본다.

손익계산서는 회계 입문자가 봐도 비교적 이해하기 쉬운 재무제표다. 감가상각의 개념이나 회계상 수익 및 지출, 실제 현금 수지가 맞지 않는 점 등, 일상생활에서는 낯선 개념도 포함돼 있지만 회사의 매출에서 비용을 뺀 것이 이익이라는 손익계산서의 기본적인 구성은 다른 재무제표 개념에 비해 간단하고 알기 쉽다. 우측에서 돈의 조달 방법을 나타내고 좌측에서 보유하는 자산 상황을 나타내는 재무상태표의 구성이나 자본비용, 시간적 가치 같은 개념보다 더 이해하기 쉽다.

이해하기 쉽다는 점에서 손익계산서는 사내 부문별 수치를 관리하는 '관리회계'에서도 자주 활용된다. 관리회계는 법적으로 작성을 의무화하고 있는 재무 자료가 아니라 각 회사가 사내 관리를 위해 창의적으로 고안해서 만들어 운용하는 지표다. 관리회계에서 재무상태표나 현금흐름표가 기준이 되는 일은 거의 없다. 재무상태표나 현금흐름의 개념을 이용하여 현장을 관리하는 것은 손익계산서보다 훨씬 어렵기 때문에 대부분의 회사에서는 손익계산서를 기준으로 한 계산 포맷을 도입하고 있다.

전직원이 파이낸스 사고를 한다면

보통 회사에서는 모든 사원이 주인 의식을 가져야 한다는 말을 많이 한다. 그리고 그러한 사고를 바탕으로 사업 부문 단위별로 채산제(수입과 지출을 조절하여 가는 경영법 - 옮긴이)를 채택하는 회사도 적지 않다. 직원 개개인이 주인 의식을 갖는 것은 조직의 경쟁력을 유지하기 위해서 매우 중요하다. 하지만 실제로 현장 담당자가 파악하는 것은 월차나 분기, 1년 단위의 손익계산서상 비용 삭감 같은 실효적인 관점에 의한 것이 대부분이다.

조직의 규모가 커지고 복잡해질수록 간단한 지표를 이용해서 현장을 관리하는 것이 중요해진다. 따라서 회사는 사용하기 편하다는 이유로 손익을 기준으로 관리하는 경우가 많다.

사업 수가 많아지면 사업마다 성장하는 정도도 제각각이다. 이미 수익화 단계로 접어들어 얼마나 비용을 조절하느냐가 중요한 사업이 있는가 하면, 초기 투자를 실시하고 규모 확대를 꾀하는 사업도 있다. 성장 단계가 다른 복수의 사업을 관리할 때 목표 수치를 설정하기 위한 기준이 되는 지표가 사업마다 다르면 복잡하고 불공평하다고 느낄 수 있어 손익이 공통 평가 기준으로 이용되는 경우가 많다.

손익을 효율적으로 꾸준히 개선하는 방식은 숙련되지 않은 평범한 사원들도 비교적 잘하는 접근법일지도 모르겠다. 그리고 재무상태표, 현금흐름 등은 재무팀의 업무로만 간주되기도 한다.

물론 모든 사원에게 종합적인 재무 사고법을 갖추게 하는 데는 한계도 있다. 절충안으로 현장에서는 손익계산서를 이용해서 사업을 관리하는 것도 하나의 방법이 될 수 있다. 그러나 그것이 원인이 되어 회사 경영자까지도 손익계산서의 수치만을 우선시해서는 안 된다.

사업 부문 단위에서 손익계산서를 기준으로 한 포맷에 따라 목표를 설정할 경우, 경영자는 현장을 관리할 때 매출을 늘리라고 지시하는 것이 가장 간단하다. 그러나 이미 언급했듯이 매출지상주의는 경제가 성장하고 있을 때에나 효과적인 관리 수법이다.

어떤 시대가 오고 있는가

2014년, 프랑스 경제학자 토마 피케티Thomas Piketty의 《21세기 자본》(글항아리, 2014)이 베스트셀러에 올랐다. 이 책에서 피케티는 현대 사회에서는 경제성장을 통해 얻을 수 있는 이윤보다 투자 수익을 통해 얻을 수 있는 이윤이 더 크다고 했다. 피케티는 이러한 상황을 'r(자본수익률) > g(경제성장률)'라는 식으로 나타냈다. 그 결과, 현대 사회는 투자할 자본을 가진 부유층과 노동력만 갖고 있을 뿐 부를 획득하지 못하는 일반인 사이에 소득 격차가 점점 벌어지고 있다고 주장한다.

더욱이 피케티는 역사적으로 볼 때 'g > r'라는 식이 성립된 상황이 오히려 한정적이라며 우리 사회가 바탕을 둔 자본주의에 의구심을 던졌다. 피케티의 이론에 따르면 1945년부터 1990년 전후에 걸쳐 'g > r'가 성립된 것이 매우 드문 상황인 셈이다. 인구 보너스(총인구에서 생산할 수 있는 인구 비율이 늘어나면서 경제성장률도 증가하는 현상 – 옮긴이)로 경제가 성장하는 시대에서는 시장 확대를 전제로 해 대량 생산으로 매출을 올리는 현장 관리 방식이 확실히 효과적이었다.

그러나 외부 환경이 변한 이상, 20세기의 패러다임을 그대로 유지한 채 사업을 운영하고 관리해서는 안 된다. 이러한 사고를 고집하는 한, 확실한 근거도 없이 '내년에도 과거와 같이 5~10퍼센트의 성장을 목표로 삼아야 한다'는 지시를 내리게 된다.

하향 조정을
두려워하지 마라

증권거래소에서 정한 기업정보 공시기준 또한 상장 기업에 손익 중심의 사고를 더 깊이 뿌리내리게 하는 요인이 된다.

증권거래소의 공시기준은 정확한 정보를 제공해서 투자자를 보호하기 위해 마련된 중요한 시스템이므로 반드시 필요하다. 그러나 경영자가 공시기준을 너무 의식하다 보면 오히려 기업이 성장하는 데 걸림돌이 되기도 한다.

분기별로 상장 기업이 발표하는 결산 단신에서는 매출액이나 영업이익, 법인세비용차감전이익(손실), 당기순이익 같은 손익계산서의 수치가 가장 먼저 기재된다. 필연적으로 경영자의 머릿속에도 손익계산서의 수치를 최대화하는 것이 가장 중요하다는 인식이 박혀 버린다.

주가에 가장 부정적인 영향을 미치는 것은 대부분 하향 조정해서 수정 공시하는 경우다. 당초의 실적 예상에서 다음의 경우가 발생하리라고 예측되면 회사는 적시에 수정 공시를 해야 한다.

- 매출액에 10퍼센트(한국의 경우 30퍼센트 – 감수자) 이상의 변동(플러스 또는 마이너스 발생)
- 영업손익, 법인세비용차감전이익(손실), 당기순손익에 30퍼센트 이상의 변동(플러스 또는 마이너스) 발생

이 가운데 매출액의 10퍼센트라는 수치는 그렇게 크게 잘못 계상되는 일이 없지만 이익의 30퍼센트라는 수치는 비교적 잘못 계상되기 쉽다. 이를테면 상장한 지 얼마 안 된 신생 기업의 영업이익이 1억 엔 정도라고 할 때 이것의 30퍼센트는 3,000만 엔이다. 하지만 임원 채용이나 기타 예측하지 못한 지출이 발생하면 잘못 계상되기도 한다. 경영자는 되도록 하향 조정을 피하고 싶어 하므로 손익을 만들려는 발상에 빠지기도 한다.

언론 기사는
참고만 하라

기업의 실적을 보도하는 언론도 손익 중심 사고의 침투에 중대한 책임이 있다. 결산기에 경제지를 읽으면 너 나 할 것 없이 기업 실적의 등락을 보도한다. 이 시기의 기업 난에는 증수증익, 감수감익 같은 제목이 여기저기서 눈에 띈다.

독자도 매출 증감, 이익 증감 같은 과거와 실적을 비교하는 기사가 익숙하며 언론도 실적 증감을 직접 전달하기만 하면 일단 스스로 책임은 다했다고 생각한다.

단순히 실적의 등락을 보도할 뿐이라면 인공지능으로도 가능하며, 머리를 쓸 필요 없이 간단히 기사를 내면 그만이다. 기업의 실

사장을 위한 마지막 경영 수업

적을 보도하는 기사에는 실적 변화가 기업 가치 향상에 어떤 의미가 있는지에 대한 내용이 빠져 있는 경우가 많다. 대부분 기업 측의 결산 설명을 요약하는 데 그친다.

경영자도 이런 식의 자사 보도를 볼 때마다 언론과 주주의 추궁에서 벗어나기 위해 점점 분기 단위의 손익을 중시하게 된다. 이런 이유로 손익 중심 사고가 회사에 더욱더 뿌리 깊게 침투되는 것이다.

그래서 언론 기사의 부채질에 기업의 결정이 영향을 받으면 안 된다. 언론을 어떻게 효율적으로 이용할지를 고민해야지 언론이 만드는 분위기에 휩쓸리지 않아야 한다. 그럴 때일수록 경영자의 중심이 중요하다.

● 회사나 경영진이 손익 중심 사고에 빠지기 쉬운 주요 원인으로 ①고도 경제성장기의 성공 경험 ②임원의 고령화 ③최종 손익을 중시하는 금융 시스템 ④이해하기 쉬운 손익 관점 ⑤기업 정보 공시 기준 ⑥언론의 영향이 있다.

● 시장이 점진적으로 확대되는 경제 상황에서는 시장의 성장에 따라 생산 규모를 확대하고 매출이나 시장 점유율을 늘리는 경영 방침이 가장 적합하다. 손익 중심 사고는 고도 경제성장기에 최적화된 사고 형태다.

● 경영자의 재임 기간이 짧으면 회사의 미래를 내다보는 기간이 짧아져 장기적인 경영 과제보다 단기적 이익 향상이나 임기를 큰 실수 없이 보내는 쪽으로 생각이 치우치게 된다. 이런 점에서 손익 중심 사고는 단순한 지식이나 능력 부족 문제가 아니라 직업윤리나 경영자의 의지에 관한 문제다.

● 데트 파이낸스로 자금을 제공하는 은행은 회사에 성장보다 안정된 경영을 바라고 회사의 지속적인 이익 창출을 중시한다.

● 상장 기업의 경우, 결산 단신의 첫머리에 손익계산서의 항목이 기재되고 실적 예상이 수정될 때 미치는 영향이 커 경영자가 지나치게 손익을 의식하게 되는 경향이 있다.

● 증수증익, 감수감익처럼 회사의 상황을 전달하는 언론의 보도는 손익계산서상 수치에 상당히 집중돼 있다.

사장을 위한
마지막 특강

경영의 기본

한 번에 끝내는
회계학 강의

Finance Thinking

　회사의 기업 가치를 최대로 끌어올리기 위해 장기적인 관점에서 사업이나 재무에 관해 종합적으로 전략을 세우는 사고를 이 책에서는 파이낸스 사고라고 한다. 파이낸스 사고의 척도가 되는 것이 회계와 파이낸스에 관한 지식이다. 회계와 파이낸스는 각각 돈의 관점에서 과거에 회사가 진행해 온 사업 성과를 평가하고 현시점에서 회사가 보유하는 자산의 가치를 파악하여 회사가 미래에 벌어들일 돈의 액수를 통해 회사의 가치를 산출하는 데 꼭 필요한 도구다.

　회계와 파이낸스를 이해하지 못한 채 비즈니스 세계에 발을 들이는 것은 그야말로 설명서를 제대로 보지 않고 DIY로 가구를 만드는 일과 같다. 만드는 법을 정확히 모르면 설계한 대로 가구를 만들 수 없듯 회계와 파이낸스를 잘 모르면 회사가 어떤 상태인지, 자신이 내린 결정이 회사의 가치를 높이는 데 의미가 있는지 알 리가 없다. 파이낸스 사고를 통해 제대로 된 의사결정을 내리려면 회계와 파이낸스에 관한 기초적인 이해가 필요하다.

프롤로그에서도 밝혔듯이 이 책은 파이낸스 지식이 아닌 파이낸스 사고를 전달하는 데 중점을 두고 있다. 그러나 이를 이해하기 위해서는 회계와 파이낸스에 관한 최소한의 지식이 필요하다. 이 책을 읽기 전에 회계와 파이낸스에 관한 기초 지식을 얻고 싶은 사람은 부록부터 읽기를 바란다.

먼저 이 책의 제1장에서 회사는 ①사업 성과 ②보유하는 경영 자원 ③회사의 가치라는 세 가지 측면을 돈으로 측정할 수 있다고 했다. 여기서 회계와 파이낸스가 이 세 가지 측면과 어떤 관계가 있는지 알아보자.

회계의 세 가지 종류

회계는 주로 ①사업 성과 ②보유하는 경영 자원이라는 두 가지 측면을 평가하기 위한 척도가 된다. 평가를 위한 계산서인 손익계산서, 재무상태표, 현금흐름표로 구성된 재무제표를 매년 결산 시의무적으로 작성해야 한다. 이 가운데 손익계산서와 현금흐름표는 ①사업 성과를 나타내는 자료이며, 재무상태표는 회사가 사업을 운영하는 데 필요한 자금을 어떻게 조달했는지를 포함해 ②보유하는 경영 자원의 현재 상태를 파악하기 위한 자료다.

회계에서는 기본적으로 재무제표를 기준으로 회사 상황을 파악하는데 재무제표는 누구를 대상으로 작성되는지에 따라 크게 세 가지로 분류된다. 투자자나 채권자를 대상으로 한 재무회계, 세무서를 대상으로 한 세무회계, 기업 내부용인 관리회계가 바로 그것이다. 회계라고 해도 이 중 어느 것인지에 따라 의미가 전혀 달라지므로 이 점에 주의해야 한다. 다음은 재무제표의 분류에 대해 조금 더 상세히 살펴보도록 하자.

재무회계

재무회계는 주로 주주나 채권자 같은 기업의 이해관계자가 회사의 경영 상황을 객관적으로 파악하기 위해 작성된다. 투자자가 회사에 투자를 검토하거나 은행 등 금융기관이 회사에 돈을 빌려줄지 결정하려면 회사의 경영 상태를 정확히 파악해야 한다. 재무회계는 외부 이해관계자를 대상으로 회사 상황을 정확한 정보로 제공하기 위한 목적으로 작성된다.

사외에 정보를 공시하는 경영자는 당연히 자사의 경영 상황을 조금이라도 더 좋아 보이게 하고자 한다. 하지만 그 결과 공시 정보와 실태에 괴리가 생기면 재무제표를 작성하는 의미가 없다.

	대상	목적	제도 구분
재무회계	주주나 채권자 등의 이해관계자	회사의 경영·자산 상황 파악	공식
세무회계	세무 당국	세무 소득 파악	공식
관리회계	경영자, 사업 책임자 등의 사내 관계자	경영의 의사결정	비공식

그래서 회계에서는 회계 기준이라는 일정 기준에 따라 회사의 재무 상황을 나타내도록 하고 있다. 회계 기준에 의거해 재무제표가 작성됨으로써 회사 상황을 다른 회사와 비교하거나 같은 회사의 과거 실적과 비교할 수 있다.

결산 시 규모가 큰 기업은 회계법인이나 공인회계사가 회사가 작성한 재무제표가 적정한지 감사를 실시한다. 제3자인 회계법인이나 공인회계사가 회사의 재무제표를 검토함으로써 투자자나 채권자가 정확한 정보를 얻을 수 있는 시스템이 마련되는 것이다.

세무회계

세무회계는 세무서 등의 세무 당국이 회사가 전년도에 벌어들인 이익을 파악해서 세금을 적절히 징수하는 것이 목적이다. 회사는 사업을 통해 얻은 이익(정확히는 '과세소득')에서 세금을 납부해야 한다. 모든 회사의 세금을 공평히 징수하기 위해 회사가 번 돈을 정확히 파악하는 회계 제도가 마련된 것이다. 세무회계와 재무회계에서는 손금(비용)으로 인정되는 항목과 귀속 시기에 차이가 있다. 그래서 양쪽 수치에는 차이가 곧잘 발생한다.

재무회계와는 반대로 회사는 세금을 계산하는 대상인 세무 소득을 되도록 적어 보이게 해서 납부하는 세액을 줄이려고 한다. 적법한 범위 내에서 납부하는 세금을 줄이는 행위를 '절세'라고 하고, 세법을 위반해 부당하게 납세액을 줄이려는 행위는 '탈세'라고 한다. 공평한 징세를 실현하기 위해 세무회계에도 재무회계와 마찬가지로 일정한 기준이 있으며 세무조사를 통해 과세소득을 정확히 파악한다.

관리회계

관리회계는 투자자나 채권자, 세무 당국 같은 회사 외부인에게 정보를 공시하는 것을 목적으로 하는 재무회계나 세무회계와는 성격이 약간 다르다. 관리회계란 경영자가 향후 회사의 경영 방침에 활용하기 위해 자사 상황을 정확히 파악하고자 하는 시스템이다. 재무회계와 세무회계는 법률상 결산을 통한 작성이 요구되는 데 반해 관리회계는 어디까지나 경영 상황을 파악하기 위해 자체적으로 실시하는 제도로 의무 사항이 아니다. 보고가 의무가 아니라 작성 방식에 대한 기준도 없다. 사업별 상황이 정확히 파악되도록 각 회사가 창의적으로 고안해서 자체적으로 관리회계 제도를 마련한다.

가령 전자 기기나 정보 기기, 통신 기기 등을 취급하는 교세라에서는 아메바 경영이라는 관리회계 체제를 도입하고 있다. 아메바 경영에서는 조직을 아메바라고 부르는 소집단으로 세분화하여 아메바별로 매출이나 비용 같은 월 단위 손익계산서를 작성한다. 각 아메바가 자체적으로 계획을 세워 조금이라도 월 단위 손익계산서의 이익을 최대화하려고 함으로써 전체 매출을 최대화하고 비용을 최소화하려는 사고다. 아메바 멤버 전원이 지혜를 모아 계획 달성을 목표로 함으로써 직원 전원이 주체적으로 경영에 참여하는 전원 참여 경영의 실현을 목적으로 한다.

손익계산서란

지금까지 재무회계, 세무회계, 관리회계의 의미와 차이점을 살펴봤는데 이제부터는 재무제표의 역할 및 구조를 알아보자.

재무제표 중에서도 회계 입문자에게 특히 친숙한 것이 손익계산서Profit and Loss statement다(도표 B의 위 표). 손익계산서는 분기나 1년 단위의 일정 기간 사업을 통해 회사가 얼마나 매출을 올렸는지, 얼마나 비용을 지출했는지, 그 결과로 얼마나 이익을 냈는지 나타내는 계산서다.

회계기준에 따라 작성하는 손익계산서에서는 이익을 크게 네 가지로 분류한다(한국 기준). 이익에는 매출총이익, 영업이익, 법인세비용차감전이익, 당기순이익이 있다. 기사를 읽을 때나 이야기할

도표 B **손익계산서의 구성**

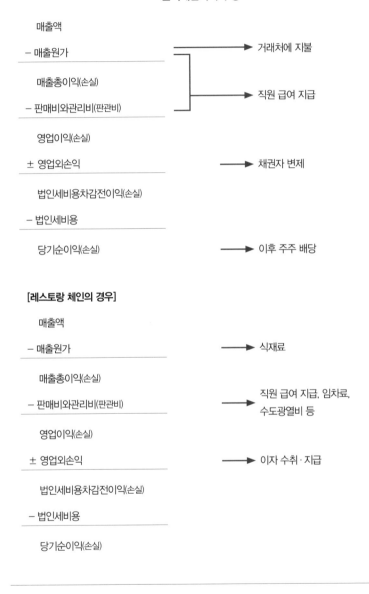

매출액

– 매출원가   → 거래처에 지불

매출총이익(손실)

– 판매비와관리비(판관비)   → 직원 급여 지급

영업이익(손실)

± 영업외손익   → 채권자 변제

법인세비용차감전이익(손실)

– 법인세비용

당기순이익(손실)   → 이후 주주 배당

[레스토랑 체인의 경우]

매출액

– 매출원가   → 식재료

매출총이익(손실)

– 판매비와관리비(판관비)   → 직원 급여 지급, 임차료, 수도광열비 등

영업이익(손실)

± 영업외손익   → 이자 수취·지급

법인세비용차감전이익(손실)

– 법인세비용

당기순이익(손실)

때 모두 이익으로 통틀어 말해도 이들 네 가지 이익 가운데 무엇을 가리키는지 정확히 파악해야 한다.

손익계산서의 구조를 살펴보면 가장 위에 매출액이 쓰여 있다. 여기서 매출원가를 뺀 것이 매출총이익이다. 레스토랑 체인을 예로 들면(도표 B의 아래 표), 가게에 온 손님이 지불한 대금 총액이 매출액에 해당하는데 거기서 매입한 식재료 등의 원가를 뺀 금액이 매출총이익에 해당한다.

여기서 또 판매비 및 관리비(판관비)를 뺀 것이 영업이익이다. 판관비란 레스토랑 체인의 경우 가게 종업원이나 본사 직원의 임금 같은 경비를 말한다. 가게를 빌릴 때 지불한 임차료나 수도광열비도 판관비에 포함된다. 따라서 영업이익은 회사의 통상적인 사업활동을 통해 얻은 돈이다.

마지막으로 법인세비용차감전이익에서 세금을 납부하고 남은 금액이 당기순이익이다. 당기순이익은 주주에게 배당되거나 사내에 이익잉여금으로 유보되어 또 다른 영업활동에 활용된다.

투자자가 획득하는 돈은 매출에서 여러 비용이 차감된 후에 지급된다는 점을 눈여겨봐야 한다. 회사에는 다양한 이해관계자가 존재한다. 직원은 임금이 매출원가나 판관비에 포함돼 손익계산서상으로는 비교적 빠른 단계에 먼저 노동의 대가를 받는다. 원재료 등을 제공하는 거래처에게 지급하는 대금은 매출원가에, 회사가 돈을 빌린 채권자에게 지급하는 이자는 영업외비용에 포함된다.

이러한 비용을 치르고 마지막으로 남은 당기순이익이 주주의 몫이 된다. 비용을 치르고 나면 최종적으로는 적자가 되는 경우도 있으므로 회사를 둘러싼 이해관계자 가운데 주주는 상대적으로 높은 경제적 리스크를 지고 있다. 투자한 금액에 대해 일반적으로 주주가 채권자보다 높은 수익을 요구하는 이유가 바로 이러한 분배 구조에 따른 것이다. 회사 측에서 보면 영업외비용에 해당하는 이자를 받는 채권자보다 당기순이익(더 정확하게는 재무상태표에서 설명하는 이익잉여금)에서 배당을 받은 주주가 수익 배분의 후순위가 된다. 만약 수익이 채권자와 다르지 않는데 변제 순서는 뒤로 밀린다면 투자자는 회사에 투자하려고 하지 않을 것이다. 즉 주주는 채권자보다 더 높은 리스크를 감수하기 때문에 더 높은 수익을 요구하는 것이다.

재무상태표란

다음으로 재무상태표Balance Sheet, BS에 대해 알아보자(도표 C). 재무상태표란 일정 시점에서 회사가 사업 운영에 필요한 돈을 어떻게 조달하고 그 돈이 어떤 형태(자산)로 보유되는지를 나타내는 계산서다.

재무상태표를 살펴보면 좌우에 크게 두 개의 박스가 있다. 이 두 박스의 우측에 해당하는 대변은 회사가 어떻게 사업에 필요한 돈을 조달했는지를 나타낸다. 우측 박스는 위아래로 또 두 개의 박

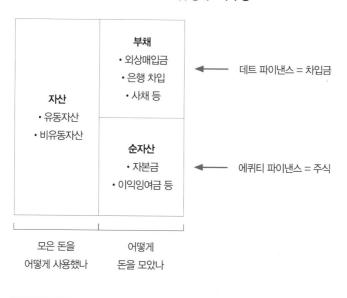

도표 C **재무상태표의 구성**

	부채
	• 외상매입금
	• 은행 차입 ← 데트 파이낸스 = 차입금
	• 사채 등

자산
• 유동자산
• 비유동자산

순자산
• 자본금 ← 에퀴티 파이낸스 = 주식
• 이익잉여금 등

모은 돈을   어떻게
어떻게 사용했나   돈을 모았나

스로 나뉘어 있다. 위쪽 박스를 '부채', 아래쪽 박스는 '순자산'이라고 한다. 부채와 순자산에는 사업이나 자금 조달을 통해 회사가 축적한 금액이 계상돼 있지만 돈의 조달 방법에 따라 각각의 박스로 분류된다.

회사가 사업에 필요한 자금을 외부에서 조달하는 방법은 데트 파이낸스와 에퀴티 파이낸스로 크게 나눌 수 있다. 데트 파이낸스로 조달된 자금은 위쪽 박스인 부채로 분류되고, 에퀴티 파이낸스로 조달된 자금은 아래쪽 박스인 순자산으로 분류된다.

데트 파이낸스란 알기 쉽게 말하면 차입금을 의미한다. 금융 기관 등에서 회사가 돈을 빌리고 이자를 지급하면서 일정 기일에 전액 변제를 전제로 대출 받는 조달 방법을 데트 파이낸스라고 한다. 회사에 데트 파이낸스로 자금을 제공하는 회사나 사람을 채권자라고 한다.

또 다른 방법인 에퀴티 파이낸스란 회사의 주식을 말한다. 에퀴티 파이낸스는 회사가 자사 주식을 발행하고 그 주식을 투자자와 교환하면서 자금을 조달하는 방식이다. 에퀴티 파이낸스 시에 발행되는 주식을 사는 사람은 회사의 주주가 되고 출자된 돈은 자본금(또는 자본준비금)으로 순자산에 계상된다. 경영자가 자신이 설립한 회사에 창업할 때 출자를 했다면, 회사는 창업 경영자에게서 에퀴티 파이낸스를 통해 자금을 조달한 것이 된다.

데트 파이낸스와는 달리 에퀴티 파이낸스에는 반드시 지급해야 할 이자가 설정돼 있지 않으며, 특정 시기에 전액을 변제하겠다는 계약도 하지 않는다. 그러나 손익계산서 항목에서 설명했듯이 주주는 채권자보다 나중에 수익을 획득한다. 가령 회사가 경영 파탄에 이르렀을 때 남은 자금을 우선적으로 받는 쪽은 채권자이며, 채권자에게 자금을 변제하고 난 후 돈이 남아 있지 않으면 주주는 투자한 금액 전액을 잃을지도 모른다. 따라서 주주는 데트 파이낸스로 자금을 제공하는 채권자보다 더 큰 리스크를 지는 만큼 더 많은 수익을 요구한다. 이 내용은 '자본비용' 항목에서 더 상세히 다루도록 하겠다.

순자산에는 에퀴티 파이낸스로 조달한 자금 이외에도 회사가 사업을 통해 얻은 돈의 일부가 계상된다. 손익계산서에 관한 설명에서 당기순이익으로 얻은 이익은 주주에게 배당되거나 사내에 이익잉여금으로 유보한다고 했는데 이 이익잉여금이 재무상태표의 순자산에 계상되는 것이다(도표 D).

주주는 회사가 사업을 통해 돈을 버는 것을 기대하며 자금을 투자하고 회사 주식을 구입한다. 회사가 낸 순이익을 배당으로 수취(받아서 가짐)하거나 주가(주식의 가치)가 올라간 타이밍에 주식을 처분해서 처분 이익을 획득(자본이득)함으로써 주주는 투자 자금을 회수한다. 순자산에 계상된 자본금과 이익잉여금은 회사가 사업을 확대하기 위해 모은 자금과 사업에서 벌어들인 자금의 총계이며 주주에게 귀속된 돈의 총액을 나타낸다. 한편, 부채는 채권자에게 빌린 자금의 총액을 나타낸다.

이어서 재무상태표의 좌측에 해당하는 차변은 회사가 자금 조달이나 사업 운영으로 획득한 자금을 어디에 쓰고 어떤 자산으로 보유하고 있는지를 나타낸다. 좌측 박스를 자산이라고 하며, 자산은 유동자산, 비유동자산으로 분류된다.

회사는 '정상 영업 순환 주기'와 '1년 기준'이라는 두 가지 기준으로 자산을 유동으로 간주할지 고정으로 간주할지 판단한다. 원칙적으로 '통상의 영업활동에서 생기는 자산'(원재료, 제품, 외상매출금 등)과 '1년 이내에 현금화 가능한 자산'은 유동자산으로 취급하고 그 밖의 자산은 비유동자산으로 분류한다.

이번에도 레스토랑 체인을 예로 들어 살펴보자. 레스토랑 체인 회사가 가게를 오픈하려고 하면 주방 조리 기구나 냉장고, 테이블,

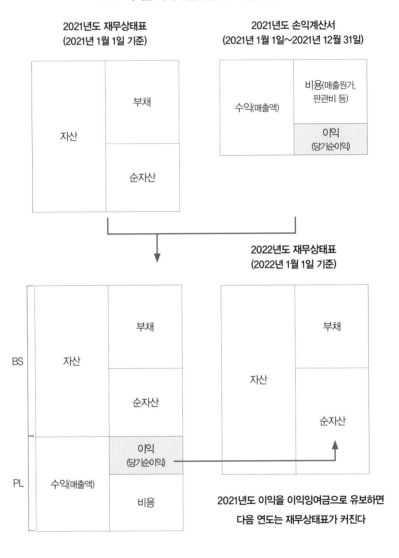

도표 D **이익은 회사의 순자산에도 계상된다**

2021년도 재무상태표
(2021년 1월 1일 기준)

2021년도 손익계산서
(2021년 1월 1일~2021년 12월 31일)

| 자산 | 부채 |
| | 순자산 |

| 수익(매출액) | 비용(매출원가, 판관비 등) |
| | 이익
(당기순이익) |

2022년도 재무상태표
(2022년 1월 1일 기준)

BS

자산	부채
	순자산
	이익 (당기순이익)

PL

| 수익(매출액) | 비용 |

| 자산 | 부채 |
| | 순자산 |

**2021년도 이익을 이익잉여금으로 유보하면
다음 연도는 재무상태표가 커진다**

　　　　　　　　　　　사장을 위한 마지막 경영 수업

의자 같은 집기를 사야 한다. 이 같은 집기는 재무상태표의 자산에 유형자산(비유동자산에 속하는 고정자산)으로 계상된다.

이를테면 출자금을 마련해서 이제 막 창업한, 아직 아무것도 구입하지 않은 회사라면 자산은 모두 유동자산인 현금 및 현금성자산만으로 구성된다. 집기를 살 경우 고정자산에 집기가 계상되는 동시에 자산 안에 유동자산으로 계상된 현금 및 현금성자산이 집기를 사는 데 지불한 대금만큼 줄어든다.

이때 재무상태표의 우측은 회사가 취급하는 자금이 데트 파이낸스로 조달됐는지, 에쿼티 파이낸스로 조달됐는지를 나타내는 것뿐이므로 특별히 변화는 없다. 과거 파나소닉 창업자인 마쓰시타 고노스케는 "자산이란 돈이 둔갑한 것"이라고 했는데 자산은 바로 조달한 돈이 외양을 바꾼 것이다. 조달한 자금이 자산으로 둔갑했으므로 조달한 자금의 양을 나타내는 재무상태표의 우측 총액과 자산의 내용을 나타내는 재무상태표의 좌측 총액은 항상 일치한다.

손익계산서와 재무상태표의 관계

조달한 자금은 자산으로 계상하는 경우 외에도, 레스토랑 체인이라면 식재료나 점원의 임금 등 손익계산서에 원가나 판관비 같은 비용으로 계상되기도 한다. 이러한 손익계산서상 비용은 기본적으로 재무상태표에는 기재되지 않는다. 그렇다면 손익계산서에 계상되는 비용은 재무상태표에 어떻게 반영될까.

조금 전에 손익계산서상의 당기순이익 가운데 주주에게 배당되지 않고 이익잉여금으로 남은 돈은 재무상태표의 순자산에 계상된다고 했다. 당기순이익이란 회사가 벌어들인 매출액에서 원가, 판관비, 영업외손익(영업외수익 – 영업외비용), 세금을 더하고 빼서 남은 이익을 말한다. 식재료는 원가로, 임금은 판관비로 매출에서 빼고 당기순이익의 일부가 이익잉여금으로 재무상태표에 계상된다. 이렇게 함으로써 손익계산서에 계상되는 자금 운용의 결과도 최종적으로는 재무상태표에 반영된다.

반대로 매출액에서 모든 비용을 뺀 결과 저자가 되어 '순손실'이 발생할 경우, 발생한 적자만큼 재무상태표상의 이익잉여금에서 차감된다. 적자가 연속적으로 발생해서 이익잉여금이 없어지면 자본금에서 적자 발생분만큼을 차감한다. 적자가 발생한 만큼 감액되어 이익잉여금과 자본금이 없어져 순자산에 계상되는 자금이 없어지는 상태(부채가 자산보다 많은 상태)를 '자본잠식'이라고 하며, 기업의 모든 자금이 차입금으로 충당되고 있는 상태를 의미한다.

이와 같은 손익계산서와 재무상태표의 관계를 나타내면 도표 E와 같은 상태가 된다. 도표 E에서 알 수 있듯이 손익계산서와 재무상태표는 유기적으로 연결돼 있다.

조달한 자금이 재무상태표의 좌측(차변)에 현금으로 쌓여 그 현금을 사용해서 회사는 사업에 필요한 자산에 투자한다. 그렇게 구축된 사업 자산이 손익계산서상 이익을 창출하고 그 이익이 이익

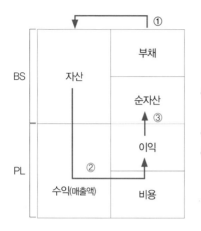
도표 E **손익계산서와 재무상태표의 관계**

① 부채나 순자산으로 조달한 돈이 자산이 되어
② 자산을 활용한 사업에서 이익을 창출하고
③ 이익은 순자산의 일부가 된다

잉여금으로 재무상태표에 계상된다. 자금은 손익계산서와 재무상태표를 걸쳐 순환하며 사업을 통해 가치를 창출한다. 이러한 돈의 순환을 잘 조절하는 것이 파이낸스다. 손익계산서와 재무상태표의 관계를 이해하는 것은 회계의 구조를 이해하는 지름길이며, 파이낸스 사고를 갖추는 데도 매우 중요하다.

거짓말을 하지 않는 현금흐름표

재무제표의 마지막은 현금흐름표다(도표 F). 현금흐름표는 분기나 1년 단위의 일정 기간 동안 회사가 보유한 현금이 얼마나 증감했는지를 나타내는 계산서다.

도표 F **현금흐름표의 구성**

영업활동에 의한 현금흐름
투자활동에 의한 현금흐름
재무활동에 의한 현금흐름
현금및현금성자산 증감액
현금및현금성자산 기초 잔액
현금및현금성자산 기말 잔액

금융업계에서 일하는 사람들은 '이익은 의견, 현금은 현실'이라는 말을 입버릇처럼 한다. 손익계산서상 이익에 대해서는 회계 기준이 있지만 제1장에서도 언급했듯이 매출이나 비용을 판단하는 데는 해석의 차이가 있다. 원래는 비용으로 계상돼야 하는 내용이라도 해석하기에 따라 계상되지 않기도 한다. 그래서 손익계산서에는 아무래도 경영자의 의사가 반영될 여지가 있다.

한편 현금흐름표는 실제 회사의 현금흐름을 대상으로 하므로 해석이 개입할 여지가 없어 의도적으로 속이기 매우 어렵다. 그래서 투자자 가운데는 손익계산서보다 현금흐름표를 더 중시해서 투자를 판단하는 사람도 있다.

현금흐름표는 영업활동에 의한 현금흐름, 투자활동에 의한 현금흐름, 재무활동에 의한 현금흐름으로 구성되며 각각 결산기의 기초에서 기말에 걸쳐 현금이 회사에 얼마나 들어오고 나갔는지를 카테고리별로 나타낸다.

우선 영업활동에 의한 현금흐름은 원재료 매입이나 제품 판매 등 통상적인 영업활동을 통해 회사에 현금이 얼마만큼 들어오고 나갔는지를 나타낸다. 현금흐름표는 손익계산서상 이익의 증감이 아니라 현금의 증감을 다루기 때문에 가령 매출이 올랐다 해도 매출 대금이 현금으로 지불되지 않는 한 영업활동에 의한 현금흐름이 증가했다고 볼 수 없다. 손익계산서상에서 매출이 발생했어도 실제로 돈이 지급됐는지는 알 수 없다. 실제 돈의 흐름을 알려면 현금흐름표를 확인해야 한다.

투자활동에 의한 현금흐름은 주로 토지, 설비, 유가증권 등을 포함한 비유동자산의 취득이나 매각 등 사업 활동을 유지하기 위해 이용된 돈의 흐름을 나타낸다. 다른 구분과 마찬가지로 사내의 현금 증감을 나타내기 때문에 사업 확장을 위해 설비투자를 하는 등 고정자산을 적극적으로 취득한 상태라면 투자활동에 의한 현금흐름은 마이너스가 되기도 하며 반대로 이러한 고정자산이나 보유하고 있는 유가증권을 매각하면 현금은 증가한다.

마지막으로 재무활동에 의한 현금흐름은 자금 차입이나 상환, 주식 발행을 통한 자금 조달 등 사업을 하는 데 필요한 돈을 얼마나 조달하고 상환했는지, 그것에 의해 회사의 현금이 얼마나 증감했는지를 나타낸다. 차입이나 주식 발행으로 자금을 조달하면 현금은 증가하므로 재무활동에 의한 현금흐름상 현금이 증가됐다고 표시된다. 반대로 차입금을 상환하거나 주주에게 배당을 하면 현금은 감소하므로 재무활동에 의한 현금흐름상 현금은 감소됐다고 표시된다.

손익계산서와 현금흐름표 간 차이

지금까지 재무제표와 재무제표 간 연결 구조를 살펴봤다. 손익계산서와 현금흐름표의 차이는 알기 어려운 것처럼 느껴지기도 한다. 두 계산서 모두 회사가 번 돈과 지출한 돈을 나타내므로 원래라면 수치가 일치해야 한다는 생각이 들 수도 있다.

손익계산서상 매출이나 비용의 계상에는 해석의 차이가 있는데 반해 현금흐름표에는 해석의 여지가 없다는 점은 이미 설명했다. 그렇기 때문에 손익계산서와 현금흐름표 사이에는 수치상 차이가 발생한다. 이러한 차이를 낳는 큰 요인으로 감가상각이 있다.

사업을 운영하면서 구입하는 많은 물품을 바로 다 쓰는 것은 아니다. 레스토랑을 예로 들면 요리에 사용하는 식재료는 바로 소비되므로 식재료 비용은 원가로 전액 손익계산서에 계상된다. 한편 발주 관리 등에 사용되는 컴퓨터는 보통 1년 만에 다 쓰고 버리는 것이 아니라 몇 년 동안 계속 사용한다. 이처럼 사업 운영에 필요하면서 몇 년에 걸쳐 사용하는 자산을 고정자산이라고 한다.

건물이나 기계설비, 차량 등 구체적인 형태가 있는 고정자산을 유형자산이라고 하는데 고정자산은 물건마다 내용연수가 각각 다르다. 고정자산을 계속 사용하다 내용연수가 지나면 회계상 그 자산은 가치가 없다고 본다.

이를테면 컴퓨터의 경우, 내용연수는 세법에서 4년으로 규정돼 있다. 만약 현금 20만 엔으로 컴퓨터를 구입했다면 손익계산서상에서는 매년 5만 엔(20만 엔÷4년)이 차감된다. 컴퓨터를 구입한 해에 한 번에 20만 엔을 비용으로 차감할 수는 없다. 재무상태표상에는 구입한 시점에서 컴퓨터에 20만 엔분의 가치가 있다고 보고 유형자산에 계상되지만 다음 해에는 15만 엔분의 가치, 그다음 해에는 10만 엔분의 가치로 내용연수에 따라 해마다 가치가 떨어진다. 이처럼 손익계산서상에서 자산 구입비용을 구입한 시점이 아닌 내용연수에 걸쳐 서서히 비용으로 계상하는 것을 감가상각이라고 한다.

한편 현금흐름표는 어디까지나 실제 돈의 흐름을 나타내는 것이므로 컴퓨터를 현금으로 산 시점에서 20만 엔분이 '투자활동에 의한 현금흐름'상에 지출로 계상된다. 따라서 감가상각이 발생하는 설비 등에 많은 자금을 투자하면 손익계산서와 현금흐름표의 수치에 큰 차이가 생긴다.

영업권의 계상 방법

감가상각이 생기는 전형적인 예가 M&A로 회사나 사업을 인수했을 때 발생하는 영업권이다.

　이를테면 모 상장 기업 A사가 순자산 100억 엔을 보유한 성장 중인 소프트웨어 회사 B사 주식 전량을 현금 150억 엔에 인수했다고 가정해 보자(도표 G). 이때 B사가 보유한 100억 엔분의 순자산은 A사의 자산에 그대로 계상된다. 한편, A사는 B사가 향후 더욱더 성장해서 A사의 이익에 기여하리라고 예측하여 B사의 순자산 100억 엔에 50억 엔을 더한 150억 엔으로 B사를 인수했다. 순자산을 초과하는 50억 엔은 손익계산서에서 바로 비용으로 매출에서 차감하지 않고 일단은 재무상태표에 계상된다. 이 50억 엔이 재무상태표에 계상되는 영업권이다. 영업권은 재무상태표상 좌측(차변)의 무형자산에 계상된다.

　일반적으로 영업권은 일정 기간에 걸쳐 회사의 재무상태표에서 균등하게 상각된다. 가령 A사가 인수로 발생한 영업권을 10년간 상각할 경우, A사의 손익계산서에는 매년 5억 엔이 차감되어 영업이익 5억 엔분이 줄어든다. 인수 시에 필요한 현금은 이미 지급됐으며 회사가 보유하는 현금에는 변화가 없지만 영업권 상각으로 외부에서 보면 손익계산서상 이익이 감소한 것처럼 비친다. 한편, 실제 돈의 흐름을 나타내는 현금흐름표상에는 인수 시에 지불한 지출액 150억 엔이 계상되므로 당기 이후에 영업권 상각분 5억 엔이 계상되지 않는다.

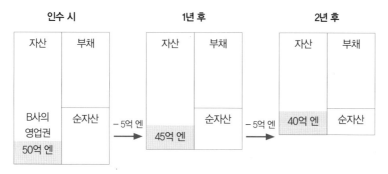

도표 G **A사의 재무상태표 변화**

| 인수 시 | 1년 후 | 2년 후 |

| 자산 | 부채 |
| B사의 영업권 50억 엔 | 순자산 |

－5억 엔 →

| 자산 | 부채 |
| 45억 엔 | 순자산 |

－5억 엔 →

| 자산 | 부채 |
| 40억 엔 | 순자산 |

영업권 상각액 5억 엔은 매년 손익계산서상 판관비에 계상된다

연결회계와 개별회계

상장 기업의 결산을 보면 '개별재무제표'와 '연결재무제표'라는 두 가지 재무제표가 있다. 같은 회사인데도 기재 내용이 다른 두 가지 재무제표가 있는 이유는 무엇일까.

개별재무제표는 개별 회사의 실적을 나타내는 간단한 내용으로 구성되는 반면, 연결재무제표는 회사와 자회사나 관계회사를 포함한 회사 그룹 전체의 실적과 자산 상황을 나타낸다. 개별재무제표와 연결재무제표는 대상 회사의 상황을 각각 다른 측면에서 나타낸다.

자회사란 어떤 회사(이하 A사)가 의결권이 있는 주식을 50퍼센트 넘게 보유하는 회사를 말한다. 더불어 40퍼센트 이상의 주식을 보유하고 사업 방침의 결정권, 임원 파견 상황 등을 A사가 실질적

도표 H **자회사와 관계회사의 구분**

구분	의결권 기타 조건
자회사	50% 초과
	40% 이상 50% 이하. 특정인의 의결권과 합쳐 50% 초과 또는 일정 요건 충족
	40% 미만이지만 특정인의 의결권과 합쳐 50% 초과 또는 일정 요건 충족
관계회사	20% 이상
	15% 이상 20% 미만이지만 일정 요건 충족
	15% 미만이지만 특정인의 의결권과 합쳐 20% 이상 또는 일정 요건 충족

으로 지배하고 있다고 판단되는 회사도 회계상에서는 A사의 자회사라고 간주한다.

반면에 관계회사는 주로 A사가 20퍼센트 이상의 의결권을 보유하는 회사를 가리킨다. 그리고 A사가 15퍼센트 이상 20퍼센트 미만의 의결권을 보유하는 회사도 임원 파견 등으로 사업 방침을 결정하는 데 중요한 영향을 미친다고 판단되면 회계상에서는 A사의 관계회사라고 판단한다. 일반적으로 A사가 50퍼센트 이상의 의결권을 보유하는 회사는 A사의 자회사, 20퍼센트 이상 50퍼센트 미만의 의결권을 보유하는 회사는 관계회사라고 생각하면 된다(도표 H).

복수의 자회사나 관계회사를 보유한 A사의 사업 활동을 이해하려면 A사의 개별재무제표만 보고는 전체를 파악할 수 없다. A사가 영향력을 행사하는 자회사나 관계회사의 경영 상황을 포괄적으로 인지해야 A사의 상황을 파악할 수 있다. 자회사나 관계회사의 실적을 반영하고 그룹 전체의 경영 상황을 나타내기 위해 작성되는 것이 바로 연결재무제표다. 일반적으로 복수의 자회사나 관계회사를 보유한 회사의 경우 개별재무제표보다 연결재무제표를 더 중시하는 경향이 있다.

연결재무제표에는 자회사나 관계회사의 실적이 반영된다고 했는데 그렇다고 자회사나 관계회사의 실적이 모두 모회사(A사)의 실적에 그대로 가산되는 건 아니다. 실제로는 A사의 주식 보유 비율에 해당하는 자회사나 관계회사의 실적만큼만 A사의 실적에 반영된다.

손익계산서를 설명하면서 이익은 크게 네 가지로 분류(매출총이익, 영업이익, 법인세비용차감전이익, 당기순이익)된다고 했다. 이는 개별재무제표를 기준으로 한 설명인데 연결재무제표에서는 당기순이익 밑에 '비지배주주에게 귀속되는 당기순이익'과 '지배주주에게 귀속되는 당기순이익'이 추가된다. 그룹 전체의 당기순이익에서 '비지배주주에게 귀속되는 당기순이익'을 차감해 A사의 실적을 실제에 맞춰 표현한다. 구체적인 사례를 들어 알아보자.

이를테면 매출액 1,000억 엔, 영업이익 100억 엔, 당기순이익 70억 엔인 A사가 매출액 300억 엔, 영업이익 100억 엔, 당기순이익 70억 엔인 B사의 주식을 60퍼센트 보유하고 있다고 가정해 보

자. 이 경우 B사의 당기순이익 가운데 A사의 연결재무제표에 반영되는 것은 42억 엔(70억 엔×60퍼센트)이다. 만약 A사의 그룹사가 B사밖에 없을 경우, A사의 연결재무제표상 당기순이익은 112억 엔(70억 엔＋42억 엔)이 된다.

이때 자회사인지 관계회사인지에 따라 모회사의 연결재무제표에 반영하는 방법이 달라진다는 점에 주목해야 한다. 책에서는 손익계산서상 기재 방법으로 한정하여 설명하겠다.

앞의 사례에서 열거한, 모회사 A사와 자회사 B사가 존재하는 상황을 케이스 1이라고 하자(도표 I). 또 다른 케이스로 B사와 실적이 완전히 같은 C사가 존재하는 상황을 예로 생각해 보자. A사는 C사 주식을 30퍼센트 보유하고 있다. 이 경우 C사는 A사의 관계회사가 된다. A사와 C사가 존재하는 상황을 케이스 2라고 하자.

케이스 1에서 자회사의 경우, 모회사의 연결 손익계산서에 일단 매출액과 영업이익을 모두 반영한다. 따라서 A사의 연결 손익계산서는 매출액이 1,300억 엔(1,000억 엔＋300억 엔), 영업이익이 200억 엔(100억 엔＋100억 엔)이 된다. 한편 A사가 B사의 주식을 60퍼센트 보유하고 있다는 말은 뒤집어 생각하면 B사 주식의 40퍼센트는 다른 회사나 개인이 보유하고 있다는 의미다. 모회사인 A사 이외의 주주를 '비지배주주'라고 한다. 비지배주주가 보유한 이익 40퍼센트를 A사의 연결 손익계산서에서 차감해야 한다. 그것이 손익계산서상 당기순이익의 밑에 기재되는 비지배주주에게 귀속되는 당기순이익이다.

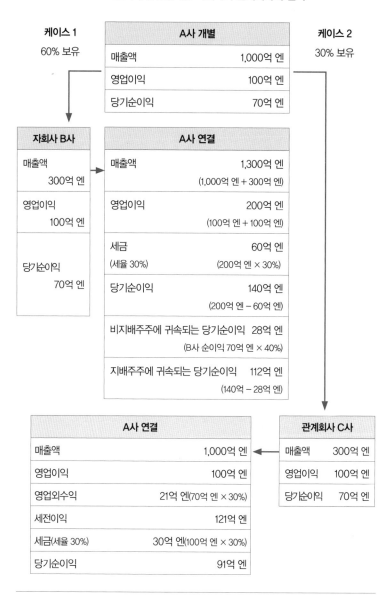

도표 | **모회사에 반영되는 자회사와 관계회사의 실적**

케이스 1
60% 보유

케이스 2
30% 보유

A사 개별

매출액	1,000억 엔
영업이익	100억 엔
당기순이익	70억 엔

자회사 B사

매출액	300억 엔
영업이익	100억 엔
당기순이익	70억 엔

A사 연결

매출액	1,300억 엔 (1,000억 엔 + 300억 엔)
영업이익	200억 엔 (100억 엔 + 100억 엔)
세금 (세율 30%)	60억 엔 (200억 엔 × 30%)
당기순이익	140억 엔 (200억 엔 − 60억 엔)
비지배주주에 귀속되는 당기순이익	28억 엔 (B사 순이익 70억 엔 × 40%)
지배주주에 귀속되는 당기순이익	112억 엔 (140억 − 28억 엔)

A사 연결

매출액	1,000억 엔
영업이익	100억 엔
영업외수익	21억 엔(70억 엔 × 30%)
세전이익	121억 엔
세금(세율 30%)	30억 엔(100억 엔 × 30%)
당기순이익	91억 엔

관계회사 C사

매출액	300억 엔
영업이익	100억 엔
당기순이익	70억 엔

A사 개별과 B사 개별에는 영업외손익이 없고 A사 개별의 연결 손익계산서상 세전이익이 영업이익과 같은 200억 엔이라고 가정해 보자. 세금으로 제하는 비율이 세전이익의 30퍼센트인 경우, 법인세 등은 60억 엔(200억 엔×30퍼센트)이므로 단순히 생각하면 A사의 연결상 당기순이익은 140억 엔(200억 엔 - 60억 엔)이다. 여기서 B사 비지배주주분의 이익을 차감한다.

B사 개별 결산에서 당기순이익은 70억 엔(세전이익 100억 엔 - 법인세 등 30억 엔[100억 엔×30퍼센트])이지만, 이 중 28억 엔(70억 엔×비지배주주지분 40퍼센트)은 비지배주주의 몫이다. 그래서 이러한 상황을 정확히 반영하기 위해 A사의 연결 손익계산서에서 비지배주주의 몫인 28억 엔을 차감한다. 따라서 비지배주주의 이익을 공제한 A사의 연결상 최종 이익(지배주주에게 귀속되는 당기순이익)은 112억 엔(140억 엔 - 28억 엔)이 된다.

한편, 관계회사는 자회사에 비해 모회사의 영향력이 적어 모회사의 연결 손익계산서에 매출액을 가산하지 않는다. 따라서 케이스 2에서는 A사의 연결 결산상 매출액이 1,000억 엔뿐이다. 마찬가지로 영업이익에도 C사의 영업이익은 가산되지 않는다. C사의 실적은 A사의 연결 손익계산서상 영업외수익의 '지분법손익'이라는 항목으로 표시된다.

이때 C사 개별 당기순이익에서 A사가 보유하는 주식 비율만큼만 가산된다. C사의 당기순이익은 70억 엔이므로 이 중 21억 엔(70억 엔×A사 지분 30퍼센트)이 영업외수익에 가산된다. C사가 A

사의 연결 결산에 기여하는 당기순이익 21억 엔은 이미 법인세가 차감된 액수이므로 A사의 연결 결산에서 C사의 법인세분은 차감되지 않는다. 그 결과, 케이스 2에서 A사 연결 손익계산서의 '모회사 소유자에게 귀속되는 당기순이익'은 91억 엔(70억 엔＋21억 엔)이다.

요컨대 경영에 영향력을 더 강력히 행사하는 자회사를 연결하는 케이스 1의 경우, 매출액이나 영업이익이 그대로 가산되고 손익계산서상 마지막에 비지배주주의 몫이 차감되는 데 반해, 영향이 미치는 정도가 상대적으로 낮은 관계회사를 연결하는 케이스 2의 경우, 영업외수익에 주식 보유 비율에 따른 이익이 가산된다. 이것이 자회사와 관계회사의 연결 방법 차이다.

경영에서 회계의 의미

지금까지 매우 기초적인 회계 지식의 개요를 설명했다. 회사를 경영할 때 회계의 의미에 대해 생각해 보면, 회계란 자사의 상황을 정확히 파악하고 경영 관리의 관점에서 사업 활동을 인식하기 위한 발상이다. 경영자에게 기업 경영에 꼭 필요한 사고를 부여하는 것이다.

원래 자산 상황 등 회사의 실태는 매우 대략적으로 파악됐다. 여기에 회계라는 경영 관리에 유효한 도구가 도입됨으로써 회사의 활동과 상황이 숫자로 정확히 관리되고 있다. 이로써 회사는 경영에 합리적인 의사결정을 내릴 수 있게 됐다.

이러한 의미에서 회사 경영을 어떤 지점에서 목적지로 나아가는 여행에 비유하면 회계는 회사의 현재 위치를 파악하기 위한 도구라 할 수 있다.

내부유보란
무엇인가

최근 기업이 얻은 이익을 사내에 축적해 직원 급여와 설비투자, 배당으로 사용하지 않는다고 비판하는 기사를 자주 접한다. 기업이 소극적인 태도로 경영을 하면 아무리 시간이 지나도 디플레이션에서 벗어날 수 없다는 것이 주된 논조다. 그리고 이러한 비판을 근거로 삼아 기업의 내부유보를 과세 대상으로 해야 한다는 의견이 정계에서도 거론되고 있다.

여기서 내부유보라는 항목이 재무제표에는 없다는 점에 주목해야 한다. 세무회계의 관점에서 기업이 축적한 돈에 과세하려는 생각이라면 과연 내부유보란 무엇인지, 재무제표의 어느 항목에 해당되는지를 명확히 해야 한다.

일반적으로 내부유보란 기업이 과거에 획득한 이익을 사내에 축적한 것이라는 막연한 이미지로 인식된다. 이 개념과 가장 비슷한 항목이 재무상태표상 이익잉여금일 것이다(도표 J). 앞에서 설명한 바와 같이 회사가 벌어들인 당기순이익 가운데 주주에게 배당되지 않은 금액이 이익잉여금으로 재무상태표의 순자산에 계상된다. 이익잉여금은 회사가 사업을 영위하기 위한 자금이 된다는 의미에서 데트 파이낸스, 에쿼티 파이낸스에 이어 제3의 자금 조달 방법이라 할 수 있다.

그런데 재무상태표 우측 박스는 회사가 자금을 조달한 방법을 나타낸다고 설명했다. 그리고 조달한 자금을 어떻게 투자해서 어떤 자산으로 보유하고 있는지를 나타낸 것이 재무상태표 좌측 박스다. 다시 말해 이익잉여금이 회사 내에서 현금으로 보유되고 있지 않음을 의미한다. 부채나 자본금을 그대로 사내에 현금으로 보유하지 않는 것과 마찬가지로 이익잉여금도 여러 설비 등으로 모습을 바꿔 회사에서 보유하고 있다.

만약 회사가 자사의 자금을 적극적으로 활용해서 생산설비 등의 자산을 구입한 경우, 아무리 재무상태표상 이익잉여금이 많다 하더라도 회사에는 지불해야 할 돈이 없는 경우도 있다. 그런데도 여전히 이익잉여금에 과세하려 한다면 회사는 보유 중인 자산을 매각하고 현금화해서 세금을 낼 수밖에 없다. 이익잉여금을 마치 기업이 활용하지 않고 보유하고 있는 현금으로 보고 내부유보라고 부르면서 과세하려는 발상이 얼마나 말도 안 되는지 잘 알게 됐을 것이다.

한편 회사가 과거에 축적한 재고로서의 이익잉여금이 아니라 매년 당기순이익에서 주주에게 배당한 뒤에 사내에 남은 금액을 내부유보라고 하는 경우도 있다. 이런 개념에서 보는 내부유보라면 현금으로 과세할

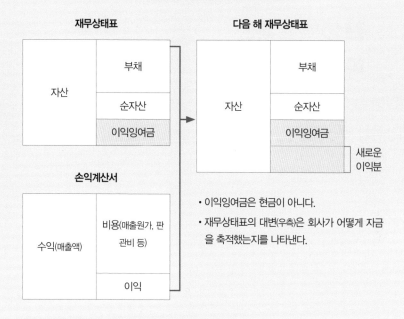

도표 J **내부유보 항목은 재무상태표에 없다**

재무상태표

자산	부채
	순자산
	이익잉여금

손익계산서

| 수익(매출액) | 비용(매출원가, 판관비 등) |
| | 이익 |

다음 해 재무상태표

자산	부채
	순자산
	이익잉여금
	새로운 이익분

• 이익잉여금은 현금이 아니다.
• 재무상태표의 대변(우측)은 회사가 어떻게 자금을 축적했는지를 나타낸다.

수는 있다. 다만 이 경우라면 법인세율을 인상하면 목적이 달성되므로 일부러 내부유보 등의 개념을 내세울 필요가 없다.

즉 내부유보는 회계상 무엇을 가리키는지에 따라 의미가 크게 달라진다. 의미가 다른 개념으로 논의하는 일이 없도록 혼동하기 쉬운 내부유보라는 말은 사용을 삼가는 편이 좋다.

한 번에 끝내는
파이낸스 강의

이제부터 회계 지식과 나란히 파이낸스 사고를 갖추기 위해 꼭 필요한 파이낸스의 기초 지식을 살펴보겠다.

회사는 ①사업 성과 ②보유하는 경영 자원 ③회사의 가치라는 측면에서 돈으로 평가된다고 이미 설명한 바 있다. 파이낸스는 이 가운데 주로 ③회사의 가치에 대해 생각하기 위한 관점이다.

결산을 할 때 손익계산서, 재무상태표, 현금흐름표 같은 재무제표의 작성과 보고가 의무화돼 있다. 재무제표는 회계적 사고를 토대로 작성된 자료다. 한편, 파이낸스는 파이낸스적 사고를 토대로 '파이낸스 계산서' 등과 같은 자료를 작성할 필요는 없다.

그렇다면 파이낸스란 무엇일까. 파이낸스 이론은 돈에 관한 의사결정을 합리적으로 하기 위한 이론인데, 투자자로서 가장 적절한 투자 행동을 판단하기 위한 투자 이론Investment과 회사가 자금 조달이나 투자를 가장 적절히 하기 위한 기업 금융 이론Corporate finance 으로 크게 분류된다.

이 책에서는 기업의 재무활동인 기업 금융 이론을 파이낸스라고 하겠다. 책에서 말하는 파이낸스의 활동을 실무자의 관점에서 간단히 설명하면 다음 네 가지 요소로 체계화할 수 있다.

회사의 기업 가치를 최대화하기 위한 다음의 일련의 활동이다

A. 사업에 필요한 자금을 외부에서 최적의 밸런스와 조건으로 조달한다.(외부 자금 조달)
B. 기존 사업과 자산에서 최대한 자금을 창출한다.(자금 창출)
C. 구축한 자산(자금을 포함)을 사업 구축을 위한 신규 투자나 주주 및 채권자에게 환원하기 위해 최적으로 분배한다.(자산의 최적 배분)
D. 그 과정의 합리성과 의지를 기업의 이해관계자에게 설명한다.(이해관계자 커뮤니케이션)

사업을 운영하기 위해 필요한 돈을 어떻게 효율적으로 조달하고 기존 사업을 통해 어떻게 더 많은 돈을 창출할 것인가. 그리고 이렇게 획득한 돈을 신규 투자나 이해관계자 환원 등으로 최적화

한 뒤 그 정당성 및 합리성에 대해 어떻게 설명하고 책임질 것인가. 이러한 회사 경영에 필요한 돈의 흐름에 관한 일련의 활동을 이 책에서는 파이낸스라고 정의한다.

시간적 가치 측정법

기업 가치의 최대화를 목적으로 하는 것이 파이낸스의 출발점이다. 회사가 사업 활동을 통해 사회에 더 큰 가치를 제공하면(제공할 가능성이 높아지면) 기업 가치도 커진다. 그렇다면 기업 가치란 구체적으로 무엇을 의미할까. 파이낸스에서는 기업 가치를 회사가 미래에 걸쳐 창출 가능한 현금흐름의 총액을 현재 가치로 평가한 것이라고 생각한다.

우선 현금흐름이란 회계에서 설명한 현금흐름표와 마찬가지로 회사가 획득하는 현금을 의미한다. 순조롭게 안정적으로 경영하는 회사라면 당기에 현금을 획득할 것이며 내년에도 내후년에도 계속해서 현금을 획득하리라고 기대할 수 있다. 바꿔 말하면 미래에 회사가 벌어들일 돈의 총량의 최대화를 목적으로 하고 그러기 위해 효율적으로 돈을 획득해서 유효하게 활용하는 것이 파이낸스다. 그리고 회사에 가장 적합한 파이낸스 전략을 고려하기 위한 관점이 파이낸스 사고다.

파이낸스 이론에서는 돈의 가치를 액면가뿐만 아니라 시간의 요소까지 고려해서 측정한다.

이를테면 어떤 사람에게서 지금 바로 100만 엔을 받을 수 있는 경우와 10년 후에 100만 엔을 받을 수 있는 경우가 있다면 여러분은 과연 어느 쪽을 선택할까. 당연히 지금 바로 100만 엔을 받는 쪽을 선택할 것이다. 지금 100만 엔을 손에 쥐면 당장 뭔가를 살 수 있지만 후자일 경우에는 10년이나 기다려야 돈을 쓸 수 있다.

지금 받는 100만 엔이 10년 후에 받는 100만 엔보다 가치가 높은 이유를 파이낸스의 관점에서 생각하면 두 가지로 설명할 수 있다(도표 K).

첫 번째는 금리에 의한 차이 때문이다(무위험이자율 [투자 위험이 전혀 포함되지 않는 투자의 순수한 기대 수익률. 화폐의 시간적 가치만을 고려한 것으로 정기 예금, 국채 등의 이자율이 이에 해당됨 - 옮긴이]). 만약 지금 눈앞에 있는 100만 엔으로 원금이 보증된 국채 같은 금융 상품을 구입해서 운용하면 10년 후에는 원금 100만 엔과 이자도 획득할 수 있다. 10년 후에 받는 100만 엔은 이 이자를 얻지 못하므로 지금 받는 100만 엔보다 가치가 낮다.

두 번째 이유는 불확실성 때문이다(위험 프리미엄 [위험 자산에 투자할 경우 위험 부담에 대해 요구하는 일정한 대가 - 옮긴이]). 10년 후에 같은 가치(현재의 100만 엔의 가치)를 얻을 수 있을지 불확실한 만큼 가치를 제하고 파악해야 한다. 이를테면 시간이 지나면서 액면상 가치가 변할 가능성이 있다. 가령 인플레이션이 급속히 진행된다고 하면 10년 후의 '100만 엔'의 가치는 현재의 가치보다 훨씬 낮아질지도 모른다. 그리고 '10년 뒤에 100만 엔을 준다'고 해도 10년 후에 정말 100만 엔을 받을 수 있을지는 확실하지 않다.

따라서 파이낸스 이론에서는 미래의 불확실성을 고려하면 10년 뒤에 받는 100만 엔은 현시점에서 받는 100만 엔보다 더 낮은 가치로 평가하는 것이 타당하다고 생각한다. 이 같은 사고방식을 가리켜서 파이낸스 이론에서는 '금전에는 시간적 가치가 있다'고 한다.

액면가는 같더라도 시간이 개입됨으로써 지금 받을 수 있는 돈의 가치와 미래에 받을 수 있는 돈의 가치가 달라진다. 미래에 받을 수 있는 돈의 가치를 현재의 가치로 환산한 것을 '현재 가치'라고 한다.

그렇다면 현재 가치란 어떻게 산출할까. 현재 가치는 미래에 받을 수 있다고 기대되는 돈의 액면가를 할인율로 나눠 산출한다. 이 할인율은 원금이나 이자가 보장되는 금융 상품(보통은 국채를 이용)의 금리(무위험이자율)에 그 돈을 받을 수 있는지에 대한 불확실성(위험 프리미엄)을 더해서 산출한다. 이러한 계산법을 통해 연간 몇 퍼센트의 할인율로 미래에 획득할 돈의 가치를 할인하여 현재 가치를 산출한다.

예를 들어, 할인율이 5퍼센트라고 가정해 보자. 이때 1년 후에 받을 수 있는 100만 엔의 현재 가치는 100만 엔÷1.05(100퍼센트+5퍼센트)로 95만 2,381엔이 된다. 2년 후에 받을 수 있는 100만 엔은 100만 엔÷1.05÷1.05로 90만 7,029엔이다. 10년 후에 받는 100만 엔이라면 100만 엔을 10번 1.05로 나눠 61만 3,913엔

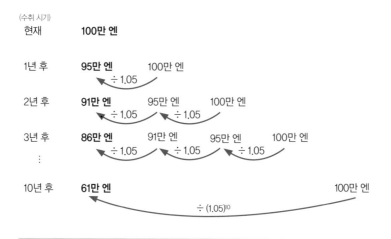

도표 K **100만 엔의 현재 가치(할인율 5%인 경우)**

(수취 시기)
현재   100만 엔

1년 후   **95만 엔**   100만 엔
             ÷1.05

2년 후   **91만 엔**   95만 엔   100만 엔
             ÷1.05   ÷1.05

3년 후   **86만 엔**   91만 엔   95만 엔   100만 엔
             ÷1.05   ÷1.05   ÷1.05
     ⋮

10년 후   **61만 엔**   100만 엔
                     $÷(1.05)^{10}$

이 된다. 이 금액이 할인율이 5퍼센트인 경우 10년 후에 받을 100만 엔의 현재 가치다. 반대로 생각하면 지금 61만 3,913엔을 갖고 있다고 가정할 때 이를 5퍼센트의 이율로 계속 운용하다 보면 10년 후에는 100만 엔을 손에 넣는다. 이러한 이율과 같은 방식으로 미래에 수취할 액면가를 할인율로 할인해서 현재 가치를 계산한다.

할인율은 무위험 금융상품의 금리(무위험이자율)와 실제로 돈을 받을 수 있는지에 대한 불확실성(위험 프리미엄)을 더해 산출한다고 했지만 무위험이자율은 일반적으로 국채 이율을 이용한다.

한편 위험 프리미엄은 투자 대상의 리스크 정도에 따라 수치가 타당한지 검토해야 한다. 10년 후에 100만 엔을 지급한다는 약속을 했다면 말한 사람이 누구인지, 혹은 어떤 프로젝트에서 10년 후에 100만 엔을 받는지에 따라 불확실성 정도는 달라진다. 가령 발

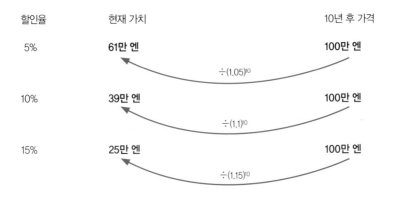

도표 L **10년 후에 획득하게 되는 100만 엔의 현재 가치**

할인율	현재 가치		10년 후 가격
5%	61만 엔	$\div(1.05)^{10}$	100만 엔
10%	39만 엔	$\div(1.1)^{10}$	100만 엔
15%	25만 엔	$\div(1.15)^{10}$	100만 엔

언한 인물이 막대한 자산을 보유한 대부호라면 리스크는 낮을 것이며, 반대로 자산이 하나도 없는 사람이 출세하면 갚기로 하고 말하는 것이라면 리스크가 높다고 판단하는 것이 타당하다.

리스크가 낮을수록 불확실성도 낮고, 할인율로 이용하는 위험 프리미엄의 수치를 낮게 설정하여 할인율도 낮게 설정된다. 결과적으로 리스크가 낮고 할인율이 낮으면 미래에 받을 돈의 현재 가치는 높아진다. 반대로 미래에 받을 수 있을지 불확실성이 높은 돈이라면 할인율은 높아져 현재 가치는 낮아진다. 위험 프리미엄의 설정과 이로써 산출되는 할인율의 차이로 10년 뒤에 받을 수 있는 100만 엔의 현재 가치가 90만 엔이 될 수도 있고 60만 엔이 될 수도 있다(도표 L).

10년 후에 받을 수 있는 100만 엔의 현재 가치를 '10년 후에 100만 엔을 수취하는 권리에 대해 지급하는 가격'과 바꿔 생각하면 알기 쉬울지도 모르겠다. 그 권리의 가치를 구체적으로 얼마라고 측정할 것인지는 상대나 경제 환경에 따라 달라진다. 디플레이션이 진행되리라 예측되고 신뢰할 수 있는 상대라면 90만 엔이라도 싸다고 할 것이며, 신뢰하지 못하는 상대라면 10만 엔이라도 비싸다고 할 것이다. 이것이 파이낸스의 시간적 가치다.

DCF법(현금흐름할인법)이란

오늘 받는 100만 엔과 10년 후에 받을 100만 엔의 가치가 다르듯이 회사가 벌어들이는 돈도 올해 번 돈과 미래에 벌어들일 돈의 액면가가 같아도 가치는 달라진다. 기업 가치란 회사가 미래에 걸쳐 창출 가능한 현금흐름의 총액을 현재 가치로 평가한 것이라고 했는데, 기본적으로는 시간적 가치라는 사고에 따라 산출한다.

1년 뒤부터 10년간 매년 1억 엔을 벌 것이라고 기대되는 회사가 있다고 가정해 보자. 무위험이자율과 위험 프리미엄에 따라 계산했더니 할인율이 5퍼센트라고 하자. 이때 1년 뒤에 얻을 1억 엔의 현재 가치는 1억 엔÷1.05로 약 9,524만 엔이며, 2년 뒤에 얻을 1억 엔의 현재 가치는 1억 엔÷1.05÷1.05로 약 9,070만 엔이다. 이렇게 해서 미래에 벌어들이리라고 기대되는 1억 엔의 가치를 3년 뒤, 4년 뒤, 그리고 10년 뒤까지 계산해서 모두 더하면 총 약 7억 7,217만 엔이다. 이것이 1년 후부터 10년 뒤에 걸쳐 회사가 매년 벌어들일 합계액 1억 엔의 현재 가치이자 회사의 기업 가치다.

가령 매년 1억 엔을 버는 회사가 인수 후보로 거론됐을 때 인수에 필요한 비용이 기업 가치인 약 7억 7,217만 엔보다 낮으면 이 회사를 인수하는 것은 파이낸스 이론상으로 합리적인 판단이다. 그리고 외부 회사가 아닌 자사 내 신규 사업이라 해도 10년에 걸쳐 1억 엔을 계속해서 벌어들이는 할인율 5퍼센트의 사업인 경우, 투자액이 약 7억 7,217만 엔보다 낮다면 그 신규 사업에 투자하는 것은 합리적인 판단이라 할 수 있다. 회사가 미래에 벌어들이리라고 기대되는 돈을 기준으로 기업 가치를 산출하는 수법을 DCF법(현금흐름할인법)이라고 한다.

자본비용이란

사업에 필요한 자금을 가장 좋은 조건으로 조달하는 것은 파이낸스의 주요 활동 중 하나다. 가장 좋은 조건이라고 했지만 가게에서 상품을 사면 대금을 지급해야 하듯이 자금을 조달할 때도 대금을 지급해야 한다. 자금을 조달하기 위해 지급하는 대금을 자본비용이라고 한다.

부채비용
자금 조달 방법으로 크게 데트 파이낸스와 에쿼티 파이낸스가 있다고 이미 설명했다. 데트 파이낸스란 차입금을 의미한다. 은행 등의 금융기관에서 돈을 빌리면 이자를 내야 하는 것에 대해 이상 하다고 생각하는 사람은 없을 것이다. 회사는 차입한 금액과 이율 에 따라 정기적으로 이자를 지급하고 최종적으로는 원금을 변제해 야 한다. '돈을 조달하기 위해 대금을 지급한다'는 말을 들으면 어 떤 의미인지 바로 파악하기 어려운데 데트 파이낸스의 경우, 미래 에 걸쳐 지급하는 이자가 돈을 조달하기 위해 지급하는 대금에 해 당된다. 데트 파이낸스의 자본비용을 '부채비용'이라고 한다.

자기자본비용

한편, 이해하기 어려운 쪽은 에쿼티 파이낸스(주식)로 자금을 조 달할 때 발생하는 비용(자기자본비용)이다. 에쿼티 파이낸스는 주식 발행을 통한 자금 조달 방법이며 에쿼티 파이낸스로 자금을 제공 하는 사람이나 회사는 주식을 발행한 회사의 주주가 된다. 주식회 사의 최고 의사결정 기관인 주주총회의 안건에 대해 주주는 자신 이 보유한 주식의 비율(지분율)만큼 의사를 반영할 수 있다(여기서 는 회사는 누구의 것인지에 대한 논의는 일단 차치하자).

이를테면 주식 1만 주를 발행한 레스토랑 체인 운영 회사의 경 우, 이 중 1,000주를 보유하는 사람이 있다고 하면 이 사람은 레스 토랑 체인 운영 회사의 10퍼센트의 주주가 된다. 주주는 자신의 지 분율만큼 배당금을 받는다. 만약 회사가 해산한 경우에는 회사의 보유 자산 중 채권자의 몫을 뺀 잔여 재산을 지분율에 따라 수취할 권리를 갖는다.

에쿼티 파이낸스는 데트 파이낸스의 이자처럼 미래 특정 시점에 정해진 금액을 주주에게 지불해야 하는 약정을 체결하지 않는다. 그런 의미에서 차입한 돈과 이자를 특정 시점에 회수한다는 계약을 한 채권자의 권리가 주주의 권리에 비해 우선되고 있다고도 할 수 있다.

구체적인 변제액과 변제 시기가 정해지지 않아 에쿼티 파이낸스로 조달한 자금을 마치 비용이 발생하지 않는 돈이라고 착각하는 경영자가 많다. 그러나 에쿼티 파이낸스를 통한 자금 제공은 기부 행위가 아니다. 주주는 회사의 주식을 구입함으로써 배당(인컴 게인)을 수취하거나 가격이 오른 주식을 매각함으로써 처분 이익(캐피털 게인)을 얻는 것이 목적이다.

앞에서 금전에는 시간적 가치가 있다고 설명했다. 같은 100만 엔이라도 지금 받는 100만 엔이 10년 후에 받을 100만 엔보다 더 가치가 높은 이유로 ①금리(무위험이자율) ②미래에 같은 가치를 얻을 수 있을지에 대한 불확실성(위험 프리미엄)을 언급했다.

에쿼티 파이낸스는 데트 파이낸스처럼 특정 시점에 이자와 원금을 지불하겠다는 약속을 하지 않으므로 자금 제공자인 투자자에게는 불확실성이 높다. 주주는 배당이나 처분 이익으로 데트 파이낸스보다 더 높은 수익을 얻을지도 모르지만 원금은 보장되지 않는다. 만약 회사가 파산하면 큰 손실을 입기도 한다. 이 같은 불확실성을 파이낸스 용어로 리스크라고 한다.

따라서 채권자보다 더 높은 리스크를 지는 주주는 회사에 더 많은 수익을 요구한다. 에퀴티 파이낸스에는 특정 시점에 일정 금액을 변제해야 한다는 계약상 구속이 없어 설령 기대한 만큼 수익이 돌아오지 않았다 해도 그것을 이유로 주주가 회사에 자금의 변제를 요구할 수 없다. 그러나 리스크가 높은 만큼 에퀴티 파이낸스를 통해 투자한 주주는 데트 파이낸스보다 더 많은 수익률을 요구한다는 점은 알아둬야 한다.

가령 에퀴티 파이낸스의 수익이 데트 파이낸스의 수익보다 낮으면 데트 파이낸스가 투자자에게는 리스크도 낮을뿐더러 수익도 높으니 에퀴티 파이낸스로 자금을 제공하려는 사람은 아무도 없을 것이다. 회사가 주주에게 수익을 환원하는 방법으로 주주에게 배당을 하고, 자사주 매입으로 주주가 보유하는 주식을 비싸게 매입하며, 주주가 보유하는 주식의 가치가 올라가도록 기업 가치를 높이는 방법이 있지만 어떤 방법이든 경영자는 주주의 기대를 웃도는 수익을 환원해야 한다.

이러한 생각 없이 경영자가 주주의 기대를 저버리는 듯한 언동을 계속하면 주가는 떨어지고 좋은 조건으로 에퀴티 파이낸스를 실시하기 어려워진다. 파이낸스란 사업에 필요한 자금을 가장 적절한 조건으로 조달하는 것이라고 했는데 주가가 내려가고 에퀴티 파이낸스를 실시하기 어려운 사태를 초래하는 행위는 파이낸스의 관점에서는 좋게 평가할 수 없는 경영 활동이다.

개중에는 무차입 경영이 좋다고 생각하는 사람도 있다. 그러나 채권자뿐만 아니라 주주도 수익을 요구하는 이상, 차입금이 없는 경영이 반드시 좋다고는 할 수 없다. 손익계산서의 영업외비용 항목에 데트 파이낸스에 대해 지급할 이자비용이나 사채이자가 계상돼 있다. 그래서 이자가 손익계산서상 비용으로 계상되는 데트 파이낸스를 나쁘다고 생각하는 사람이 있을지도 모르겠지만 꼭 그렇지만은 않다.

이익이 나지 않고 데트 파이낸스의 상환으로 재무 상황이 악화되는 회사라면 차입금이 좋지 않을 수도 있다. 하지만 기존 사업에서 현금흐름이 충분히 발생하고 일시적으로 자금이 필요한 상황이라면 오히려 에퀴티 파이낸스보다 데트 파이낸스로 자금 조달을 하는 편이 바람직한 경우도 있다.

이를테면 어떤 회사의 자기 자본비용이 10퍼센트, 부채비용이 5퍼센트인 경우, 조달한 자금으로 약 15퍼센트의 수익을 확실히 얻을 수 있는 사업을 전개한다면 금리 5퍼센트의 부채로 자금을 조달하는 편이 수익은 더 높아진다. 에퀴티 파이낸스로 자금을 조달하면 거기서 얻은 잉여 수익이 5퍼센트(15퍼센트 - 10퍼센트)가 되는 데 반해 데트 파이낸스의 경우는 10퍼센트(15퍼센트 - 5퍼센트)가 되기 때문이다.

경영자로서 사업을 확장하고 현금흐름을 최대화한다는 관점과 주주에게 환원을 최대화한다는 관점에서 보면 되도록 낮은 비용으로 자금을 조달하는 편이 바람직하다. 한편 데트 파이낸스는 조달비용이 낮은 대신에 일정 기간이 지난 뒤 정해진 금액을 채권자에게 갚아야 한다. 그래서 데트 파이낸스로 자금을 너무 많이 조달하면 도산할 위험이 높아진다. 도산 위험을 지나치게 의식한 나머지 무차입 경영이 좋다는 발상을 하게 되는 것이다.

회사의 개별 상황을 토대로 낮은 자본비용으로 자금을 조달하는 장점과 도산 위험의 단점을 검토한 뒤 가장 적절한 조건을 모색해야 한다.

자금조달비용을 나타내는 WACC

회사가 자금을 조달할 때 데트 파이낸스와 에퀴티 파이낸스 중 어느 한쪽만 선택해야 하는 것은 아니다. 우선 모든 주식회사는 설립 시 출자금을 마련하기 때문에 이미 에퀴티 파이낸스로 자금을 조달한 상태다. 거기서 사업에 필요한 돈을 추가로 마련할 경우 사업의 리스크나 회사의 재무 상황에 따라 데트 파이낸스와 에퀴티 파이낸스를 조합해서 자금을 조달한다.

채권자와 주주가 부담하는 리스크가 다르기 때문에 회사에 요구되는 자본비용도 양쪽이 다르다고 설명했다. 게다가 복수의 채권자와 주주에게서 자금을 조달한 회사의 경우, 각각의 투자자에 따라 자본비용이 달라진다.

이미 언급했듯이 부채비용(데트 파이낸스를 통한 자금 조달에 소요되는 자본비용)은 자기자본비용(에퀴티 파이낸스를 통한 자금 조달에 소요되는 자본비용)보다 낮지만 과거 여러 차례 데트 파이낸스를 실시했다면 조달 시기에 따라 변제 시기나 이자 등 조건이 다르다. 그 경우 자금 조달 시기에 따라 자본비용도 달라진다.

이러한 모든 자금 제공자에게 회사가 부담하는 자본비용을 가중평균한 수치를 WACC^{Weighted Average Cost of Capital}(가중평균자본비용)라고 한다. WACC란 회사가 채권자나 주주에게 환원해야 하는 수익률의 가중평균, 가중평균 수익이라고 생각하면 된다.

다시 말하면 자금조달비용의 가중평균치다. 앞에서 기업 가치를 산출하는 방법으로 DCF법(현금흐름할인법)을 설명했다. DCF법에서는 시간적 가치에 따라 회사가 미래에 벌어들일 돈을 할인율로 할인하는 현재 가치의 합계를 기업 가치라고 생각한다. 이때 실제 할인율이 얼마인지가 기업 가치를 계산하는 데 중요한 포인트가 된다. 보통 DCF법에서는 할인율로 WACC를 이용한다.

향후 회사가 벌어들일 것으로 기대되는 돈의 총액은 채권자나 주주에게 환원해야 하는 수익률의 평균인 WACC로 환산하여 현재 가치를 구한다. 즉, 회사는 지금 보유한 자산을 WACC 이상의 수익률로 운용하고 채권자나 주주에게 돈으로 환원해야 한다. 그렇지 않으면 회사는 자본비용보다 더 많은 수익을 얻지 못해 채권자나 주주의 기대에 부응할 수 없기 때문이다. 그렇다면 WACC는 구체적으로 어떻게 계산할까.

대략적으로 말하면 WACC는 자기자본비용(퍼센트)과 자본 전체에서 차지하는 자기자본비율을 곱한 것과 부채비용(퍼센트)과 자

도표 M **WACC의 구성**

$$WACC = \left[\frac{자기자본비용}{(\%)} \times \frac{자기자본액}{자기자본액 + 부채액} \right]$$

$$+ \left[\frac{부채비용}{(\%)} \times (1 - 세율) \times \frac{부채액}{자기자본액 + 부채액} \right]$$

본 전체에서 차지하는 부채비율을 곱한 것을 더해 산출한다. 이것을 식으로 나타내면 위와 같다(도표 M).

자본금 15억 엔, 이자부부채 5억 엔, 자기자본비용 10퍼센트, 부채비용 4퍼센트인 회사가 있다고 가정해 보자. 법인세율은 30퍼센트라고 하자. 이 경우 회사의 WACC는 도표 N과 같이 계산되며 8.2퍼센트가 나온다.

여기서 부채비용에 (1 - 세율)을 곱한 것에 주목하자. 손익계산서의 구조를 살펴봤을 때 이자비용은 영업외비용으로 계상된 것을 떠올리길 바란다. 세금은 세전당기순이익에 과세된다. 즉, 이자로 지급한 돈에 대한 세율만큼 회사는 세금을 내지 않는다는 의미다 (절세).

부채에는 이자액에 대한 세액을 줄이는 특징이 있다. 따라서 WACC를 계산할 때는 부채비용에서 세율만큼을 차감한 비율을 곱해서 계산한다.

앞의 계산 사례에서 주주나 채권자에 대한 자본비용의 가중평

자본금 15억 엔 이자부부채액 5억 엔
자기자본비용 10% 부채비용 4% 세율 30%

$$\left[\ 10\% \ \times \ \frac{15억\ 엔}{(15억\ 엔 + 5억\ 엔)}\ \right] + \left[\ 4\% \ \times \ (1-30\%) \ \times \ \frac{5억\ 엔}{(15억\ 엔 + 5억\ 엔)}\ \right]$$

$$= \left[\ 10\% \ \times \ 75\%\ \right] + \left[\ 4\% \ \times \ 70\% \ \times \ 25\%\ \right]$$

$$= \quad 8.2\%$$

균인 WACC가 8.2퍼센트임을 감안하면 이 회사는 8.2퍼센트 이상의 수익률로 자사의 자산이 활용되도록 사업을 운영하고 돈을 벌어야 한다. 과연 회사는 WACC 이상의 수익을 내도록 효율적으로 사업을 운영할 수 있을까. 이를 판단하는 중요한 지표가 다음에 설명하는 ROIC다.

투자 수익을 측정하는 ROIC

회사는 데트 파이낸스나 에퀴티 파이낸스로 조달한 자금을 자본으로 사업을 하고 돈을 번다. 사업에서 벌어들인 돈으로 채권자나 주주에게 환원하므로 운영하는 사업에서 벌어들이는 수익은 당연히 자본비용보다 높아야 한다. 그렇지 않으면 애써 사업을 했는데도 주주가 기대하는 만큼 수익을 올릴 수 없기 때문이다.

여러분이 국채나 지방채에 투자를 검토하고 있다고 가정해 보자. 채권이므로 원칙적으로는 원금이 보장되며 발행하는 나라나 지방자치단체가 파산하지 않는 한, 투자한 자금은 정해진 이율로 확실히 환원된다. 그런데 모처럼 이율이 좋은 채권이 있는데도 투자금이 충분하지 않다면 어떻게 할 것인가?

보통은 채권 구입을 포기한다. 그러나 금융기관이나 지인에게 돈을 빌려서 채권을 사는 방법도 있다. 운 좋게 부모에게 상속받은 집이 있다면 그 집을 담보로 은행에서 돈을 빌릴 수도 있다. 만약 집을 담보로 빌린 돈의 이자보다 구입하려는 국채나 지방채의 이율이 더 낮다면 그래도 그 채권을 사겠는가. 예를 들어 집을 담보로 빌린 돈의 이자율이 10퍼센트인 데 반해 채권의 수익률이 1퍼센트라면 어떻게 하겠는가.

합리적으로 생각하면 이런 상황에서 채권을 사서는 안 된다. 만약 이 조건으로 돈을 빌려 채권을 샀다면 −9퍼센트만큼(1퍼센트−10퍼센트) 매년 손해를 보게 된다.

회사 사업에 대한 투자 판단도 이러한 발상으로 생각해야 한다. 앞에서 사례로 다룬 회사의 경우, WACC가 8.2퍼센트였다. 8.2퍼센트라는 숫자는 위의 예에서 집을 담보로 한 은행 차입금의 이자율 10퍼센트에 해당된다. 따라서 회사는 8.2퍼센트보다 수익률이 더 높은 사업에 자금을 투입해야 한다. 어떤 사업에 투입한 돈(자기자본과 이자부부채)에서 이익을 얼마나 낼 수 있는지 나타내는 지표를 ROIC^{Return On Invested Capital}(투하자본수익률)이라고 한다. 경영자는 ROIC가 WACC를 웃도는 사업에 자금을 투입해 ROIC와 WACC의 스프레드(차익)를 확대하려고 해야 한다. 설령 사업이 흑자였다고 해도 ROIC가 WACC보다 낮은 사업은 높은 조달비용으로 자금을 조달해 낮은 이율의 금융 상품에 투자하는 상황이며, 파이낸스의 관점에서 보면 실질적으로는 적자 상태인 셈이다.

ROIC와 WACC의 역마진

그런데 실제 경영에서는 WACC보다 ROIC가 더 낮은 사업을 회사가 계속 가져가는 경우가 흔하다. 손익계산서상 수치만 보다 보면 매출액의 절대액이나 영업이익의 절대액을 중시하게 되고, '흑자면 괜찮다'는 발상에 쉽게 빠진다.

경영자는 WACC나 ROIC에 대한 지식을 갖추고 자금비용을 고려하지 않으면 앞에서 설명했듯이 높은 조달비용으로 자금을 조달하고 이율이 낮은 금융 상품을 구입하는 어처구니없는 역마진 상황을 초래하게 된다. 일반적인 금융 상품과 달리 WACC와 ROIC는 명시되지 않기 때문에 경영자는 늘 자사의 자본비용이 어느 정도인지, 사업에서 얻을 수 있는 기대 수익이 어느 정도인지 의식해야 한다.

사장을 위한 마지막 경영 수업

예전에 "상장으로 조달한 자금을 갖고 국채를 산다."라는 발언을 한 상장 기업 경영자가 있었는데 지금까지의 설명을 토대로 생각하면 얼마나 말도 안 되는 발상인지 알 수 있다. WACC와 ROIC를 고려하지 않고 의사결정을 내리면 안 된다.

ROE가 유효한 이유

마지막으로 ROE$^{\text{Return On Equity}}$(자기자본이익률)에 대해서도 언급하고자 한다. ROE란 손익계산서상 당기순이익을 재무상태표상 자기자본으로 나눈 수치다.

ROE = 당기순이익 ÷ 자기자본

자기자본이란 순자산이라고 이해하면 된다. 엄밀히 말하면 자본금 + 자본잉여금 + 이익잉여금 − 자기주식이 자기자본이다. ROE는 주주가 회사의 자본 활용도에 대한 효율을 측정하기 위해 이용하는 지표다.

회사는 주주와 채권자에게서 조달한 자금을 자본으로 또 다른 사업을 전개하는데 채권자에게 채무를 변제한 뒤에 남은 돈을 주주의 몫으로 인식한다. 회사는 조달한 자금인 자본으로 돈을 벌어 자기자본을 불리고 또다시 사업을 전개하기 위해 투자하거나, 배당이나 자사주 매입을 통해 주주에게 환원한다. 이러한 점에서 주주가 매기마다 자기자본에서 당기순이익을 어느 정도 얻을 수 있는지 확인하는 것은 자신의 자금이 유효히 활용되고 있는지 확인한다는 점에서 매우 중요하다.

ROE는 2014년에 발표되어 그 후 기업지배구조 헌장의 지침이 된 〈이토 보고서〉(이토 구니오伊藤邦雄 히토쓰바시대학 교수를 좌장으로 하는 경제산업성 '지속적 성장을 위한 경쟁력과 인센티브: 기업과 투자자의 바람직한 관계 구축' 프로젝트의 최종 보고서)에서 언급돼 주목을 모았다. 〈이토 보고서〉에서는 "자본비용을 웃도는 기업이 가치 창조 기업이며, 그 수준은 기업마다 다르나 글로벌 투자자와의 대화에서는 8퍼센트를 웃도는 ROE를 최저로 하므로 기업은 더 높은 수준을 목표로 해야 한다."라는 구체적인 목표 수치를 거론했다.

원래라면 ROIC가 WACC를 웃도는 것이야말로 경영의 최저 조건이지만 개념적으로 복잡하고 이해하기 어렵기 때문에 〈이토 보고서〉에서는 우선 ROE 8퍼센트라는 목표 수치를 제시했다.

손익계산서는 연도별 수익 상황을 나타내는 유량Flow 개념이자 과거의 결과인 데 반해 재무상태표는 과거에 회사가 쌓아 온 자산을 나타내는 누적적 개념으로 미래에 대한 대비를 나타낸 것이기도 하다. 성격이 서로 다른 재무제표의 항목을 가지고 계산한다는 점에서 ROE는 약간 까다로운 지표다. 손익계산서만 보고 회사가 좋은지 나쁜지 판단하는 사람에게는 접근하기 어려운 개념일지도 모르겠다.

사장을 위한 마지막 경영 수업

구시대적 사고를 지닌 경영자 중에는 손익계산서나 재무상태표상 자산 규모가 크면 클수록 좋다고 생각하는 사람도 있다. 자산이 많은 건 자랑스러워할 일이라고 생각하는 경영자도 적지 않다.

그런데 주주가 생각하는 효율이라는 관점에서 보면 자산이 많다고 반드시 좋은 회사는 아니다. 오히려 자기자본이 많아지면 주주 관점에서 본 자금 활용의 효율도를 나타내는 ROE는 점점 낮아진다. ROE를 중요 지표로 삼는 것은 경영자의 시선을 손익계산서뿐만 아니라 재무상태표에도 돌려 양쪽 밸런스를 의식하게 한다는 의미에서 매우 효과적이다.

듀퐁 분석과 ROE 향상의 의의

ROE란 당기순이익÷자기자본, 즉 손익계산서상 당기순이익을 재무상태표상 자기자본으로 나눈 수치라고 설명했다. ROE를 더 자세히 분석하면 다음과 같이 나타낼 수 있다(도표 O. 듀퐁 분석).

① 당기순이익/매출액: 매출액 당기순이익률이라고 하며 회사의 수익성을 나타낸다.

② 매출액/총자산: 총자산회전율이라고 하며 회사의 자산 활용도에 관한 효율성을 나타낸다.

③ 총자산/자기자본: 재무 레버리지라고 하며 데트 파이낸스의

도표 ○ **ROE의 구성**

ROE = 당기순이익 ÷ 자기자본

$$\frac{당기순이익}{매출액} \times \frac{매출액}{총자산} \times \frac{총자산}{주주자본(자기자본)}$$

매출액 당기순이익률	총자산회전율	재무 레버리지
(수익성)	(효율성)	(데트 파이낸스의 활용도)

활용도를 나타낸다.

　총자산은 부채와 자기자본의 합계이므로 ③의 재무 레버리지는 (부채＋자기자본)÷자기자본이라는 식으로 나타낼 수 있다. 앞에서 빌린 돈으로 채권을 사는 사례를 들어 ROIC와 WACC의 관계를 설명했다. 앞의 사례에서는 비싼 이자로 돈을 빌려 낮은 이율의 금융 상품을 사면 손해를 본다고 했다. 에쿼티 파이낸스보다 데트 파이낸스가 자본비용이 낮다는 점을 고려하면 ROIC가 높은 사업에서는 데트 파이낸스를 통해 낮은 자본비용으로 돈을 조달해서 투자하는 편이 더 효율적으로 돈을 버는 방법이다. 그렇다고 이 말이 회사의 재무적인 체력을 크게 초과할 정도로 부채를 안고 사업을 해도 된다는 의미는 아니다. 데트 파이낸스와 에쿼티 파이낸스의 적절한 밸런스는 어디까지나 사업의 수익성이나 재무 상황을 고려해서 판단해야 한다. 따라서 재무 레버리지가 높다고 반드시 좋은 것이 아니며 반대로 낮다고 좋은 것도 아니다.

즉, ROE를 올리기 위해서는 수익률을 올리고 자산의 회전율을 개선해 재무 레버리지를 최적화해야 한다.

이런 점에서 ROE를 올리려다 보면 자기자본을 기술적으로 줄이고 차입을 장려하게 된다는 비판이 나오기도 한다. 이자비용이 늘어나면 회사의 재무 상황이 악화되어 도산할 위험이 높아진다는 주장이다.

어찌 보면 당연한 지적이라고 할 수도 있겠지만 실제로 일본, 미국, 유럽 기업의 수익성, 효율성, 안전성 현황을 비교해 보면 이러한 지적은 틀렸음을 알 수 있다.

도표 P를 보고 알 수 있듯이 일본 기업은 유럽이나 미국 기업에 비해 돈을 버는 능력인 수익률이 많이 뒤떨어진다. 이 책에서 돈이란 사람이나 회사가 세상에 어떤 가치를 제공한 대가로 받는 것이라고 정의했는데 사업의 수익률이 낮다는 말은 차별화가 충분히 이뤄지지 않은 상품 및 서비스를 제공하여 결과적으로 가격 경쟁에 빠진 상황을 의미한다. 수익률을 높이고 ROE를 향상하려면 본질적으로 사회가 요구하는 부가가치가 더 큰 사업을 운영하는 것이 중요하다.

회계와 파이낸스의 관계

지금까지 파이낸스의 기초 개념을 설명했다. 파이낸스는 기업

도표 P **일본·미국·유럽의 자본생산성에 대한 요인 분석**

		ROE	마진	회전율	레버리지
일본	제조업	6.8%	3.5%	0.91	1.91
	비제조업	6.7%	3.2%	0.86	2.28
	합계	6.8%	3.3%	0.92	2.02
미국	제조업	18.1%	8.4%	0.77	2.24
	비제조업	14.5%	8.0%	0.61	2.33
	합계	16.0%	8.3%	0.87	2.29
유럽	제조업	15.3%	6.8%	0.79	2.44
	비제조업	15.6%	7.8%	0.66	2.74
	합계	15.4%	7.2%	0.86	2.58

주 1) 2004년~2013년 기준, 금융업 제외, 이상 수치 제외.
주 2) 일본은 TOPIX500, 미국은 S&P500, 유럽은 STOXX Europe600
출차: Bloomberg, 미사키투자주식회사 분석에 의한 〈이토 보고서〉

가치의 최대화를 목적으로 하고 회사가 향후 획득할 현금을 더 많게 하기 위한 것이다. 그러기 위해서는 자금 출자자에게서 어떤 조건으로 자금을 조달할지, 조달한 자금을 사내외에서 어떻게 유효하게 활용할지, 또 사업을 통해 회수한 자금을 자금 제공자에게 어떻게 환원할지 고려해야 한다. 회사와 관련된 돈의 흐름에 대해 가장 알맞은 방식을 검토하고 적절한 경영 판단이 중요하다.

회계와 파이낸스의 관계를 간단히 정리하면, 회계는 회사의 과거와 현재 경영 상황을 정확히 파악해서 관리하기 위한 도구인 데 반해, 파이낸스는 회사의 미래 전략을 세우기 위해 필요한 도구다.

회계를 활용하면 과거 특정 기간에 회사가 얼마나 벌었는지, 과거 어떤 시점에서 회사가 어떤 자산을 보유했는지 파악할 수 있고, 매출을 어느 정도 올리고 경비를 어디까지 삭감할지 검토함으로써 이익 창출을 최대화하기 위한 관리가 가능해진다. 한편, 파이낸스적인 사고를 갖추면 현재 보유한 돈을 어떻게 회사의 성장으로 이어지게 할지, 회사가 더 큰 사업을 벌이기 위해 어디에서 어떻게 돈을 조달해야 할지 생각하게 된다.

회계는 과거와 현재를 보는 반면, 파이낸스는 미래를 내다본다. 정량적으로 자사의 활동 상황을 파악해서 올바른 의사결정을 내리기 위해 경영 관리의 관점을 제시하는 회계와 경영 전략의 관점을 제시하는 파이낸스의 지식은 경영자는 물론이고, 일반 직장인도 반드시 갖춰야 한다.

사장의 역할은
운을 준비하는 일이다

이, 심, 운에 대하여

2016년, 나는 다이아몬드사에서 《논어와 주판과 나論語と算盤と私》라는 첫 책을 냈다. 이 책에서 이理, 심心, 운運에 대해 언급한 구절이 있다. 어떤 일을 이룰 때 위의 세 가지 요소가 성패를 좌우한다는 내용이다.

'이'는 머리로 생각하는 부분이다. 전략을 포함해 목적을 실현하는 데 가장 적합한 길을 합리적으로 이끌어 내는 능력을 말한다. '심'은 '이'로 얻은 생각을 실행하는 담력이며, 실행한 결과를 책임지는 것이다. '운'은 말 그대로 운이다.

　여기서 핵심은 세 가지 구성 요소가 결과에 미치는 비율이다. 이들 세 요소는 일의 성패에 어느 정도의 비율로 영향을 미칠까.

　선문답 같은 질문이며 정답은 없다. 확실한 근거가 없는 내 생각에 따른 수치인데 그다지 많지 않은 내 경험과 견문을 바탕으로 생각하면 이, 심, 운은 각각 1대 4대 5 정도의 비율로 일의 성패에 영향을 미치는 듯하다.

　이렇게 말하면 '뭐야, 운이 절반이잖아' 하고 생각할 수도 있다. 그러나 운이란 어디까지나 충분조건이며 필요조건인 이와 심이 준비되어야 작용한다고 생각한다. 그렇게 생각하면 오히려 눈여겨봐야 할 부분은 이와 심의 1대 4라는 비율이며, 머리로 생각하기보다 끝까지 해내는 담력이 더 큰 영향을 미친다는 점이다.

　안타깝게도 나는 운을 제어할 방법은 알지 못한다. 그러나 운 이외의 필요조건에서 최선을 다한다면 누구나 하고자 하는 바를 이룰 수 있을 것이다. 진인사대천명이라고 하는데 이로 깊이 생각하고 심으로 끝까지 해내서 운을 획득하는 것이 우리가 할 수 있는 최소한의 행동이 아닐까.

　이 책에서 설명한 파이낸스 사고는 이, 심, 운 가운데 이에 해당하는 개념이다. 앞에서 말한 내 생각에 따른 수치가 맞는다는 가정하에 숫자 중심의 사고는 일을 해내는 데 10퍼센트 정도밖에 영향을 미치지 않을지도 모른다. 아무리 머리로 깊이 생각해도 실행으로 옮기지 않는다면 의미가 없다. 매일매일 부단히 노력하는 실행의 힘만이 성공으로 이르게 한다.

그렇다고 자신이 나아갈 방향을 정하는 과정을 소홀히 해서는 안 된다. 기존 생각이 근본적으로 잘못되어 원래 나아가야 할 지점이 아닌 다른 방향으로 향한다면 아무리 전력을 다해 달린다 한들 목적지에 도달하지 못한다.

혼다의 창업주 혼다 소이치로^{本田宗一郎}는 "이념 없는 행동은 흉기이며, 행동 없는 이념은 가치가 없다."라고 했다. 이와 심의 관계성에 정곡을 찌른 격언이다. 심을 수반하지 않는 이는 가치가 없지만 이가 없는 심은 그야말로 흉기다. 파이낸스 사고를 갖추지 않고 경영을 하는 것이 얼마나 위험한지 우리는 알아둬야 한다.

물론 아무리 정론을 펼친다 해도 현실은 뜻대로 되지 않는다는 사실을 이제껏 경영하면서 뼈저리게 실감하고 있다. 정론과 현실은 보통 동떨어져 있기 마련이다.

그렇다고 해서 현장감이나 현실성이라는 명분으로 현재 상황을 받아들이고 그대로 따라간다면 앞으로 나아갈 수 없다. 일을 해내기 위해서는 이상과 현실의 괴리를 인지하고, 마음속으로 그린 이상을 100퍼센트는 실현하지 못하더라도 뜻대로 안 되는 현실을 조금이라도 바람직한 세계로 이끌어 나가며, 수많은 하지 못하는 이유를 조금이라도 더 지워 나가는 부단한 노력이 필요하다. 그러다 보면 결국 앞으로 나아가게 된다.

현상 유지의 관성에 저항한 결과는 외부에서 보면 자칫 이상과는 거리가 먼 어중간하고 불완전한 결과로 비칠지도 모른다. 그러

사장을 위한 마지막 경영 수업

나 조금이라도 이상에 가까워지려고 시도해야 조직과 사업은 발전한다. 이러한 점에서 이와 심은 눈앞을 가로막는 이상과 동떨어진 엄연한 현실을 조금이라도 좋게 하기 위한 것이며, 운을 잡고 천명을 누리는 데 꼭 필요한 요소다. 진정으로 사업과 조직이 발전하길 원한다면 파이낸스 사고 없이는 불가능하다.

내가 회계적인 사고를 배울 때 열독한 이나모리 가즈오가 쓴 유명한 회계서 《이나모리 가즈오의 회계경영》(다산북스, 2022)에서 "회계를 모르는데 어떻게 사업을 한단 말인가!"라는 말이 나온다. 파이낸스 사고는 회계만큼 중요하며 회사를 경영하는 기준 그 자체로 경영의 이, 심, 운 가운데 이의 토대가 된다. 그야말로 파이낸스 사고 없이 어떻게 경영을 한단 말인가!라고 생각하며 이 책을 썼다.

태도이고 사상이며 의지다

이 책에서 파이낸스의 이론이나 지식 이상으로 사고가 중요하다고 여러 번 반복해서 말했다. 다시 말해 파이낸스 사고란 곧 태도와 사상의 문제며, 궁극적으로는 의지의 문제다.

경영자로서는 이익만 만들면 사내외 비판을 피하고 적당히 위기를 모면할 수 있을지도 모른다. 그러나 그런 태도로 사회 발전에 진정으로 이바지하는 사업을 창출할 수 있을까? 가끔 경영자는 퇴임 인사로 '임기 중에 큰 실수 없이 보낼 수 있어서'라는 발언을 하기도 하는데 그렇게 주어진 상황을 건성으로 넘긴다면 과연 우리 사회가 좋아질까?

과거에는 시대의 파도를 타고 기존 시스템을 유지하는 것이 성장과 직결된 승리 패턴이었다. 그러나 사회 발전이 정점에 이르러 저성장 시대를 맞이했고, 이로 인해 불확실성이 높은 오늘날에는 30년 전의 사고와 태도로는 조용한 쇠퇴를 피할 길이 없다. 고도 경제성장기를 경험한 노년 세대는 걸핏하면 '쇠퇴를 감수해야 한다'는 식의 허무하고 무책임한 메시지를 전달하기도 한다. 그러나 앞으로 오랫동안 이 사회에서 살아갈 세대로서, 그리고 후세에 사회를 물려줄 책무가 있는 일원으로서 이러한 패배주의에는 절대 동조할 수 없다.

고령화와 더불어 현상 유지를 바라는 사람들이 늘어나고 짧은 기간으로만 일의 옳고 그름을 판단하는 사회 현상에 비추어 보면, 이 사회 자체가 손익 중심 사고라는 병에 걸린 듯이 보인다. 그냥 내버려 두면 쇠퇴할 기존 사업과 사회 시스템을 거둬들이는 노아의 방주를 우리 스스로 만들어야 한다.

과거의 성공 경험만을 고집하는 것에서 벗어나 미래를 개척하려면 우리라는 의지를 지닌 개개인이 개별적으로 분발해야 한다. 이 책에서 설명한 파이낸스 사고가 독자 여러분의 활약에 이론적으로 무장하는 데 도움이 된다면 저자로서 이보다 더한 기쁨은 없을 것이다.

파이낸스 사고를 갖춰서 사업을 다시 일으키려는 시도에 여러 분도 동참하지 않겠는가?

지식보다 중요한 것은 태도다

회계, 경영 비전공자나 회계 관련 업무에 종사하지 않는 사람들은 흔히 매출액이나 규모가 큰 회사가 좋은 회사고 손실이 나는 회사는 문제가 있는 회사라고 생각하는 경우가 많다. 경영진 중에도 매출과 이익에 초점을 맞추어 회사를 운영하는 경우를 자주 찾아볼 수 있다.

하지만 매출 제로에 직원은 고작 13명이었던 인스타그램이 메타에 10억 달러에 인수된 사례나, 아마존이 지속적인 매출 성장세에도 비교적 최근인 2014년까지 적자를 기록했다는 것은 일견 타당해 보이는 매출과 이익에 대한 우리의 생각과 실제 기업 가치는 다를 수도 있다는 점을 시사한다. 재무제표의 매출액이나 이익을 기준으로 기업의 가치를 판단하였다면 메타는 인스타그램을 거액으로 인수하지 않았을 것이고, 계속적인 대규모 선행 투자나 연구개발비의 지출로 적자와 무배당이 계속되어 온 아마존에 대해 전세계 투자자들이 선뜻 자금을 투자하지도 않았을 것이다. 인스타그램을 인수한 메타의 투자의사 결정, 그리고 아마존에 투자한 주주, 아마존의 창업자이자 CEO인 제프 베이조스의 경영 마인드에는 눈앞의 재무제표상 수치만 바라보지 않고 기업의 미래가치를 고려하였다는 공통점이 있다.

저자는 이 책에서 재무제표(특히 손익계산서)상 지표를 단기간에 최대화하는 것을 목적으로 하는 사고와 태도에 매몰되지 않고 재무적인 사고방식인 파이낸스 사고를 갖출 것을 제안한다.

이 책에서는 파이낸스 사고라는 새로운 개념을 비전공자도 알기 쉽게끔 풀어 쓴 회계적, 재무적 이론과 다양한 기업의 사례를 통해 설득력 있게 소개하고 있기에 이 책을 읽다 보면 자연스럽게 그동안 자신도 손익 중심 사고에 사로잡혀 있었다는 사실을 깨닫게 되거나 파이낸스 사고의 필요성에 공감하게 되는 독자가 많을 것이다. 나도 감수를 위하여 이 책을 읽으면서 회계적 지식이나 파이낸스 지식은 있을지언정 파이낸스 사고는 부족했다는 점을 느낄 수 있었다.

이 책은 주로 일본에서 적용되는 회계기준을 토대로 사례를 들어가며 파이낸스 사고를 제안하고 있지만, 한국과 일본 간의 회계

기준 차이가 크지 않고 중간중간 소개되는 파이낸스 관련 이론은 한일韓日이 공통적이기에 큰 어려움은 없으리라 생각된다. 필요하다고 판단된 경우 한국과 일본 회계기준 간의 차이에 대해서 설명을 덧붙였기에 파이낸스 사고의 개념을 이해하는데 조금이나마 도움이 되었으면 하는 마음이다

이 책은 파이낸스 이론이나 지식을 전달하기보다 파이낸스 사고를 소개함으로써 재무제표와 기업의 가치를 바라보는 우리의 사고를 확장시키는 데 주안점을 두고 있다. 이에 회계, 재무 전공자나 담당자가 아니더라도 누구나 부담 없이 읽을 수 있으리라 생각된다. 회사를 운영하는 경영진들이 보다 넓은 시야로 재무제표를 해석하고 기업의 가치를 판단하는 데 통찰과 혜안을 제공할 것으로 믿는다.

사장을 위한 마지막 경영 수업

초판 1쇄 발행 · 2022년 8월 1일

지은이 · 아사쿠라 유스케
옮긴이 · 김수빈
감수자 · 정은교
발행인 · 이종원
발행처 · (주) 도서출판 길벗
브랜드 · 더퀘스트
주소 · 서울시 마포구 월드컵로 10길 56 (서교동)
대표 전화 · 02) 332-0931 | **팩스** · 02) 323-0586
출판사 등록일 · 1990년 12월 24일
홈페이지 · www.gilbut.co.kr | **이메일** · gilbut@gilbut.co.kr

책임 편집 · 정아영(jay@gilbut.co.kr), 유예진, 송은경, 오수영 | **제작** · 이준호, 손일순, 이진혁
마케팅 · 정경원, 김진영, 김도현, 장세진, 이승기 | **영업관리** · 김명자 | **독자지원** · 윤정아

디자인 · 섬세한 곰 | **교정** · 조소영
CTP 출력 및 인쇄 · 북토리 | **제본** · 신정문화사

ISBN 979-11-407-0074-5 03320
(길벗도서번호 090148)
정가 19,000원